基督教文化研究丛书

主编 何光沪 高师宁

七编 第 1 册

爱德华兹的基督教德性观研究

刘 锦 玲 著

花木兰文化事业有限公司

国家图书馆出版品预行编目资料

爱德华兹的基督教德性观研究／刘锦玲 著－－初版－－新北市：
花木兰文化事业有限公司，2021〔民 110〕
目 4+194 面；19×26 公分
（基督教文化研究丛书 七编 第 1 册）
ISBN 978-986-518-372-1（精装）
1. 爱德华兹（Edwards, Jonathan, 1727～1758）2. 神学
3. 基督教哲学
240.8   110000569

ISBN-978-986-518-372-1

9 789865 183721

基督教文化研究丛书
七编　第一册
ISBN：978-986-518-372-1

爱德华兹的基督教德性观研究

作　　者　刘锦玲
主　　编　何光沪　高师宁
执行主编　张　欣
企　　划　北京师范大学基督教文艺研究中心
总 编 辑　杜洁祥
副总编辑　杨嘉乐
编　　辑　许郁翎、张雅淋　美术编辑　陈逸婷
出　　版　花木兰文化事业有限公司
发 行 人　高小娟
联络地址　台湾 235 新北市中和区中安街七二号十三楼
　　　　　电话：02-2923-1455／传真：02-2923-1452
网　　址　http://www.huamulan.tw 信箱 service@huamulans.com
印　　刷　普罗文化出版广告事业
初　　版　2021 年 3 月
全书字数　198920 字
定　　价　七编 9 册（精装）台币 22,000 元

爱德华兹的基督教德性观研究

刘锦玲 著

作者简介

刘锦玲，女，黑龙江省哈尔滨人，中国人民大学哲学博士，2018 年起执教于重庆文理学院，主要研究领域为基督教哲学、伦理学。近年来，曾在《道风：基督教文化评论》、《基督教思想评论》、《基督宗教研究》、《中国社会科学报》等学术刊物和报纸上发表文章。

提　要

　　乔纳森·爱德华兹（1703-1758）是十八世纪美国著名神学家、哲学家、"大觉醒"运动领袖。他不但是基督教德性伦理的伟大践行者；而且在乐观主义道德理论滥觞的启蒙时代回应哈奇森、休谟等伦理学家的"道德感"理论，并在反省"大觉醒"运动的背景下对基督教德性伦理进行了影响深远的阐释。他运用启示与理性相结合的方法，提出"真德性"的本质在于对"普遍存在"的"仁爱"与"赞同"。本书以爱德华兹的德性概念为起点，以德性与"美"——"上帝"——"爱"——"人性"这一线索为逻辑顺序，对爱德华兹的基督教德性观进行了发掘、梳理与研究。

　　爱德华兹的基督教德性观的突出特征在于采取神学美学路径，以"上帝存在"和"三一论"为其本体论基础。爱氏阐释了基督教德性的核心——圣爱，这一基督教德性观建立在原罪论与情感主义人性论基础上。

　　爱德华兹的德性伦理观显示了基督教传统与启蒙时代伦理理论的张力；他将新柏拉图主义与加尔文主义相融合，又将神学美学同德性理论相结合的路径极富启发性，对现代德性伦理学与基督教伦理学的发展具有极大的借鉴意义。

"基督教文化研究丛书"总序

何光沪 高师宁

基督教产生两千年来，对西方文化以至世界文化产生了广泛深远的影响——包括政治、社会、家庭在内的人生所有方面，包括文学、史学、哲学在内的所有人文学科，包括人类学、社会学、经济学在内的所有社会科学，包括音乐、美术、建筑在内的所有艺术门类……最宽广意义上的"文化"的一切领域，概莫能外。

一般公认，从基督教成为国教或从加洛林文艺复兴开始，直到启蒙运动或工业革命为止，欧洲的文化是彻头彻尾、彻里彻外地基督教化的，所以它被称为"基督教文化"，正如中东、南亚和东亚的文化被分别称为"伊斯兰文化"、"印度教文化"和"儒教文化"一样——当然，这些说法细究之下也有问题，例如这些文化的兴衰期限、外来因素和内部多元性等等，或许需要重估。但是，现代学者更应注意到的是，欧洲之外所有人类的生活方式，即文化，都与基督教的传入和影响，发生了或多或少、或深或浅、或直接或间接，或片面或全面的关系或联系，甚至因它而或急或缓、或大或小、或表面或深刻地发生了转变或转型。

考虑到这些，现代学术的所谓"基督教文化"研究，就不会限于对"基督教化的"或"基督教性质的"文化的研究，而还要研究全世界各时期各种文化或文化形式与基督教的关系了。这当然是一个多姿多彩的、引人入胜的、万花筒似的研究领域。而且，它也必然需要多种多样的角度和多学科的方法。

在中国，远自唐初景教传入，便有了文辞古奥的"大秦景教流行中国碑颂并序"，以及值得研究的"敦煌景教文献"；元朝的"也里可温"问题，催生了民国初期陈垣等人的史学杰作；明末清初的耶稣会士与儒生的交往对话，带来了中西文化交流的丰硕成果；十九世纪初开始的新教传教和文化活动，更造成了中国社会、政治、文化、教育诸方面、全方位、至今不息的千古巨变……所有这些，为中国（和外国）学者进行上述意义的"基督教文化研究"提供了极其丰富、取之不竭的主题和材料。而这种研究，又必定会对中国在各方面的发展，提供重大的参考价值。

就中国大陆而言，这种研究自 1949 年基本中断，至 1980 年代开始复苏。也许因为积压愈久，爆发愈烈，封闭越久，兴致越高，所以到 1990 年代，以其学者在学术界所占比重之小，资源之匮乏、条件之艰难而言，这一研究的成长之快、成果之多、影响之大、领域之广，堪称奇迹。

然而，作为所谓条件艰难之一例，但却是关键的一例，即发表和出版不易的结果，大量的研究成果，经作者辛苦劳作完成之后，却被束之高阁，与读者不得相见。这是令作者抱恨终天、令读者扼腕叹息的事情，当然也是汉语学界以及中国和华语世界的巨大损失！再举一个意义不小的例子来说，由于出版限制而成果难见天日，一些博士研究生由于在答辩前无法满足学校要求出版的规定而毕业受阻，一些年轻教师由于同样原因而晋升无路，最后的结果是有关学术界因为这些新生力量的改行转业，后继乏人而蒙受损失！

因此，借着花木兰出版社甘为学术奉献的牺牲精神，我们现在推出这套采用多学科方法研究此一主题的"基督教文化研究丛书"，不但是要尽力把这个世界最大宗教对人类文化的巨大影响以及二者关联的方方面面呈现给读者，把中国学者在这些方面研究成果的参考价值贡献给读者，更是要尽力把世纪之交几十年中淹没无闻的学者著作，尤其是年轻世代的学者著作对汉语学术此一领域的贡献展现出来，让世人从这些被发掘出来的矿石之中，得以欣赏它们放射的多彩光辉！

2015 年 2 月 25 日
于香港道风山

目

次

第 1 章　导言 ······························· 1

1.1 研究意义 ······························ 1

1.1.1 基督教德性伦理的来源与历史嬗变 ······· 1

1.1.2 爱德华兹：一位被忽视与误解的基督教
　　　思想家 ··························· 7

1.2 研究现状 ····························· 10

1.2.1 国外研究现状 ····················· 10

1.2.2 国内研究现状 ····················· 16

1.3 研究方法 ····························· 17

第 2 章　爱德华兹与基督教德性 ··············· 19

2.1 爱德华兹的生平与著作 ················· 19

2.1.1 爱德华兹生平简介 ················· 19

2.1.2 主要著作 ······················· 24

2.2 爱德华兹的思想背景（intellectual context）··· 27

2.2.1 基督教传统 ····················· 27

2.2.2 启蒙时代思潮 ··················· 36

2.3 德性问题的提出 ····················· 52

2.3.1 反思"大觉醒"（the Great Awakening）
　　　····························· 53

2.3.2 批驳"道德感"（Moral Sense）伦理
　　　理论 ·························· 56

第3章 "真德性"与美 ·················· 63

3.1 "真德性"的本质 ·················· 63

3.1.1 "德性"的古典涵义 ············ 63

3.1.2 爱德华兹对"真德性"的界定 ········ 65

3.2 德性观之美学路径 ·················· 70

3.2.1 "美"在爱德华兹思想中的地位 ········ 70

3.2.2 美与德性视界融合的思想史追溯 ········ 72

3.2.3 德性观之美学路径体现：美、卓越（excellence）与存在 ·········· 74

第4章 德性的存在论与三一论基础 ·········· 83

4.1 存在与上帝 ·················· 83

4.1.1 关于"存在"的近代形而上学讨论 ······ 84

4.1.2 爱德华兹早期哲学思考及存在论的多元诠释 ·················· 86

4.1.3 "上帝存在"的两种论述路径 ········ 89

4.1.4 "精神"作为真正实体 ·········· 91

4.2 德性观的三一论基础 ·············· 94

4.2.1 三一论（Trinitarianism）的提出 ········ 95

4.2.2 心理的三一（Psychological Trinity）····· 99

4.2.3 社会的三一（Social Trinity）········ 103

4.2.4 三一论的伦理意义 ············ 108

第5章 "真德性"与爱 ·················· 113

5.1 神的德性 ·················· 114

5.1.1 神的自爱 ················ 114

5.1.2 基督的德性：救赎的视角 ········ 116

5.2 基督徒的德性：接受性的爱 ·········· 118

5.2.1 "爱"（charity）是所有德性的总结 ··· 118

5.2.2 爱上帝 ················ 121

5.2.3 爱邻人 ················ 125

5.3 神圣德性的卓越及成全 ············ 133

5.3.1 圣灵恩赐与德性的卓越性 ········ 133

5.3.2 天国是爱的世界 ············ 136

第6章 自然道德 ·················· 139

6.1 自然道德的四种原则 ·············· 139

　　　6.1.1　次要之美（Secondary beauty）·········· 140

　　　6.1.2　自爱（Self-Love）····················· 142

　　　6.1.3　良心（Conscience）··················· 146

　　　6.1.4　本能的慈爱情感（Instinctual kind
　　　　　　 affection）···················· 150

　6.2　误以自然道德为"真德性"的原因·········· 152

第 7 章　德性与人性·································· 155

　7.1　原罪··· 155

　　　7.1.1　堕落作为灵魂的本质··················· 155

　　　7.1.2　原罪对人性、道德的影响··············· 160

　7.2　情感、宗教情感与神圣德性··············· 163

　　　7.2.1　情感作为人性的中心··················· 163

　　　7.2.2　宗教情感与神圣德性实践··············· 165

第 8 章　结语：爱德华兹德性观的特征与意义···· 171

　8.1　爱德华兹德性观的特征··················· 171

　　　8.1.1　基督教传统与启蒙时代伦理理论的张力· 171

　　　8.1.2　新柏拉图主义与加尔文主义的融合····· 174

　8.2　爱德华兹基督教德性观的现代意义········· 178

　　　8.2.1　爱德华兹与美国现代基督教伦理······· 178

　　　8.2.2　爱德华兹德性观对现代伦理思考的意义· 180

参考文献·· 185

后　记··· 193

第 1 章　导言

1.1 研究意义

1.1.1 基督教德性伦理的来源与历史嬗变

伦理学是以人类道德现象为研究对象的学科。从词源学上讲，"伦理"这一概念来源于古希腊文 *ethos*，"道德"来源于拉丁文 *moralis*；二者具有相同的意义，都指涉风俗、习惯及其所形成的人的品格。自亚里士多德使伦理学成为独立的科学，西方伦理思想史中各种不同的伦理理论粉墨登场、异彩纷呈。宗教作为人类社会中同道德一样古老的现象，尤其在基督宗教登上历史舞台后，表现出与"道德"紧密的关联性。基督宗教是一种"道德"宗教，也称为伦理化的宗教。查尔斯·L·坎默（Kammer,C.L.）在《基督教伦理学》中指出，基督教以"道德概念而不是迷信（崇拜）或灵知（知识）概念来定义神——人关系"。[1]不但《旧约》正典涉及诸多伦理主题，例如创造与生态伦理、土地与经济伦理、十诫、婚姻伦理、契约伦理等等；[2]《新约》中耶稣的"山上宝训"与"好撒玛利亚人"[3]的譬喻所涉及的道德教导都令人印象深刻、深入人心。而且，基督教的核心教义"道成肉身"、基督的"神人二性"，

1　（美）查尔斯·L·坎默，《基督教伦理学》，王苏平译，北京，中国社会科学出版社，1993，58。

2　参看（英）莱特，《基督教旧约伦理学》，黄龙兴译，北京，中央编译出版社，2014。
　　（美）海斯，《基督教新约伦理学》，白陈毓华译，北京，中央编译出版社，2014。

3　《圣经》和合本，马太福音5-6章；路加福音10：25-36。

即基督作为三位一体中第二位格将上帝与人性完美地联合在一起，神人和解等这些与救赎有关的教义内容本身就充满伦理色彩。

　　基督教伦理学是基督教神学的一个分支，又称为道德神学或神学伦理学，它同教义神学（doctrinal theology）共同构成系统神学。瓦兹奎兹（Gabriel Vazquez, 1549-1604）第一次明确提出将基督教伦理学作为一门独立的学科。[4]基督教伦理学所探讨的道德是针对基督教徒而言，《圣经》与耶稣及其教义构成主要来源。当代罗马天主教道德神学家塞尔瓦伊斯·宾凯尔斯（Servais Pinckaers, 1925-2008）将基督教伦理学界定为"研究并引导人类的行为将爱上帝视为我们真正、完全的幸福以及终极目的。这是在启示与理性之光中借由恩典、德性与恩赐（gifts）获得的"。[5]卡尔·白舍客（Karl H. Peschke）也将基督教伦理学定义为"从基督信仰和人类理性的角度出发去研究人寻求人生目的时遵循的一些原则"。[6]可见，基督教伦理学借助于启示与理性，考虑"以信仰来说明伦理，也考虑到以伦理学的一种合乎理性的理解来澄清信仰"；[7]并且以上帝恒定的道德属性为终极目标，表现出一种"绝对性"特征。因此，基督教伦理学不同于世俗伦理学，甚至二者存在某种张力。从这一意义上讲，基督教以一种批判、审视的态度对待世俗伦理学，以其为异教伦理学（pagan ethics），例如，圣保罗提出"神岂不是叫这世上的智慧变成愚拙吗"？[8]对于这一点，斯蒂芬·朗（D. Stephen Long）也指出，亚里士多德与现代伦理学都假设了人类的"自律"（autonomy），以此作为伦理学的基础；而基督教恰恰反对一切的善是通过自身获得。[9]但不可否认，基督教伦理学也是以预设人具有自由意志为前提的。[10]另一方面，基督教伦理学与世俗哲学伦

4　参见刘时工，《爱与正义：尼布尔基督教伦理思想研究》，北京，中国社会科学出版社，2009，10-11。

5　Servais Pinckaers O.P., *The Sources of Christian Ethics*, Washington D.C.:The Catholic University of America Press,1995,8.

6　卡尔·白舍客，《基督宗教伦理学》（第一卷），静也 常宏等译，雷立柏校，上海，三联书店，2002，1。

7　D.Stephen Long , *Christian Ethics: A Very Short Introduction*, New York:Oxford University Press,2010,3.

8　《圣经》和合本，哥林多前书1：20。

9　D.Stephen Long, *Christian Ethics: A Very Short Introduction*, New York:Oxford University Press,2010,2.

10　卡尔·白舍客，《基督宗教伦理学》（第一卷），静也 常宏等译，雷立柏校，上海，三联书店，2002，3。

理又相交织。从思想史观之，基督宗教伦理学的确借鉴了世俗伦理学的某些观念和方法，将其与基督教思想融合；同时，基督教伦理也为世俗伦理理论提供了一种大相径庭的路径，成为某种具有对立面意义的参照物。它也被后者所吸收，例如，现代规则伦理学虽然否定了基督教伦理学的神学支撑，但延续了基督教伦理规则至上的观念。[11]

基督教德性伦理是基督教伦理学体系中的一个重要组成部分，它来自对基督教"德性及其相关主题进行批判性思考"。[12]《剑桥基督教伦理学指南》（*The Cambridge Companion to Christian Ethics*）将基督教德性伦理（Virtue Ethics）作为基督教伦理学中相对于"道德律令"的另一种重要进路。

基督教德性伦理有两大理论来源，一是古希腊的德性伦理思想，二是《圣经》，主要涉及使徒保罗在《新约》书信里的相关论述。[13]

首先，基督教德性伦理是在面对和回应哲学德性伦理传统和反思基督教神学相关主题以及教会实践过程中形成的理论系统，也借此不断得以丰富。它与古希腊的德性伦理之间具有不可分割的联系。苏格拉底与柏拉图都讨论过德性，将其理解为知识或对"善"的洞悉。他们认为德性是一个整体，各种具体的德性是对同一德性的不同表达。柏拉图主要讨论了智慧、勇敢、节制、公正这四个德性。亚里士多德对柏拉图的德性源于"形式"这一洞见加以拒斥，他认为德性是灵魂的状态，是一种"适度"和"品质"，是按照"逻各斯的要求"而行动的实践智慧。[14]因此，他的德性伦理学重点不是理智知识而是"实践"。不同历史时期，德性伦理思想经历着变迁，尤其社会变革时期，德性的具体内涵常被重估。柏拉图与亚里士多德所开创的不同德性传统被基督教思想家继承、吸收，将其整合进基督教德性伦理体系，其中以奥古斯丁和托马斯·阿奎那为代表。古希腊的德性伦理传统不但作为基督教德性伦理的直接思想来源，而且也间接地塑造和影响后者。例如，古罗马哲学家、政治家西塞罗尊奉亚里士多德主义和斯多亚哲学观点，视德性为根据正确的理性而向着行动的一种"性情"，他的德性思想对中世纪基督教德性伦理也带来极大影响。

11　参阅李义天，《美德伦理学与道德多样性》，北京，中央编译出版社，2012，47-61。

12　Jean Porter, "Virtue ethics", *The Cambridge Companion to Christian Ethics*, New York: Cambridge University Press,2012,96.

13　注：主要在《加拉太书》和《哥林多前书》。

14　亚里士多德，《尼各马可伦理学》，廖申白译注，北京，商务印书馆，2003，76。

另一方面，基督教的德性伦理源于《圣经》。在希伯来的《旧约》中，并没有与"德性"相对应的词汇，涉及道德问题，通常会诉诸上帝的律法及"智慧"。但不可否认，《旧约》呈现出一种独特的"品质"的观念，尤其从智慧文学中可看到"智慧人"与"愚昧人"的不同形象；先知文学也具有强调内在品质的倾向。在《新约》中，"德性"也没有形成一个中心议题，但新约书信中提供了一些关于基督徒的品质及其相反品质的描述，例如保罗在《加拉太书》5:22-23 中列举了"仁爱"、"喜乐"、"和平"、"忍耐"、"恩慈"、"良善"、"信实"、"温柔"、"节制"这九种来自圣灵的道德品质，至今都为沉思基督徒的道德德性提供了最原初的观点。尤为重要的是，保罗在《哥林多前书》中将"信"、"望"、"爱"作为基督徒生命或生活指导性的基本理念，这成为神学德性的架构来源，与四"主德"形成对照。同时，基督教的思想家也吸收耶稣在人性中表现出的温柔、谦卑与在十字架上的忍耐、顺服等形象，将其作为基督教德性的独特品质。

基督教德性伦理思想的发展大致经历了三个历史阶段，分别是教父时期和中世纪早期的初步阐释阶段、中世纪时期的系统阐释阶段以及现代的重新发现、诠释阶段。

基督教直到奥古斯丁（公元 354-430）才对德性主题在深度和广度上有突破性建树。他继承了柏拉图与斯多亚主义，对社会传统的德性观念进行反思，区分了异教徒与基督徒德性的性质，建立了以"爱"为核心的基督教德性伦理体系。他坚持认为，异教的看起来的美德并不是真德性，因为这些美德并不传递上帝的知识和爱。他认为所有德性在根本上是对一种品质（quality）的表达，对他而言，这一品质就是基督教的"爱"。[15]奥氏意识到"爱上帝"与"爱邻人"之间具有必然联系。显然，奥古斯丁对后来的基督教德性伦理的影响超过任何一位教父；但还有讨论德性的另一种进路，就是从德性与"恶"的关系入手，例如修道主义者约翰·卡西安（John Cassian, 360-435）与教皇大格列高利（Pope Gregory, 540-604），将"德性"理解为矫正和克服"邪恶"的一些品质。此外，安波罗修（Ambrose）将古希腊的四种德性称为四"主德"（cardinal virtue），即审慎（prudence）、正义（justice）、节制（temperance）、勇敢（fortitude）。

---

15 Jean Porter,"Virtue ethics", *The Cambridge Companion to Christian Ethics*, New York:Cambridge University Press,2012,91.

十一世纪，西欧开始经历一场深远的社会和经济变动，导致基督教的德性传统也经历系统性的再生成。大多数经院学者在德性问题上将哲学视角与神学视角融合，其中托马斯·阿奎那（公元 1225-1274）形成了最具影响的经院主义德性理论，他的德性思想与亚里士多德一样，都可称为德性伦理学。[16]阿奎那像阿伯拉尔（Peter Abelard, 1074-1142）一样，跟随亚里士多德的观点，认为德性是一种稳定的性情（disposition）或习惯（habit），它使人具有道德的行动。他进一步将德性区分为理智德性、道德德性与神学德性三种类型。他认为理智德性主要包括理解、智慧、科学、技艺、审慎五种德性，前三种属于思辨理智德性，后两种是实践理智德性。[17]他同意有四种主德，认为审慎也是道德德性的某种东西，并将四主德视为所有道德德性的总纲。神学德性不同于前两种德性，因它以上帝为对象。神学德性有三种，即信德，望德与爱德。虽然就产生的顺序而言，信德先于望与爱；但就完善的顺序而言，爱德先于信德与望德，是所有德性之母。阿奎那视神学德性为"注入性的德性"（infused virtue），它不同于后天习得的"自然德性"。

十五世纪后，随着现代性兴起，在世俗文化的冲击下，"德性"议题式微；可是，德性问题并未被一些伦理思想家和神学家所忽视。例如，十八世纪的"道德感"理论家大卫·休谟（David Hume）与神学家乔纳森·爱德华兹（Jonathan Edwards），十九世纪的基督教思想家施莱尔马赫（Schleiermacher）。尽管二十世纪早期，德性并非天主教与新教神学家的主要讨论主题，但纵观二十世纪，天主教与新教的一些神学家重新发现德性传统并将德性伦理作为神学伦理的重要资源，努力恢复基督教神学的德性观念。这在很大程度上与哲学伦理学领域在二十世纪后半期恢复德性伦理学的努力分不开。近代以来，哲学伦理学思想史中占主导地位的是功利主义和义务论伦理学，它们主要回答"什么样的行为在道德上正确"。但伦理学不仅是讨论行为正确问题，更追寻"成为什么样的人"的问题，即归结为德性问题。当代德性伦理学复兴发轫于伊丽莎白·安斯库姆（G. E. M. Anscombe）于 1958 年发表的论文《现

---

16 注：德性伦理学不同于德性理论，前者并非将德性仅作为道德理论的一部分观点，而是将德性置于中心。在此意义上，有的伦理学家有关于德性的理论，但其德性思想不一定是德性伦理学。参阅李义天，《美德伦理学与道德多样性》，北京，中央编译出版社，2012，6。

17 参阅江畅，《西方德性思想史》（古代卷），北京，人民出版社，2016，566。

代道德哲学》（*Modern Moral Philosophy*），之后，针对德性的关注与讨论日益增多。例如冯·莱特（G. H. Von Wright）将吉福德讲座（Gifford Lecture）的讲稿于 1963 年以《多种多样的善》（*The Varieties of Goodness*）为题出版。他指出，德性是现代伦理学所忽视的概念，并对英美伦理学提出有力批判。[18]这些进一步推动了德性伦理讨论的复苏。值得一提的是，二十世纪八十年代，由于阿拉斯代尔·麦金泰尔（Alasdair MacIntyre）的杰出工作，他的《追寻美德》（*After Virtue*）一书成了现代德性伦理研究的纲领性文献。他将德性的重要性"同伦理学的探究模式相结合"，[19]探寻建立回归亚里士多德—托马斯传统的德性伦理学。然而，"追寻德性"不仅仅只有回溯到古希腊一条道路，在追寻德性的第二波运动中，有学者提出需要回溯到基督教德性资源。基督教伦理学家们在此现代背景下重新发现、诠释和发展基督教德性伦理的理论也就呼之欲出。

关于基督教德性伦理的现代发展，天主教与新教的神学家对德性伦理的探讨基本有两条线索，一条是复兴和发展阿奎那的德性思想；另一条是以美国神学家史丹利·豪尔沃斯（Stanley Hauerwas）的工作为起点。从前者来看，开明的天主教道德神学在恢复基督教德性伦理的工作中作出重要贡献，觉察出对于自然法的过度强调。其中，最具影响力的神学家是伯纳特·海林（Bernard Häring）。他吸收了阿奎那对德性的阐述，发展了后者的神学德性思想。他认为道德生活不可化约为"道德律令"，基督教徒的道德责任同其灵性实践不可分割。另一位耶稣会的道德神学家杰拉尔德·吉勒曼（Gerard Gilleman），则试图恢复阿奎那对"爱"的阐释，将其作为基督教徒德性的根基。另一方面，就基督宗教德性伦理的另一条线索而言，新教神学家对德性伦理进行阐释的代表是豪尔沃斯，他肯定，"德性"与"品格"并非道德规条，而是思考基督徒道德生活最适切的结构。他采取一种团体主义的方法，从基督教社团的非暴力与公共生活的团体性来探讨基督教德性伦理。一些新教神学家们跟随豪尔沃斯，正在开始探索将德性伦理作为表达个人与社团经验上帝恩典的一种方式。[20]

---

18 参阅李义天，《美德伦理学与道德多样性》，北京，中央编译出版社，2012，6-7。

19 李义天，《美德伦理学与道德多样性》，北京，中央编译出版社，2012，7。

20 Jean Porter,"Virtue ethics", *The Cambridge Companion to Christian Ethics*, New York:Cambridge University Press,2012,99.

总之，现代的神学家们同意基督教徒的道德生活应该根据品格的倾向或性情和审慎的判断来理解，而不是遵从明确的格式化的道德律令。除了上述两条线索外，在全球德性伦理学复苏、复兴背景下，基督教德性伦理理应有其它的进路和对德性概念的诠释。

1.1.2 爱德华兹：一位被忽视与误解的基督教思想家

乔纳森·爱德华兹（Jonathan Edwards, 1703-1758），是十八世纪美国著名神学家、哲学家、"大觉醒"运动领袖、清教徒牧师、文学家，以及对美国文化和历史具有巨大影响力的人物。他同时又是圣经注释家、普林斯顿大学校长以及向印第安人宣教的传教士。

爱德华兹在基督教思想史以及基督教会史中占据重要地位。他不仅是宗教实践领域的大觉醒运动领袖，而且是一位具有独创性的宗教思想巨匠。他虽居偏远的新英格兰，但与欧陆的思想旨趣紧密接触，其作品反映了十八世纪基督教传统与启蒙时代社会文化思潮的碰撞。具体而言，其思想凸显了基督教加尔文主义（Calvinism）传统与方兴未艾的现代科学、哲学思潮相遭遇的张力下，前者如何吸纳后者，将那一时代的流行观念整合进基督教传统中，同时也使后者获得发展。美国现代重要的神学家 H.理查德·尼布尔（H. Richard Niebuhr）参与了爱德华兹耶鲁版著作全集的文献整理，赞爱氏为"美国的奥古斯丁"，因他不仅将敬虔与以艾萨克·牛顿（Isaac Newton）和约翰·洛克（John Locke）为标志的现代科学、哲学思想相调和，[21]而且，其著作及思想与奥古斯丁的作品之间具有一种密切的呼应。[22]英国著名清教学者钟马田博士（D. Martyn Lloyd-Jones）在《清教徒的脚踪》一书中给予爱氏极高评价，他说"路德和加尔文就好比喜马拉雅山脉，但爱德华兹就如珠穆朗玛峰"。[23]美国现代基督教思想史家奥尔森（Roger E. Olson）在《基督教神学

---

21 "Editors' Introduction", *A Jonathan Edwards Reader*, Edited by John E. Smith, Harry S. Stout, and Kenneth P. Minkema, New Haven; London:Yale University Press, 2003,vii.

22 爱德华兹的主要作品与奥古斯丁的作品可以做一下对照。《论自由意志》与奥氏反对伯拉纠的《论原罪》对照；《个人叙述》有些类似《忏悔录》；《救赎工作的历史》可以和《上帝之城》对照；《论三位一体》可以和奥氏的论三位一体的主题形成对照。爱德华兹的关于神与人类的爱的 15 个讲座，即《爱及其果实》，解释了奥氏作品的主要主题。

23 （英）钟马田，《清教徒的脚踪》，梁素雅等译，北京，华夏出版社，2011，116。

思想史》一书中也盛赞爱德华兹为"清教徒王子"。二十世纪中叶，哈佛大学历史学家、爱德华兹的现代传记作者佩里·米勒（Perry Miller）使清教研究在美国成为显学，他则将爱氏比拟为美国的弥尔顿，因二者都在英语国家中努力重新塑造基督教以使宗教改革的价值充分发挥出来。爱德华兹作为新教神学美学范式开创者之一，比施莱尔马赫更早地面对现代文化与基督教信仰的关系。同时，爱氏被公认为复兴运动神学家，普兰丁格（Alvin Plantinga）说，"明显地我们不得不参考爱德华兹，他是内在生命的大师，在学习宗教情感上无人能出其右"。[24]

爱德华兹的文化遗产涉及神学、哲学、文学、教育学、心理学、伦理学、美学等各个领域。他在这些方面对美国社会文化、民族心理留下不可磨灭的影响痕迹。十九世纪美国历史学家乔治·班克罗夫特（George Bancroft）说，"谁要知道十八世纪中叶新英格兰的心智活动及其脉搏，谁就得昼夜苦学来研究爱德华兹"。[25]爱德华兹的一位传记作家亨利·班福特·帕克斯（Henry Bamford Parkes）说，"假如爱德华兹从未出现过，那么今日就不会出现什么'蓝色法规'，不会出现抑制恶习协会，也不会出现沃尔斯特德禁酒法案（Volstead act）。"[26]马克·吐温于 1902 年阅读爱氏的《论自由意志》（*Freedom of the Will*），认为爱氏是一位辉煌英才，深感自己还在与一种不同的传统在搏斗。爱氏的宗教、哲学思想也在爱默生（Emerson）、威廉·詹姆斯（William James）等人身上均可找到一脉相承的痕迹。可是，即使在美国本土，爱德华兹的思想也容易被误解并常常被片面地描述。比如，他的布道辞《落在愤怒之神手里的罪人》（*Sinners in the Hands of an Angry God*）被公认为美国最著名的布道文，收录在中学语文教材中。也由此，在年轻人印象里，爱氏似乎是专讲恐怖地狱的布道家。这种片面的印象甚至在宗教学术界也持续一个多世纪。然而，爱德华兹的真正核心思想不仅不是恐怖，恰恰与此相反，是"爱"与"美"。从二十世纪 50 年代开始，美国学界对爱德华兹的研究从复苏走向复兴。随着研究主题的广泛与深入，学者们纷纷重新发现与重新诠释了爱氏思

---

24 阿尔文·普兰丁格，《基督教信念的知识地位》，北京，北京大学出版社，2004，325。

25 爱德华兹，《爱德华兹选集》第三版，谢秉德译，香港，基督教文艺出版社，1995，7。

26 （美）乔治·马斯登，《复兴神学家爱德华兹》，董江阳译，游冠辉校，北京，中国社会科学出版社，2012，612。

想，[27]重新审视了爱氏神学思想体系中的核心主旨，认识到"美"在其整个思想体系中的重要地位与价值，并使爱氏的思想与现代社会语境形成对话，取得了诸多创见。

在中国大陆，基督教思想界对爱德华兹的关注主要限于复兴主题与灵修主题，例如《宗教情感》（*The Religious Affections*）及其布道辞。但这仅是冰山一角，远远不足以瞥见其思想的核心与整体全貌。中国大陆宗教学与哲学界对爱氏思想核心的研究还很稀少。这与爱德华兹在基督教思想史与基督教会史中的地位和影响是不相称的。进入二十一世纪，有学者指出，"对于二十一世纪的基督教，停止将爱德华兹作为'美国的神学家'，而是开始将其作为一位全球的神学家来进行谈论才是合适的"。[28]因此，我们有理由像欣赏奥古斯丁、路德、加尔文、施莱尔马赫和卡尔·巴特（Karl Barth）一样去欣赏爱德华兹。

爱德华兹处于十八世纪启蒙时代，面对乐观主义人性论、道德主义、自然神论（Deism）、理性主义、阿米尼乌主义（Arminianism）等各种错综复杂的文化思潮。他的作品并非有意建立一个体系，而多属于论辩性的回应。其中，伦理学主题尤为突出。无论大觉醒运动期间的布道《爱及其果实》（*Charity and Its Fruits*）、《宗教情感》；还是晚年的《论自由意志》（*Freedom of the Will*）、《真德性的本质》（*The Nature of True Virtue*）等作品，均可视为伦理学作品。值得注意的是，爱氏开创了基督新教神学美学与"情感主义"的独特路径来探讨基督教的伦理问题。他在苏格兰启蒙思想家对美感与道德感的讨论背景下，将清教加尔文主义对在神的荣耀的经验中所获得的"卓越与美"作为重构基督教伦理学的进路。针对道德论者们认为人的天然本性里有"道德意识"或"道德感"（Moral Sense），因此人的本性是良善的这种观点，爱氏揭示了"道德意识"出于老式的良心。他以"美"作为进路，反对将伦理单纯放置在理性层面来理解，认为启蒙者将道德意识化约为一种自爱和理智良心，这只是"次等之美"。在这些论述中，爱氏诉诸于"情感"，指出真宗教的本质在于"情感"。他虽然受到理性时代的表述影响，却是站在基督教传统的"神学道德"立场；不单诉诸理性表

---

27 例如 Kyle C. Strobel, *Jonathan Edwards's Theology: A Reinterpretation*, London; New York: Bloomsbury T&T Clark, 2013. 另 Conrad Cherry, *The Theology of Jonathan Edwards: A Reappraisal*, Bloomington, Ind.: Indiana University Press, 1990.

28 Michael J. McClymond and Gerald R. McDermott, *The Theology of Jonathan Edwards*, New York: Oxford University Press, 2012, 727.

达，且诉诸神学表达；不但肯定理性这一维度，且强调"情感"因素。可以说，爱德华兹的思想既反映启蒙时代特征，又具有反思启蒙色彩。这种"情感"与"美"的路径为理性时代对宗教本质的理解提供了一种不同的视角，具有广泛而又深远的影响，对之进行全面深入的研究具有理论的、历史的和现实的意义。本文的研究，不过旨在抛砖引玉罢了。

1.2 研究现状

1.2.1 国外研究现状

迄今为止，全球大约有十个爱德华兹研究中心，分布在美国、南非、澳大利亚、荷兰、巴西、德国、匈牙利、日本、波兰。其中，美国的耶鲁大学爱德华兹中心于 2003 年 10 月即爱氏诞辰三百周年时成立，收藏了有关爱氏的全部资料。从 1949 年米勒发表爱德华兹的标志性传记至 2010 年，研究爱德华兹思想的著作、学位论文、期刊论文数量大约达至四千，爱氏成为基督教思想史上被研究最多的思想家之一。[29]从 1940 年代至 1970 年代，每十年研究爱氏的学位论文数量就翻一倍。从 1980 年步伐只是变得缓慢一点。关于爱德华兹的研讨大会也大量召开，2003 年召开了 9 个大会。在这以后的十年里，学者们也多次从各国聚集讨论这位宗教思想家。

对爱德华兹思想的研究主要集中在美国，在不同历史时期，学者们对待其思想的态度大相径庭。一般而言，二十世纪四十年代末可作为研究爱氏思想的分水岭。

在十九世纪，人们对待爱德华兹的遗产具有混合的态度，他以其敬虔和复兴神学被人们所称道；但他的心理学、伦理学以及形而上学则大部分遭到拒绝。[30]甚至他的门生们也忽略他的形而上学理论。因此，通常人们避开他的形而上学和道德哲学，而集中致力于他的复兴神学和灵性主题。这一点通过爱氏著作的出版倾向就可查考到。十九世纪，他的《个人叙述》（*Personal Narrative*）印刷超过十万本，到内战结束为止，他的作品印刷了一百多万册，最畅销、印刷最多的是《大卫·布龙纳德生平》（*The Life of David Brainerd*）；

---

29 Michael J. McClymond and Gerald R. McDermott, *The Theology of Jonathan Edwards*, New York: Oxford University Press, 2012, 643.

30 Michael J. McClymond and Gerald R. McDermott, *The Theology of Jonathan Edwards*, New York: Oxford University Press, 2012, 625.

他的《宗教情感》成了巡回布道者和浸信会传道者的手册。十九世纪后三十年，爱德华兹被视为不合潮流的人物，甚至美国历史学家帕灵顿（Vernon L. Parrington）说他是一个"时代错误"。[31]很少知识分子能够对其作品给予严肃的关注。这与十九世纪美国文化中清教精神褪去，神学浪漫主义、达尔文进化论和城市世俗主义兴起有密切关系。进入二十世纪，在前三十年中，爱德华兹的思想还是像十九世纪末那样受到轻视。许多人批评爱德华兹，也有人开始欣赏爱德华兹。批评者依然试图推翻爱氏对"原罪"的解释，认为爱氏相信一位最坏的上帝，他做了最坏的布道，他具有最坏的信仰。而欣赏者，如威廉·詹姆斯在吉福德讲座中，即 1902 年出版的《宗教经验种种》一书中则向爱德华兹致敬。1904 年威廉·哈德·斯夸尔斯（Willian Harder Squires）开始出版季刊《爱德华兹主义》（The Edwrdean），将爱德华兹作为过去时代美国本土所产生的最伟大的思想家来研究。《纽约时报》（The New York Times）于1900 年倡议将爱德华兹作品进行新的编辑。在二十世纪三十年代，麦吉弗特（C. McGiffert Jr.）的《乔纳森·爱德华兹》（1932）出版，强调爱氏的上帝是圣洁、爱和美的上帝。可以说，这些都标志着对爱德华兹思想的兴趣开始复苏。

1949 年哈佛大学历史学家佩里·米勒所著的思想传记《乔纳森·爱德华兹》（1949）引起美国知识界的轰动，影响深远，《纽约时报书评》（New York Times Book Review）评价它是对美国思想和历史不可比拟的贡献。由此引起的对爱氏思想研究的热情之火燃至今日。米勒对爱德华兹的理智生活、思想背景做了一种描绘，评价爱氏为走在时代前沿的人，吸收了洛克和牛顿的思想并应用于当代。他认为爱氏拒绝了加尔文的"律法主义"和盟约神学，离开了清教徒的盟约的理性主义而拥抱纯粹感觉、以及现代人的恐惧和不安。除了这部著作，米勒在二十世纪五十年代还发起了由耶鲁大学出版的爱德华兹著作集的现代编辑工作。从 1950 年代至今，有大量出色的哲学家、神学家和历史学家参与其中。目前耶鲁版爱德华兹著作已经出版了 26 卷，其余 46 卷由耶鲁爱德华兹中心保存在电脑里，封存在耶鲁神学院。爱氏全集的整理和出版，大大地促进了对爱氏思想持续深入的研究。

从 1960 年代开始，研究爱德华兹的学者们有一个共同的转向，学者们开始离开米勒的观点，对他的论述提出异议。不仅在神学上，在哲学背景以及

---

31 Michael J. McClymond and Gerald R. McDermott, *The Theology of Jonathan Edwards*, New York: Oxford University Press, 2012, 634.

对爱氏是否是现代性的先驱等定位上，都有异议提出。其中，康拉德·谢理（Conrad Cherry）的《对爱德华兹神学的重新评估》（*The Theology of Jonathan Edwards: A Reappraisal*, 1990）是二十世纪最深刻敏锐考察爱德华兹神学思想的著作之一。他重新对爱氏的思想肖像进行评估，认为爱氏并非米勒所描述的现代人，事实上，爱氏既不是现代的，也不是中世纪的。他对米勒评价爱氏的每一面都做了否定的回答。例如，他反对米勒"爱氏离开盟约神学"的观点，认为爱德华兹非常依赖盟约神学，自始至终都是一位加尔文主义者。另外迈克尔·麦克利蒙德（Michael J. McClymond）与杰拉德·迈克德莫特（Gerald R. McDermott）合著的《爱德华兹的神学》（*The Theology of Jonathan Edwards*，2012）是最近对爱氏神学思想主题讨论既全面又深入的一部著作。作者在此书中讨论到爱德华兹的神学方法、三位一体观、神学人类学与恩典、教会观以及伦理思想等。他们认为改革宗内部有三个支流，原教旨主义、宣信主义和发展主义，爱德华兹既不是原教旨主义者，也不是宣信主义者，而是加尔文主义的发展者。他将爱氏视为二十一世纪神学领域的桥梁性人物，因为爱氏思想可以沟通东方和西方、基督新教和天主教、自由派与保守派等。此外，当代最著名的爱德华兹传记作者乔治·马斯登（George M. Marsden）的《复兴神学家爱德华兹》是一部"新近、全面和批判性的传记"，[32]作者也认为米勒的传记具有误导性。

对爱德华兹的研究不仅限于神学，众多学者承认爱氏在美国哲学史上是第一位重要的本土哲学家，他与爱默生、威廉·詹姆斯、杜威等哲学家有着一种内在的思想联系。爱氏对美国的彻底经验主义哲学的形成具有重要影响。美国哲学史家布鲁斯·库克利克（Bruce Kuklick）认为爱德华兹是美国哲学史的基石。[33]宗教思想史家威廉·克莱布什（William Clebsch）则进一步将爱德华兹、爱默生与詹姆斯的美学精神联系在一起，认为三人的唯美主义与美国的先验道德主义形成对照。[34]二十世纪五十年代后，随着爱氏思想重新受到关注和研究的深入，学者们对于爱氏的误解渐消。人们认识

32　（美）乔治·马斯登，《复兴神学家爱德华兹》，董江阳译，游冠辉校，北京，中国社会科学出版社，2012，1。

33　Michael J. McClymond and Gerald R. McDermott, *The Theology of Jonathan Edwards*,New York: Oxford University Press,2012,649.

34　Michael J. McClymond and Gerald R. McDermott, *The Theology of Jonathan Edwards*,New York: Oxford University Press,2012,652.

到，他并非是专门传扬地狱之火和上帝愤怒的布道家；也不仅仅是一位复兴运动的领袖。更多学者认识到爱氏深邃的神学、哲学思想具有丰富的价值。尤其值得注意的是，爱氏的基督教伦理思想，神学美学越来越被学界挖掘和认识。

从总体上来讲，从二十世纪 60 年代末期至七十年代，爱德华兹的神学伦理学思想和神学美学思想受到上升的关注。研究爱德华兹伦理思想的学者主要有诺曼·菲林（Norman Fiering）、保罗·拉姆齐（Paul Ramsey）、罗兰·德莱特（Roland A. Delattre）、克莱德·霍尔布鲁克（Clyde Holbrook）、伊丽莎白·阿格纽·科克伦（Elizabeth Agnew Cochran, 1977-）、威廉·丹纳赫（William J. Danaher Jr.）、斯蒂芬·威尔逊（Stephen A. Wilson）等。他们从不同层面、视角对爱氏的道德思想、德性观做出探索。

就学者们非常基础性的贡献而言，值得注意的是，保罗·拉姆齐为爱氏的耶鲁版全集第八卷《伦理学作品集》（*Ethical Wrtings*，1989）这部著作做了长达一百页以上的"导言"。他说明了为何将爱氏在大觉醒期间的系列布道辞《爱及其果实》（*Charity And Its Fruits*）编入伦理作品集，而非布道集。他指出爱氏的伦理思想是一个整体，与创世伦理有关。因此，如果撇开创世伦理的联系，甚至会"错误地理解爱氏的伦理作品"。[35]尤为宝贵的是，拉姆齐将爱氏对自然德性或普遍道德的论述归纳为四个原则，即"次要之美"、"自爱"、"良心"、"本能情感"。这一归纳被学界广泛认同和引用。此外，约翰·史密斯（John E. Smith）在爱德华兹思想研究知名学者李桑炫（Sang Hyun Lee）所编辑的《普林斯顿指南：爱德华兹》（*The Princeton Companion to Jonathan Edwards*）中的文章《基督教的德性与普遍道德》中对爱氏的神圣德性与自然德性思想做了基本分析。[36]

对于爱德华兹的基督教德性思想的研究大体有三种进路，即神学的进路、哲学的进路与神学美学的进路。神学的进路从爱氏与加尔文主义这一层关系入手，主要从改革宗神学视角探讨其德性思想；哲学进路则侧重考察爱德华兹与欧洲启蒙时代的哲学家们的关系，以此为背景说明爱氏的道德理论；而

---

35 Paul Ramsey, "Introduction", Jonathan Edwards, *The Works of Jonathan Edwards, Vol.8. Ethical Writings*, Ed.Paul Ramsey. New Haven:Yale University Press, 1989,6.

36 John E. Smith, "Christian Virtue and Common Morality", *The Princeton Companion to Jonathan Edwards*, edited by Sang Hyun Lee, Princeton, N.J.; Oxford:Princeton University Press, 2005,147~166.

神学美学进路则挖掘爱氏著作文本中的核心特色，以此为诠释的线索说明其道德理论。

首先，就爱德华兹德性思想的神学研究进路而言，主要有斯蒂芬·威尔逊的《改革宗的德性——重读乔纳森·爱德华兹的伦理学》（*Virtue Reformed: Rereading Jonathan Edwards's Ethics*）；[37]威廉·丹纳赫的《爱德华兹三位一体伦理学》（*The Trinitarian Ethics of Jonathan Edwards*）；[38]以及伊丽莎白·阿格纽·科克伦的《接受性的人类德性：对乔纳森·爱德华兹伦理学的一种新解读》（*Receptive Human Virtues: A New Reading of Jonathan Edwards's Ethics*）。[39]威尔逊的著作由其博士论文而来，他认为"德性"居于爱氏思想的核心，并且爱氏的"德性"在大体上同亚里士多德的"德性"相适应。但他并未简单将二者的"德性"并置处理，而是将爱氏的"德性"置于各种理智和宗教背景中处理，例如爱氏同加尔文主义各种流派的关系、加尔文前后的改革宗经院主义、分离派清教主义、英国的道德感传统等。因此，他在开篇即提出"德性与救赎"这一主题。威尔逊试图表明，爱德华兹凭借新教经院主义传统可获得亚里士多德的思想，并且他思想中的柏拉图主义因素是作为其思想的补充而非同亚里士多德的抗衡物。爱氏的"德性"既需要恩典的注入，也需要习性上的培养。威尔逊也指出学者们过度强调爱德华兹的基督教德性与自然道德的连续性。丹纳赫的著作是哥伦比亚改革宗神学系列中的一部。他从爱氏的三一论两种模式即心理三一和社会三一两个方面分析了心理类比中的三一论和道德思考，即神圣本质的参与；社会类比中的三一论和道德思考，即"三"的社会性、团体性，并且探讨了爱氏的宗教情感思想中三一的伦理学。丹纳赫不仅说明三一论是爱氏上帝论的核心，更重要的是他说明了三一论对基督教伦理独特的决定性意义。除上述两位作者外，科克伦将爱氏的德性思想定位于源自亚里士多德和阿奎那的古老传统，但爱氏的德性伦理思想具有更为复杂的时代背景，这显示出其德性思想的独特性。科克伦考察了爱氏所论及的四种德性，即圣爱、

37 Stephen A. Wilson, *Virtue Reformed: Rereading Jonathan Edwards's Ethics*，Leiden: Brill, 2005.

38 William J. Danaher Jr., *The Trinitarian Ethics of Jonathan Edwards*, Louisville: Westminster John Knox Press, 2004.

39 Elizabeth Agnew Cochran, *Receptive Human Virtues: A New Reading of Jonathan Edwards's Ethics*, University Park, Pa.: The Pennsylvania State University, 2011.

谦卑、悔改、正义。他认为，爱氏的"接受性的人类德性"平衡了上帝的主权、恩典与人的自由、道德责任二者之间的关系。他揭示出爱氏德性伦理的复杂性，即以三一论、原罪、拣选为教义根基，将爱氏的德性理论带入同前现代和现代德性伦理学的对话。

其次，就哲学进路而言，诺曼·菲林于 1981 年出版了著名的《爱德华兹的道德思想及其英国背景》（*Jonathan Edwards's Moral Thought and Its British Context*）。菲林将爱德华兹的伦理学纳入道德哲学范畴内。他打破了由米勒及其学生超过一代学者占统治地位的说法，即爱德华兹主要受洛克、牛顿影响。菲林系统地从历史线索考察了爱氏的思想背景，将爱氏的思想背景拓展到更广的范围，而不是以浪漫手法处理。菲林将爱氏作为十八世纪早期的道德哲学家，就如弗兰西斯·哈奇森（Francis Hutcheson），塞缪尔·克拉克（Samuel Clarke, 1675-1729）和约瑟夫·巴特勒（Joseph Butler, 1692-1752）之类，而淡化了洛克、牛顿对爱氏的影响。在其中，出现了许多新的名字，如马勒伯朗士（Malebranche）、沙夫茨伯利（Shaftesbury）、休谟等。他讨论爱氏的实践和经验主义的基督教非常可靠，但并不热心于此。菲林在论爱氏思想中关于罪、邪恶、地狱、激情和意志的一般历史背景方面非常杰出。

最后，关于伦理学与美学相结合的研究，1968 年首先由德莱特发表了一部重要的专著《爱德华兹思想中的美与感觉——美学与神学伦理学之探》（*Beauty and Sensibility in the Thought of Jonathan Edwards: An Essay in Aesthetics and Theological Ethics*），讨论爱德华兹的美学在西方基督教思想史中的独特性。他认为在过去的讨论里，人们给爱氏贴上很多标签，诸如观念主义者、经验主义者、感觉主义者、柏拉图主义者、神秘主义的、加尔文主义者。[40]他开创一个新的理解爱德华兹的视角，认为"美"是爱氏思想讨论的开放性、交流的首要原则。他的耶鲁爱德华兹中心的同事评价他所探索的是集中于爱德华兹美学思想的"客观方面的分析"。[41]之后，克莱德·霍尔布鲁克沿着德莱特脚踪，在 1973 年出版了《爱德华兹的伦理学——道德与美学》（*The Ethics of*

---

40 Roland A. Delattre, *Beauty and Sensibility in the Thought of Jonathan Edwards: An Essay in Aesthetics and Theological Ethics*, Eugene, OR: Wipf and Stock, 2006[1968],vii.

41 Michael McClenahan,"Foreword",Roland A. Delattre, *Beauty and Sensibility in the Thought of Jonathan Edwards: An Essay in Aesthetics and Theological Ethics*,Eugene, OR: Wipf and Stock, 2006[1968],v.

Jonathan Edwards: Morality and Aesthetics）。他从主观主义与客观主义的视角讨论了爱氏的伦理学和美学，认为爱氏试图找到神学的客观主义；但美学又提供的是主观主义。主观主义和客观主义的张力，使得爱氏的伦理学和美学难以调和。他的观点对研究爱德华兹思想具有很大启发。但德莱特对他的书给予评论，认为他所阐发的多出于自己的想象，并非爱氏自身的思想结构。

　　学者们逐渐达成共识，"美"在爱德华兹思想中具有中心性和渗透性的地位。二十世纪末期以来，一些系统神学家们研究和使用爱德华兹的美学，他们得出这样的结论，即相较其他基督教思想家，"美"在爱氏思想中具有更中心性的地位。基于此，学者们将"美"视为理解爱氏伦理思想的视角。例如爱德华·法利（Edward Farley）的著作《信仰与美———一种神学美学》（*Faith and Beauty: A Theological Aesthetic*,Burlington,2001）提出，爱氏并不是在神学中论述美，而是把美作为他"理解世界、上帝、德性和神圣事物的基本主旨"。[42]威廉·斯庞（William Spohn）谈及"美"与"爱"的关系时指出，爱德华兹提供了"建基于上帝之爱之上的美的伦理学，而不是建基于美基础上的爱的伦理学。"[43]此外，迈克尔·麦克利蒙德与杰拉德·迈克德莫特在《乔纳森·爱德华兹的神学》一书中，对爱氏的伦理学中一些主题做了一些阐述，例如道德生活的哲学基础、道德是作为对三位一体生命的参与、美德与美、以及爱作为美德的总结、自然美德等。

1.2.2 国内研究现状

　　汉语世界对爱德华兹作品的引介始于二十世纪六十年代初"基督教历代名著集成"系列著作中的《爱德华兹选集》的出版。[44]直到 2015 年，这本书才正式在中国大陆出版。[45]而爱德华兹的专著，中国大陆在 21 世纪初方出版节略本译本《信仰的深情：上帝面前的基督徒秉性》。[46]最近几年，才相继出

42　Edward Farley, *Faith and Beauty: A Theology Aesthetic*, Burlington, VT: Ashgate, 2001,43.

43　William C.Spohn,"Sovereign Beauty: Jonathan Edwards and The Nature of True Virtue," *Theological Studies* 42（3）, 1981,414.

44　注：爱德华兹，《爱德华兹选集》，谢秉德译，香港，基督教文艺出版社，1960 年初版。

45　注：爱德华兹，《爱德华兹选集》，谢秉德译，北京，宗教文化出版社，2015。

46　注：乔纳森·爱德华兹，《信仰的深情：上帝面前的基督徒秉性》，杜丽燕译，北

版了爱德华兹的《宗教情感》全译本与权威性的传记。[47]

在我国，由于特定的社会与历史原因，对爱德华兹思想的研究比较晚，即直到二十一世纪伊始，相关研究才开始涌现。虽然这些研究成果屈指可数，但爱德华兹思想的魅力已经引起我国学界关注。目前，学界对爱德华兹思想研究的兴趣主要限于历史与文学领域。学者们一般将爱德华兹作为十八世纪美国宗教大觉醒运动领袖或清教神学家，以历史为进路进行研究；或者以爱德华兹著名的布道辞文本为进路做文学性研究。其中，也有学者开始阐述爱德华兹的宗教思想。[48]值得一提的是，在神学美学方面，尚劝余在其文章《乔纳森·爱德华兹宗教美学思想探析》里对爱氏神学美学思想进行了引介。可以说，新世纪以来，中国学界开始关注爱德华兹思想并对其有所阐发。可是，学界对爱德华兹的神学、哲学、伦理学、神学美学仍然缺乏具有深度和广度的探究；尤其对爱氏的思想核心缺乏把握与阐述；对于爱氏基督教德性观的探讨则基本属于空白。

对于爱德华兹思想研究的有限性，一方面是由于汉语资源匮乏，另一方面也由于爱德华兹思想的形而上学与神学彼此涵融。因此，以美国历史、清教历史为进路的研究者，很难把握作为基督教思想家的爱德华兹的思想。也正由于此，更鲜有人从哲学层面研究其思想，因其哲学思想与神学思想浑然一体。可见，对首先作为宗教思想家的爱德华兹思想的探究，亟需从宗教学研究的学理背景出发，结合哲学、历史与文学的方法。

1.3　研究方法

本文选择以神学美学作为进路来研究爱德华兹的基督教德性伦理思想，但同时并不忽略其它神学与哲学进路所研究的问题，即将爱德华兹的思想本身与他所处的神学宗派传统与整个近代基督教思想史、哲学思想史综合考察，以便厘清爱德华兹思想的坐标。

京，中国致公出版社，2001。

47　注：乔纳森·爱德华兹，《宗教情感》，杨基译，北京，三联书店，2013；（美）乔治·马斯登，《复兴神学家爱德华兹》，董江阳译，游冠辉校，北京，中国社会科学出版社，2012。

48　刘亦明，"乔纳森·爱德华兹的宗教思想"，《云梦学刊》，2012 年第一期，48-52 页。

本文对爱德华兹的基督教德性思想进行研究，主要采取如下几种方法：

第一，文本研究方法：爱德华兹著作的中译本较少，只有《宗教情感》一部专著有中文译本；耶鲁版全集第八卷《伦理作品集》（1989）中，既有神学论述形式作品，如《爱及其果实》；又有哲学论述形式作品，如《真德性的本质》。另外基督教文艺出版社出版的《爱德华兹选集》，译文较为古旧，里面也有些翻译不当之处，都需要校对。因此，研究爱德华兹德性观需要对原文文本有细致的把握和分析考察。

第二，比较研究方法：就宗教思想的历史传承而言，爱德华兹的思想一方面表现出清教徒传统，另一方面又有与清教主义迥异的特色。在存在论上，爱德华兹与英国哲学家们的思想有千丝万缕的联系，例如与贝克莱（George Berkeley）的"存在即被感知"，以及近代欧陆的上帝中心主义的观点。就伦理思想而言，他的神学美学路径的基督教伦理思想同哈奇森等美伦理学家有相近之处。这些都需要从比较的视角来进行阐释，以获得明晰性。

第三，社会历史方法：爱德华兹处在十八世纪中叶美洲殖民地时期，经济获得发展，清教文化开始走向衰落，但也出现了短暂的宗教复兴；同时，北美依然呼吸从英国思想文化传递来的风气，理性、道德、自然神论等风潮也吹袭着新英格兰，人们对历史发展的信心高涨。因此，当考察爱氏思想时，不能不考察他思想成长的社会历史背景。

第 2 章　爱德华兹与基督教德性

2.1 爱德华兹的生平与著作

2.1.1 爱德华兹生平简介

乔纳森·爱德华兹 1703 年 10 月 5 日生于康涅狄格东温莎的清教徒福音派大家庭。他的外祖父所罗门·斯托达德（Solomon Stoddard）是康涅狄格河谷最有声望的牧师，经常作为马萨诸塞西部的发言人，在一些重大场合例如哈佛毕业典礼或选举日上布道。爱德华兹的祖父理查德·爱德华兹（Richard Edwards）从事制桶业商业贸易，曾研修法律，1708 年被任命为"女王律师"，因在几个案件中的成功辩护而闻名。爱德华兹的父亲蒂莫西·爱德华兹（Timothy Edwards）是东温莎教会的牧师，曾获哈佛大学两个学位，他是一位保守的加尔文主义者和热衷宗教奋兴的复兴主义者。乔纳森作为家中唯一的男孩，还有四个姐姐、六个妹妹。乔纳森的父亲非常重视家庭教育，他的姐妹们几乎都被送到波士顿接受学校教育，小乔纳森也在童年就开始接受拉丁文与希腊文学习。清教徒对儿童教育的看重使得乔纳森表现出对灵性事务的早慧，1712 年至 1713 年，九岁的小乔纳森第一次投身到灵性觉醒，追求神圣事务所带来的喜悦，他每天私祷 5、6 次，并组织同伴们在僻静树林里建立祷告场所；但不久，这种热情就烟消云散。

1716 年，刚满 13 岁的乔纳森离家开始大学生活，在位于离东温莎不远的韦瑟斯菲尔德（Wethersfield）的分部读书。1718 年学院更名为耶鲁学院，乔纳森也于 1719 年从韦瑟斯菲尔德分部迁往纽黑文。在阅读上，爱德华兹早年在父亲的藏书中汲取营养，到纽黑文后，他受惠于耶鲁学院图书馆的"达默藏书"（Dummer collection），[1]借此，其思想快速成长。乔纳森醉心于自然科学、哲学与文学，对一切知识都感兴趣，尤其在纽黑文阅读到艾萨克·牛顿与约翰·洛克的著作。虽然新科学还没有完全整合进新英格兰的理智生活，耶鲁学院的课程表也带有中世纪的味道，课程设置建立在亚里士多德科学与拉姆斯（Petrus Ramus）"旧逻辑"基础上，但十八世纪的新英格兰一些精明人订阅英国期刊，与国际性的学术保持紧密联系。爱德华兹身处启蒙时代环境，他曾如饥似渴地读过牛顿的《光学》，并对光学产生特殊兴趣，这不仅体现在他关于蜘蛛的研究，也体现在对彩虹和星星光线的论述中。他对自然界中蜘蛛的飞行线路进行观察，并发给英国"皇家学会"关于巨型南瓜的报告。

1720 年乔纳森获得耶鲁的本科学位，之后继续在纽黑文攻读文学硕士，这段时期对他而言"是一段特别富有成果的时光"。[2]一方面他的理智进一步得到知识的滋养，这位 17 岁的年轻人已经思考哲学与神学问题，并于 1721 年开始写作《自然哲学》（*Natural Philosophy*），其中包括《论原子》（*Of Atoms*）、《论存在》（*Of Being*）等。另一方面，爱氏在信仰上经历着深深的灵性挣扎，以及对神圣事物的新感觉与新情感。这种灵性挣扎表现在时而灵性觉醒、陶醉在上帝的荣耀与爱中，时而又落入到"犯罪"的低谷。他在 1740 年写作的《个人叙述》（*Personal Narrative*）中记录了自己从儿童时期起，就质疑加尔文主义传统的核心教义，即"心中十分反对上帝的主权这一教义"。[3]年轻的爱德华兹在挣扎中逐渐转变，能够信服和领悟到上帝的威严与恩典的美妙，并在读研究生的第一年春天经历了狂喜的归信。乔纳森在学校的生活"就像是一位寻求圣洁的年轻僧侣"，[4]拒绝参与同学们的"不道德行为"。1722 年，

1　注：耶利米·达默（Jeremiah Dummer）是马萨诸塞驻伦敦代表，他曾为纽黑文的学院弄到一批书，称为达默捐赠或达默图书。

2　Kenneth P. Minkema, "Jonathan Edwards: A Theological Life", *The Princeton Companion to Jonathan Edwards*, edited by Sang Hyun Lee, Princeton, N.J.; Oxford: Princeton University Press, 2005,3.

3　Jonathan Edwards, *Works of Jonathan Edwards, Vol. 16: Letters and Personal Writings*, Edited by George S. Claghorn, New Haven:Yale University Press, 1998,791～792.此系列（爱德华兹全集）以下简写为 WJE。

4　（美）乔治·马斯登，《复兴神学家爱德华兹》，董江阳译，游冠辉校，北京，中国社会科学出版社，2012，47。

他开始写灵修日记，并按清教徒方式拟定"决心书"（Resolutions），规范自身的灵性与道德生活。1722 年 5 月，爱氏完成研究生学业，并于同年 8 月至 1723 年 5 月，前往纽约城的一间长老会的小教会，以未按立的"储备牧师"身份开始侍奉。在这里，乔纳森第一次严肃地面对宗教的多元现实，因为他第一次遇到许多宣称什么都不信仰的人、从法国来的胡格诺派、以及虔诚的犹太教徒。在纽约，他也度过了一段愉快时光，开始预备进入服侍，并在此写下了讲章《基督——世界之光》（Christ，the Light of the World），这篇讲章体现了启蒙时代讲道与哲学所关注的主题。

1723 年 9 月 20 日，爱德华兹就提交的拉丁文论文在耶鲁毕业典礼上发表硕士学位的演讲，也称答辩。这之后，比他早两年完成文学硕士学位的年轻指导教师詹姆斯·皮尔庞特（James Pierpont Jr.）于 11 月写信给耶鲁董事会成员，建议将爱德华兹安置在纽黑文附近的博尔顿教会。11 月初，爱氏搬到博尔顿，出任牧师。在这里，他的讲道词具有一种快乐的主调。1724 年 5 月末，爱德华兹被选为耶鲁学院的指导教师，并于 6 月初来到纽黑文。在这里，他能够参与图书馆的图书整理，有机会阅读到大量文献，他为自己开了长长的阅读书单。

1726 年 8 月，对于爱德华兹来说是重要的转折，由于他外祖父斯托达德年事已高，北安普敦公理宗教会邀请爱德华兹出任牧师助理。1727 年 2 月 15 日，爱氏被正式按立为牧师，此后展开在北安普敦教会几十年的牧师生涯。1727 年 7 月 28 日爱德华兹与所爱慕的具有美好灵性品质的萨拉（Sarah）结婚，他习惯于将对婚姻的美好沉思与天国的美以及基督与教会的关系结合起来思考。1729 年 2 月 11 日，85 岁高龄的斯托达德去世，26 岁的爱德华兹作为北安普敦教会的属灵监督，每周讲道三次，已经成为当地最有权威的人物，"他的能力、他的敬虔以及他显而易见的真诚"[5]为他赢得了尊重。1731 年 7 月 8 口，爱德华兹首次在波士顿哈佛毕业典礼周上发表公开演讲，后来出版为《上帝在救赎工作中得到荣耀》（God Glorified in the Work of Redemption），以此回应了阿米尼乌主义的威胁。这次演讲作为一个里程碑，开启了他的国际事业。他与加尔文主义福音派圈子中的著名人物，本杰明·科尔曼（Benjamin Colman）、威廉·库珀（William Cooper）、托马斯·普林斯（Thomas

---

5　（美）乔治·马斯登，《复兴神学家爱德华兹》，董江阳译，游冠辉校，北京，中国社会科学出版社，2012，157。

Prince）、休厄尔（Sewall）父子以及科顿·马瑟（Cotton Mather）等建立联系，加入了这些核心人物构成的国际性网络。

1734 年至 1735 年，北安普敦教会经历了第一次大觉醒。爱德华兹于 1734 年 8 月，做了题为《一种神圣与超自然之光》（*A Divine and Supernatural Light*）的布道，这篇讲章"概括了他属灵洞见的实质，为一切真正的觉醒提供了一种宪章"。[6]大复兴期间，爱氏从此开始了长久地对宗教复兴的观察、记录和研究。他常常将觉醒的真相报告给波士顿的牧师本杰明·科尔曼，后者在科顿·马瑟去世后作为马萨诸塞与国际加尔文主义福音派联合的关键性人物。1737 年，爱德华兹的《对上帝奇妙工作的忠实叙述》（*A Faithful Narrative of the Surprising Work of God*）在伦敦出版，爱氏逐渐获得国际基督教圈子的读者。1738 年，爱德华兹展开了名为《爱及其果实》（*Charity and Its Fruits*）的系列布道，1739 年 3 月至 8 月间，又展开《救赎工作的历史》（*History of the Work of Redemption*）的布道。此时，爱德华兹已经非常憔悴，但对复兴、对历史充满积极和兴奋，他将宗教复兴放在一个宏大的救赎历史里来看待。在进行复兴事业的同时，1739 年 5 月 24 日，他在波士顿发表公开演讲，为加尔文主义辩护。

1740 年，乔治·怀特菲尔德（George Whitefield）来到新英格兰，点燃第二次大觉醒运动。次年，爱德华兹做了多次的巡回布道，竭尽全力推动第二次复兴。他的布道严肃、庄重，在声音中传达着热忱与逻辑。1741 年 7 月 8 日，爱德华兹发表布道《落在愤怒上帝手中的罪人》，此后在这期间的巡回布道中，他多次讲到这篇讲章。1741 年与 1742 年，他分别撰写《圣灵工作的区别性标志》（*Distinguishing Marks of the Work of the Spirit of God*）与《一些思考》（*Some Thoughts Concerning the Present Revival of Religion in New England*），来为大觉醒辩护。同时，1742 年冬天至 1743 年，爱氏也开始系列布道，最终整理出版为《宗教情感》（1746 年出版）。虽然爱德华兹对历史和复兴都具有一种乐观主义的态度，但旧时代的清教徒"山上之城"式的理想主义模式开始趋向黄昏。复兴所带来的很明显的副产品就是权威受到挑战，新英格兰的圣职人员内部也分成两派，即以查尔斯·昌西（Charles Chauncy）为代表的反对奋兴的旧光派（Old Lights），与倡导奋兴的新光派

6　（美）乔治·马斯登，《复兴神学家爱德华兹》，董江阳译，游冠辉校，北京，中国社会科学出版社，2012，192-193。

（New Lights）。这两派展开了激烈争论，爱氏站在后者这边。1747 年 9 月，爱德华兹完成又一部关于觉醒的著作《一种谦卑尝试》（*An Humble Inquiry*），里面涉及对国际"协同祷告"的呼吁，以及千禧年王国的前景。他在反思大复兴之余，对向印第安人宣教非常关切。1747 年，耶鲁大学学生中的新光派、向印第安人宣教的大卫·布龙纳德去世，爱氏放下其它一切重要事情，着手编辑布龙纳德日记，以《大卫·布龙纳德生平》为题出版。这是一部关于内在灵性的传记，是清教形式的"灵性经验的典范式叙述"，[7]在 19 世纪上半叶多次重印，成为美国著名的文学作品之一。

爱德华兹的保护人老威廉姆斯去世后，1748 年 6 月 19 日，他的另一个保护人，66 岁的约翰·斯托达德上校在波士顿因中风而突然去世。老一代权威家长的离世，加剧了爱氏与北安普敦人的紧张关系，这紧张既是道德性的也是神学性的。就圣餐问题，北安普敦人认为爱德华兹背叛了所罗门·斯托达德，也背叛了他们。而爱氏则希望对大觉醒的虚假归信进行管理，清洁教会，将教会带向十七世纪清教徒的理想。从 1749 年秋天后至 1750 年春天，他受到城镇的指控，最终牧师职位被会众投票解雇。

1751 年初夏，爱德华兹到马萨诸塞的一个英国人和马希坎印第安人混居的边陲村镇斯托克布里奇（Stockbridge），他受邀去那里做英国人的牧师。1751 年 10 月，爱氏举家搬到斯托克布里奇，以全新姿态展开对印第安人的宣教与教育。他并不轻视印第安人，虽然认为他们的文化需要改进。爱氏在这里的工作注重实际，比如在布道方面，他不采取神学家哲学家般的严谨分析式叙述，而是诉诸于简明生动的比喻主题。在教育方面，他认为识字可以帮助有效的传教，不单要教授印第安人读那些字，而且要让他们知道字的意义。他在这里忠实的工作很快赢得印第安人的好感与信任。

爱德华兹在斯托克布里奇完成了他一直计划写作的几本重要著作，这些著作的主题和目标都是针对当时流行的自由思想，即阿米尼乌主义和自然神论以及道德主义者的哲学思想。其中第一本就是《论自由意志》，在该书写作过程中，爱氏一直在与苏格兰的同盟者约翰·厄斯金（John Erskine）牧师进行通信，报告相关情况。爱氏于 1752 年 8 月开始写作此书，1753 年完成并于次年出版。1754 年 7 月至 1755 年 2 月，爱氏的身体出现热症发作，极其虚

7　（美）乔治·马斯登，《复兴神学家爱德华兹》，董江阳译，游冠辉校，北京，中国社会科学出版社，2012，405。

弱，但就在患病前，他已经完成了《上帝创世的目的》（*Concerning the End for Which God Created the World*）与《真德性的本质》的初步草稿。1756 年，他转向《论原罪》（*Original Sin*）的写作，并于 1757 年 5 月交给出版者。

　　1756 年 11 月，新泽西学院迁到普林斯顿新址，次年 2 月，那里爆发了一场奋兴。9 月 24 日，年仅 41 岁的新泽西院长、爱德华兹的女婿阿伦（Aaron Burr）去世。9 月 29 日，新泽西学院管理委员会秘书，即独立宣言签署者之一的理查德·斯托克顿（Richard Stockton）向爱德华兹发出邀请函，邀请他出任新泽西院长一职。爱氏到达普林斯顿后，在学院小教堂做过几次布道，教授希伯来语。当时，天花盛行，爱氏支持疫苗接种，并同意在 2 月 23 日全家进行接种，但他因为接种而感染了天花，在数周发烧和断食后，于 1758 年 3 月 22 日平静地离开这个世界。

2.1.2 主要著作

　　爱德华兹的所有文稿保存在耶鲁神学院，在耶鲁大学爱德华兹中心网站（http://edwards.yale.edu/）上可浏览到全部作品。1953 年起，历史学家佩里·米勒发起爱德华兹全集的整理与出版，至今已经由耶鲁大学出版二十六卷,这二十六卷全集大致分如下几类：

　　1、文学传记：

　　Jonathan Edwards, *The Works of Jonathan Edwards, Vol.7: The Life of David Brainerd,* Edited by Norman Pettit, New Haven:Yale University Press, 1985.

　　2、神学作品：

　　Jonathan Edwards, *The Works of Jonathan Edwards, Vol. 2. The Religious Affections.*Ed. John E. Smith. New Haven:Yale University Press, 1959.

　　Jonathan Edwards, *The Works of Jonathan Edwards, Vol. 3: Original Sin*，Edited by Clyde A. Holbrook, New Haven:Yale University Press, 1970.

　　Jonathan Edwards, *The Works of Jonathan Edwards, Vol. 4: The Great Awakening,*Edited by C. C. Goen, New Haven:Yale University Press, 1972.

　　Jonathan Edwards, *The Works of Jonathan Edwards, Vol. 5: Apocalyptical Writings,* Edited by Stephen J. Stein, New Haven:Yale University Press, 1977.

Jonathan Edwards, *The Works of Jonathan Edwards, Vol. 9: A History of the Work of Redemption*, Edited by John F. Wilson, New Haven:Yale University Press, 1989.

Jonathan Edwards, *The Works of Jonathan Edwards, Vol. 11: Typological Writings*, Edited by Wallace E. Anderson, and David Watters, New Haven:Yale University Press, 1993.

Jonathan Edwards, *The Works of Jonathan Edwards, Vol. 21, Writings on the Trinity, Grace, and Faith*. Ed. Sang Hyun Lee. New Haven:Yale University Press, 2002.

3、哲学与伦理学作品：

Jonathan Edwards, *The Works of Jonathan Edwards, Vol. 1. Freedom of the Will*, Ed. Paul Ramsey. New Haven:Yale University Press, 1957.

Jonathan Edwards, *The Works of Jonathan Edwards, Vol. 6. Scientific and Philosophical Writings*, Ed.Wallace E. Anderson. New Haven:Yale University Press, 1980.

Jonathan Edwards, *The Works of Jonathan Edwards, Vol. 8. Ethical Writings*, Ed.Paul Ramsey. New Haven:Yale University Press, 1989.

4、布道辞：

Jonathan Edwards, *The Works of Jonathan Edwards, Vol. 10: Sermons and Discourses, 1720-1723*, Edited by Wilson H. Kimnach, New Haven:Yale University Press, 1992.

Jonathan Edwards, *The Works of Jonathan Edwards, Vol. 14: Sermons and Discourses, 1723-1729*, Edited by Kenneth P. Minkema, New Haven: Yale University Press, 1997.

Jonathan Edwards, *The Works of Jonathan Edwards, Vol. 17: Sermons and Discourses, 1730-1733*, Edited by Mark Valeri, New Haven: Yale University Press，1999.

Jonathan Edwards, *The Works of Jonathan Edwards, Vol. 19: Sermons and Discourses, 1734-1738*, Edited by M. X. Lesser, New Haven:Yale University Press, 2001.

Jonathan Edwards, *The Works of Jonathan Edwards, Vol. 22: Sermons and Discourses, 1739-1742*, Edited by Harry S. Stout and Nathan O. Hatch; With Kyle P. Farley, New Haven:Yale University Press, 2003.

Jonathan Edwards, *The Works of Jonathan Edwards, Vol. 25: Sermons and Discourses, 1743-1758*, Edited by Wilson H. Kimnach, New Haven:Yale University Press, 2006.

5、圣经注释：

Jonathan Edwards, *The Works of Jonathan Edwards, Vol. 15: Notes on Scripture*, Edited by Stephen J. Stein, New Haven:Yale University Press, 1998.

Jonathan Edwards, *The Works of Jonathan Edwards, Vol. 24: The Blank Bible*, Edited by Stephen Stein, New Haven:Yale University Press, 2006.

《空白圣经》是爱德华兹 1730 年开始的工作。

6、杂记：

Jonathan Edwards, *The Works of Jonathan Edwards, Vol. 13: The "Miscellanies", Entry Nos. a-z, aa-zz, 1-500*, Edited by Thomas A. Schafer, New Haven: Yale University Press, 1994.

Jonathan Edwards, *The Works of Jonathan Edwards, Vol. 18: The "Miscellanies," 501-832*, Edited by Ava Chamberlain, New Haven:Yale University Press, 2000.

Jonathan Edwards,*The Works of Jonathan Edwards, Vol. 20: The "Miscellanies," 833-1152*, Edited by Amy Plantinga Pauw, New Haven:Yale University Press, 2002.

Jonathan Edwards, *The Works of Jonathan Edwards, Vol. 23: The "Miscellanies," 1153–1360*, Edited by Douglas A. Sweeney, New Haven: Yale University Press, 2004.

"杂记"的条目涉及神学和哲学系列，是爱德华兹于 1722 年开始的工作。

7、通信、教牧作品及其它：

Jonathan Edwards,*The Works of Jonathan Edwards, Vol. 12: Ecclesiastical Writings*, Edited by David D. Hall，New Haven: Yale University Press, 1994.

Jonathan Edwards, *The Works of Jonathan Edwards, Vol. 16: Letters and Personal Writings*, Edited by George S. Claghorn, New Haven: Yale University Press, 1998.

Jonathan Edwards, *The Works of Jonathan Edwards, Vol. 26: Catalogues of Books*, Edited by Peter J. Thuesen, New Haven: Yale University Press, 2008.

2.2 爱德华兹的思想背景（intellectual context）

十八世纪正是启蒙运动方兴未艾、基督教传统与新兴文化思潮交锋涤荡的时代。在此时空中的爱德华兹，其知识语境主要由基督教思想所代表的传统与启蒙所代表的现代思潮所构成。就传统而言，圣经知识与清教主义构成其继承的主要信仰传统；就启蒙时代的思潮而言，从世俗哲学文化层面主要涉及洛克、牛顿等人及剑桥柏拉图主义者的思想影响；从启蒙时代的宗教思潮这一层面，则主要涉及自然神论以及阿米尼乌主义。虽然传统与启蒙之间的张力表现在爱德华兹身上，但这并不说明爱氏的思想是二元的或分裂的。反之，他将启蒙时代的文化思潮整合融入进基督教传统，以启蒙时代的语言重塑了加尔文主义。

考察爱德华兹的思想背景主要依赖于他所阅读的书籍清单记录。这主要涉及两个文件，一是"书目"（*Catalogue*），即爱德华兹一生所记录的长达 45 页的笔记，包括 720 个条目。此书目主要记录了爱氏感兴趣的书，尤其是他想要获得的书。第二份文件是"账簿图书"（*Account Book*），这部分记录着爱氏借给家庭、教区信徒和牧师们的书。这些书单展示了爱氏及其基督教圈子的文化、政治、社会与历史环境。

2.2.1 基督教传统

2.2.1.1 爱德华兹与圣经

学者们通常将爱德华兹描绘为敏锐的自然观察家、卓越的哲学家、大有能力的布道家以及富有创造力的神学家；可是，爱氏更是或者说首先是一位圣经诠释家。他的所有神学思想与哲学思辨是以厚重的《圣经》诠释为基础的，甚至他对自然科学的兴趣也出于以《圣经》为本的信仰关切。正如罗伯特·布朗（Robert E. Brown）所述，"对于爱德华兹而言，圣经的内容作为他建构神学的一种至关重要的资源，而非仅仅是一种修辞学的指导"。[8]毫无疑问，《圣经》是爱氏思想与生活的核心，《圣经》知识是塑造爱氏知识背景最有力量的源泉。实际上，爱德华兹的第一位传记作者与亲密朋友塞缪尔·霍普金斯（Samuel Hopkins）已经注意到，爱氏"研究圣经超过所有其它的书籍"。[9]19世纪爱德华兹作品编辑者塞雷诺·德怀特（Sereno Dwight）也说到，爱氏将圣经作为"行事规则"。罗伯特·布朗肯定霍普金斯与德怀特对爱氏"强烈地全神贯注于圣经的记录是正确的"。[10]

从青少年起，爱德华兹就渴求《圣经》知识，他在1722年记录的《决心》（Resulutions）中说，"决心恒常不断地考察圣经，这或许会发现自己在《圣经》知识上的进步"。[11]1740年，他在回顾早年岁月的《个人叙述》中述及《圣经》在其生活中的地位时说，"我很多时候在《圣经》中获得比其它任何书籍中更大的喜悦。经常在读《圣经》时，每个词都触及我的心灵。我感到在我的心灵与那些甜蜜而有力量的词语之间存在一种和谐"。[12]可以说，对于《圣经》的兴趣贯穿爱氏一生，直到去世前的1757年，他计划两项重要的工作，一个是"救赎工作的历史"（*A History of the Work of Redemption*）；另一个就是有关"旧约与新约的和谐"（*The Harmony of the Old and New Testament*）这一主题，二者都与《圣经》密切相关。虽然《圣经》在塑造爱德华兹的精神气质方面发挥首要作用，但这在过去的研究中却常被忽略。正如作为耶鲁版爱德华兹全集第十五卷《圣经注释》（*Notes on Scripture*）的编辑者斯蒂芬·斯坦（Stephen J. Stein）撰文指出，"在爱德华兹神学思想发展中非常具有塑造性的力量来自圣经，但这点却常常被忽视"。[13]爱氏早期的门生与追随者无人将其圣经注释整合进爱氏神学的发展中，虽然德怀特在十九世纪爱德华兹作品编辑中收录了一些圣经注释，但这些内容并不广泛。

8　Robert E. Brown, "The Bible", *The Princeton Companion to Jonathan Edwards*, edited by Sang Hyun Lee, Princeton, N.J.; Oxford: Princeton University Press, 2005,90.

9　转引自 Robert E. Brown, "The Bible", *The Princeton Companion to Jonathan Edwards*, edited by Sang Hyun Lee, Princeton, N.J.; Oxford: Princeton University Press, 2005,87.

10　Robert E. Brown, "The Bible", *The Princeton Companion to Jonathan Edwards*, edited by Sang Hyun Lee, Princeton, N.J.; Oxford: Princeton University Press, 2005,87.

11　WJE16,755.

12　WJE16,797.

13　Stephen J. Stein, The Quest for the Spiritual Sense:The Biblical Hermeneutics of Jonathan Edwards, *Harvard Theological review*,vol.70.no.1/2（Jan.-Apr.1977）,99~113.

具体而言，《圣经》在爱氏思想中的重要性体现于：

首先，从文本角度观之，在爱德华兹的作品中，圣经主题占绝大多数，其手稿中两个主要的圣经注释分别为《圣经笔记》(*Notes on Scripture*) 与《空白圣经》(*Blank Bible*)。1724 年，爱氏开始写作《圣经笔记》，共达 507 个条目，[14] 1730 年，他开始在一本插有空白页的圣经上记录对 "圣经的多面观察"（ "*Miscellaneous Observations on the Holy Scriptures*" ），[15] 因此称为《空白圣经》。"空白圣经" 被视为 "圣经笔记" 的一种延伸或姊妹注释。1722 年，爱氏在纽约城做牧师期间开始写作 "杂记"（ Miscellanies ），"杂记" 是爱氏最富多样性与最重要的私人笔记。他一生共写作 "杂记" 超过 1300 多条目，这些杂记记录了他的神学思考，其中有接近 100 个条目是处理圣经诠释问题。除了以上提及的作品，布道也构成了爱氏圣经注释的重要内容。爱氏现存的布道手稿大约是 1200 篇，可能至少占最初布道的百分之八十。[16] 他的许多布道辞都从圣经的私人注释而来，因而爱氏的私人注释是他圣经诠释中最重要的来源。此外，在爱氏其它著作如《论原罪》、《宗教情感》、《上帝创世的目的》中，圣经注释都占据重要内容。爱德华兹诠释圣经的原则跟随马太·亨利（Matthew Henry）和马太·普尔（Matthew Poole）这一新教传统，他记录了经常引用的二人的注释书。[17] 此外，爱氏的释经也借助圣经年表、地理和历史方面的资料。这些工具书包括爱德华·威尔斯（Edward Wells）的《旧约历史地理》(1711) 和汉弗莱·普里多（humphrey Prideaux）的《犹太历史中关涉的旧约与新约》(1718) 以及亚瑟·贝德福德（Arthur Bedford）的《天体计算证明的圣经年表》(1730)。[18]

14　注: Stephen J. Stein, "Editor's Introduction", Jonathan Edwards, *The Works of Jonathan Edwards, Vol. 15: Notes on Scripture*, Edited by Stephen J. Stein, New Haven:Yale University Press, 1998,1.

15　Stephen J. Stein, "Editor's Introduction", Jonathan Edwards, *The Works of Jonathan Edwards, Vol. 24: The Blank Bible*，Edited by Stephen J. Stein, New Haven:Yale University Press, 2006,2.

16　注：见 WJE10:130.

17　Stephen J. Stein, "Edwards As Biblical Exegete", *the Cambridge Companion to Jonathan Edwards*, Edited by Stephen J. Stein, Cambridge; New York: Cambridge University Press, 2007, 185.

18　Peter J. Thuesen, "Edwards's Intellectual Background", *The Princeton Companion to Jonathan Edwards*, edited by Sang Hyun Lee, Princeton, N.J.;Oxford Princeton University Press, 2005,28.

其次，关于爱德华兹对《圣经》性质的认识，他认为《圣经》的本质是神圣的启示，具有必须性、充足性与自明性，他相信圣经的预言、无误性。[19]爱氏声称"《圣经》是神的心意的话语与工作"，"上帝的存在借由《圣经》显明，《圣经》自身也是神的权威的一种证明"。[20]值得一提的是，爱氏将《圣经》理解为具有美的性质，即圣经具有和谐性。十八世纪，基督教对《圣经》的传统认识遭遇"历史批判"的打击，即历史的可靠性对于知识来说成为必要条件，这导致《圣经》对于真宗教不再是唯一的来源，自然神论者与其他怀疑主义者毁坏了《圣经》的社会权威。实际上，爱德华兹在《圣经笔记》中已涉及到圣经批判问题，例如写于 1740 年代早期的第 416 条目是关于"是否摩西五经由摩西所写"。[21]《圣经笔记》的一些早期条目试图将圣经历史与地理同世俗的历史与自然科学相调和。《圣经笔记》与《空白圣经》关于批判诠释的条目在 1740 年代至 1750 年代都有增加；爱氏在"杂记"Nos.1060 条目讨论到"关于新约的正典"。[22]他相信，圣经与现代知识具有一致性，但也接受历史调查的现代标准的合法性。因此，爱德华兹的圣经诠释具有某种"传统观念与批判观念的混合"。[23]1757 年，他在写给普林斯顿学院董事会的信函[24]中称他心中计划要完成两部"巨著"，即《救赎工作的历史》与《旧约与新约的和谐性》。爱氏将这两部著作视为他生涯的顶峰之作，可惜由于突然过早离世而最终未能完成。"救赎历史"这一著作源于 1739 年，爱德华兹做了"救赎史"的系列布道后，爱氏考虑以革命性的新方法来尝试建构神学体系。爱氏已为《旧约与新约的和谐性》做了许多工作。通过撰写《和谐性》，他意欲表明圣经的内在一致性。通过这两部著作，爱氏想要回应十八世纪兴起的对圣经进行的历史批判。因此，这两部著作带有"护教"色彩。总之，《圣经》知识构成了爱德华兹首要的知识背景，圣经诠释是爱氏一生的重要事业；圣经研究为他的思想提供源泉，这具有无可比拟的优先性。

---

19 Robert E. Brown, "The Bible", *The Princeton Companion to Jonathan Edwards*, edited by Sang Hyun Lee, Princeton, N.J.; Oxford Princeton University Press, 2005,91.

20 WJE13:410.

21 WJE15:423.

22 WJE20:396.

23 Robert E. Brown, "The Bible", *The Princeton Companion to Jonathan Edwards*, edited by Sang Hyun Lee, Princeton, N.J.; Oxford Princeton University Press, 2005, 97.

24 注：WJE16:725～730.

2.2.1.2 爱德华兹与清教主义

清教主义是发轫于英国的一种宗教精神和敬虔运动，这一精神具有两大特征，即按照圣经敬拜与生活，以及良心自由原则。按此原则，威克里夫与丁道尔被认为是英国清教徒的先驱。"清教徒"（Puritan）这一名称的普遍使用始于 1563-1567 年间的"圣服之争"（Vestments Controversy）。在此之前，人们称他们为"严守教规者"（Precisians）清教徒是继承近代宗教改革思想，尤其受慈运理（Zwingli）和加尔文思想影响而呼唤英国教会进行彻底改革，回归和按照《圣经》模式来生活的一群基督新教信徒。因此，清教或清教主义（Puritanism）并非一种宗教，而可视作一种宗教伦理主张。"清"可解释为"清除"；"教"则可解释为"教会"。"清教"从字面上可理解为清除英国教会中天主教残余、洁净教会而使之按《圣经》真理建构的运动或思想。历史地观之，作为敬虔运动的清教主义始于十六世纪早期亨利八世的改革，形成于 1558 年之后的伊丽莎白一世时期，1662 年通过的《统一法案》（the Act of Conformity），反对妥协的两千多人都被放逐，圣公会的清教主义算是正式解体，"清教思想在英国国教内部不复存在"，[25] "要在英国教会内部维持清教精神的一切努力终于完全失败"。[26]1689 年《宽容法案》通过后，英国清教运动接近尾声。就地域范围讲，清教主义运动不限于英国，以约翰·诺克斯（John Knox 1505-1572）为代表的苏格兰长老会、荷兰第二次宗教改革运动，以及北美新英格兰公理宗教会都是带有强烈清教主义色彩的运动。因此广义地讲，清教主义是一场范围广泛的社会运动，它首先是一场宗教革新运动，然后才是道德运动，同时也是一场政治和经济运动。

美洲的清教主义始于 1630 年从英国本土远渡重洋来到北美的分离派清教徒，他们开疆扩土，致力于建立理想的"山上之城"；到美国独立战争胜利后宣布政教分离，美国清教的社会试验运动彻底结束。美洲清教主义的突出特点在于社会实践性，即他们发展了一种"注重实际的习惯法正统观念，他们依赖《圣经》，专心致志于纲领、行动计划和联合方案，而不怎么迷恋于宗教教条"。[27]美洲清教徒更强调生活方式，但不等于忽视神学，恰恰使一切

25　（英）钟马田，《清教徒的脚踪》，梁素雅等译，北京，华夏出版社，2011，18。
26　（英）钟马田，《清教徒的脚踪》，梁素雅等译，北京，华夏出版社，2011，18。
27　（美）丹尼尔·J·布尔斯廷，《美国人：殖民地历程》，时殷弘译，上海，上海译文出版社，2012，20。

神学争辩都指向社会制度的应用。1648 年，马萨诸塞的牧师们聚集在剑桥，形成了指导新英格兰公理宗道路的《剑桥纲领》(the Platform of Discipline，称为 Cambridge Platform)，这一纲领吸收了"威斯敏斯特信仰告白"。它是对从 1630 年代所开创的公理宗教会道路的有说服力的描述。在十七与十八世纪交汇的转折点，这份纲领依然发挥作用。美洲的新英格兰清教主义力量及其影响在十七世纪的最后三十年极大地走向衰落。"自从 1660 年代，在康涅狄格的三个最古老的教会都堕入到无秩序和意见不一致中"，[28]从理念到实践均发生变化。一种解释即"将十七世纪晚期与十八世纪早期视为从清教徒到'扬基'(Yankee)(或社团到个人主义)的转变"。[29]十八世纪早期新英格兰的宗教文化依然在许多重要方面被视为清教徒的，但社会和政治生活已经发生许多变化，这导致对一度受蔑视的重洗派、国教会派和贵格会的宽容，同时，牧师们在政治事务中的影响急剧地削减。清教徒的牧师们失去作为马萨诸塞与康涅狄格独一的宗教领导者地位，而其它宗教团体，重洗派和国教派开始与公理会教会抗衡。

爱德华兹生活的时代，清教徒的理想社会不复存在，新的自由思想不断涌现，挑战旧的传统秩序。因此，爱德华兹通常被视为清教主义末期的代表。例如康拉德·谢理称爱氏是美国"第一个也是最后一位清教徒神学家"。[30]钟马田认为，清教徒思想在爱氏身上已经"达至最高峰……因为在他身上，我们不但看见清教徒的共通点，也发现额外的属灵表现和充沛的生命……爱德华兹的生平和侍奉所表现出来的清教徒精神，已达到全盛的境界"。[31]

爱德华兹一生的思想观念与工作都表现出强烈的清教主义精神。首先，在思想来源这一层面，除了上文所说明的圣经影响外，关于清教徒的神学学习，爱德华兹全集第 26 卷的编辑者彼得·蒂森(Peter J. Thuesen)认为，"可以肯定，爱德华兹的确根植于他的先辈们的改革宗经院主义。像他的父亲与

28 David D. Hall, "the New England Background", *the Cambridge Companion to Jonathan Edwards*, Edited by Stephen J. Stein, Cambridge; New York:Cambridge University Press, 2007,61.

29 David D. Hall, "New England,1660-1730", *the Cambridge Companion to Puritanism*, edited by John Coffey and Paul C.H. Lim, Cambridge; New York: Cambridge University Press, 2008:144.

30 Cherry Conrad,*The Theology of Jonathan Edwards:A Reappraisal*, Bloomington: Indiana University Press, 1996,xxiii.

31 （英）钟马田，《清教徒的脚踪》，梁素雅等译，北京，华夏出版社，2011，112。

外公一样，他阅读着科顿·马瑟所谓好的古老清教神学"。[32]只是当清教发展到爱氏时代，已经多了一种不同的文学风尚，那就是提倡"文雅"（polite）与"包容"（cathlic）。爱氏虽然阅读广泛，但他仍然由神学信条牢牢地划定思想疆界。早期美国清教徒的神学必读课本是威廉·埃姆斯（William Ames, 1576-1633）的《神学精义》（*Medulla Sacrae Theologiae*），借此学习加尔文主义，这显然也是爱德华兹的必读课本。另一个清教徒常使用的系统神学读本是彼得·冯·马斯特里赫特（Peter Van Mastricht）的《实践神学》（*Theoretico-Practica Theologia*，1699）。若考察爱氏所阅读的其它相关书籍会发现，在其父亲蒂莫西·爱德华兹的私人图书室中，两份蒂莫西的详细的书单都非常侧重于清教徒的主题，其中包括了十七世纪不从国教者的作品，如理查德·巴克斯特（Richard Baxter）、约翰·古德温（John Goodwin）、约翰·弗拉维尔（John Flavel）、约翰·欧文（John Owen）等；家庭图书馆也包含新英格兰清教徒的讲道与论述，就如托马斯·胡克（Thomas Hooker）、英克里斯·马瑟（Increase Mather）、科顿·马瑟、威廉·威廉姆斯（William Williams）等。这些构成了爱德华兹早期教育中所接触的清教思想。约翰·史密斯（John E. Smith）认为，这些清教徒的作者们对"爱德华兹思想形成的贡献是不可低估的"。[33]

其次，爱德华兹表现出清教主义的精神气质。利兰·赖肯（Leland Ryken）描绘了典型的清教徒的肖像："努力工作、节俭、严肃、温和稳健，观点讲求实际，在宗教和政治事务上严守信条教义，通晓最近的政治及教会事务，爱刨根问底，有良好教养，彻底地熟悉圣经内容。为了达到这些要求，清教徒必须自律"。[34]清教主义本身就是带有宗教伦理色彩的运动，清教徒具有强烈的道德良知，"他们视生活为善恶之间的持续斗争"；[35]高度重视宗教信仰真理，尤为关注灵魂的状况。清教主义的这些精神气质鲜明地呈现在爱德华兹身上。例如，1722 年，爱氏采取清教徒做法，拟定了"决心书"（Resolutions），

---

32 Peter J. Thuesen, "Editor's Introduction", Jonathan Edwards, *The Works of Jonathan Edwards, Vol. 26: Catalogues of Books*, Edited by Peter J. Thuesen, New Haven:Yale University Press, 2008,3.

33 John E. Smith, "Editor's Introduction", *The Works of Jonathan Edwards, Vol. 2: Religious Affection*, Edited by John E. Smith, New Haven:Yale University Press, 1959,52.

34 （美）利兰·赖肯，《入世的清教徒》，杨征宇译，北京，群言出版社，2011，27。

35 （美）利兰·赖肯，《入世的清教徒》，杨征宇译，北京，群言出版社，2011，15。

以此鞭策自己。他说，"立定心志，我将做最能荣耀上帝的任何事"；"立定心志、恒常地考察圣经"；"立定心志，经常地，极其细微并殷勤与严格地省察我灵魂的状况"。[36]在 1723 年 12 月 27 日的日记中，爱德华兹说到，"每月之终，我要通过新约中一些章节，尤其是与生活规律有关的章节，来严格地省察我的行为"。[37]爱氏一生的生活实践都秉承清教徒的自制，作为清教徒的一个典范。当然，爱氏的敬虔不可避免地如其他清教敬虔一样陷入到对自我的全神贯注，但他竭力将上帝置于他意识的前沿。

最后，爱德华兹在北安普敦公理宗教会的实践充分地显示了他对清教主义传统的继承。马斯登认为，"清教及其改革宗敬虔派先驱一直都摇摆于以下两种观点之间：究竟是通过使各城镇并最终使国家成为实质上的基督教社会而重建基督教王国，还是倡导一种纯洁的、分离性的教会？爱德华兹坚定持守这两种理想"，[38]因而陷入了从其传统那里继承而来的一种进退两难的窘境。这种窘境与张力主要通过清教徒的"盟约"神学得到解释。清教徒以"盟约"（Covenant）来理解教会、社会中的关系。"盟约"神学将教会理解为通过神圣盟约与上帝，以及成员彼此之间联合在一起的神圣团体。清教徒视野中的"盟约"具有多重意义：一、"救赎之约"（the covenant of redemption），即上帝拯救其子民脱离罪的永恒心意；二、"民族之约"（the national covenant），即上帝与投身于上帝工作的新英格兰殖民者们的特殊联合；三、"教会之约"（the church covenant），即生活于上帝之中的信仰者之间达成的相互的契约；四、"委身之约"（owning the covenant），即个人投身于上帝的选择与决定。[39]

正是基于对清教主义传统"盟约"神学的观念，爱德华兹的实践分别从正反两个方面表明出来。一方面他通过布道体现"民族之约"，即对于新英格兰的清教徒而言，他们尤其将自身这一群体视为上帝的选民，而与古代以色列民族做比较。爱氏继承了这一观念，在布道中经常表明与强化"民族之约"的观念。例如，在 1737 年 3 月的布道中，爱氏将古代以色列人作为典

36 WJE16:753,755,757.

37 WJE16:873.

38 （美）乔治·马斯登，《复兴神学家爱德华兹》，董江阳译，游冠辉校，北京，中国社会科学出版社，2012，428。

39 Michael J. McClymond and Gerald R. McDermott, *The Theology of Jonathan Edwards*, New York: Oxford University Press,2012,44.

型，刻画了后世所有的约民，即"作为上帝子民，以色列依靠神的保护与今生祝福，只要他们遵守约中的条款"，[40]这是盟约中子民所承受的祝福。以此出发，爱德华兹"转向新英格兰，观察到盟约神学并没有停止在旧约，而仍然在历史中持续"。[41]除了承受祝福，盟约中还有"咒诅"的一面，即约民作恶，上帝施行惩罚。因此，爱氏经常在自然灾害的布道中发出警戒，劝告人们转离恶行。另外爱德华兹在布道中还经常宣告一种胜利的希望，这基于上帝对盟约民族的恩宠。例如从 1745 年开始，新英格兰与法国发生边境战争，爱氏赋予战争以神圣意义，即将新英格兰与法国战争视为与神的仇敌征战，而新英格兰作为上帝可见的子民，山上之城，上帝应许最后的胜利必定属于新英格兰。

除了"民族之约"，爱德华兹也从"教会之约"和个人的"救赎之约"出发，尽力宣讲福音圣道，同时进行清洁教会的实践。关于个人的"救赎之约"，作为清教徒神学典范的《威斯敏斯特信条》认为，"上帝与人所设立的第一个圣约是行为之约，以完全和个人的顺服为条件"，[42]由于亚当堕落使行为之约失效，因而上帝设立第二个圣约，称为"恩典之约"。"在此约中，上帝借着耶稣基督白白地向罪人提出了生命和救恩的邀约，吩咐他们归信耶稣，从而得救"。[43]清教徒将归信视为上帝的恩典，而不是由于人的善工，只有上帝对人具有终极判断的权柄。这导致作为牧师只能竭力宣讲救恩福音。在此意义上，爱德华兹所掀起的大觉醒运动可视为由清教主义的"圣约"观念所孵化出的复兴。在"教会之约"的实践上，十七世纪新英格兰的清教徒发现，很难确认究竟谁是真正归信者，那么只好发明了"半途之约"（Half-Way Covnant）到 1700 年，从前的圣礼之争转移到领受圣餐的成员资格之争。爱德华兹的外公所罗门·斯托达德，作为北安普敦教会的牧师，他出于对国

---

40 Harry S. Stout, "The Puritans and Edwards", *The Princeton Companion to Jonathan Edwards*, edited by Sang IIyun Lee, Princeton, N.J.; Oxford: Princeton University Press, 2005,279.

41 Harry S. Stout, "The Puritans and Edwards", *The Princeton Companion to Jonathan Edwards*, edited by Sang Hyun Lee, Princeton, N.J.; Oxford: Princeton University Press, 2005,279.

42 王志勇译注，《清教徒之约：〈威斯敏斯特准则〉导读》，上海，上海三联书店，2012，77。

43 王志勇译注，《清教徒之约：〈威斯敏斯特准则〉导读》，上海，上海三联书店，2012，77。

家盟约的关注而开放领受圣餐成员资格，"将圣餐桌向公开认信基督信仰以及生活没有丑闻的人开放"，[44]取代过去"只允许那些表明有令人信服归信证据的人成为领受圣餐者或成为教会的正式成员"。[45]同时代著名的清教徒马瑟父子，都曾对斯托达德将"半途之约"引入圣餐提出抨击。爱氏在斯托达德去世后成为北安普敦教会的正式牧师，1748 年，他提出改革教会管理形式，提议建立代表性的长老委员会来辅助牧师管理教会，而后则否定了斯托达德关于领受圣餐条件的观点，即，要求领餐者提供一个发自内心的可信的告白以取代之前的"形式认同"。这导致爱德华兹与会众之间的紧张关系加剧，最终被会众抛弃。爱氏这种希冀教会具有纯洁性、清洁教会这一传统的清教徒愿景也至此破灭。他的清教实践无力挽回衰微的清教主义传统的社会、教会。

2.2.2 启蒙时代思潮

十七世纪后半期至十八世纪末，西方基督教经历了一场深刻的知识范式转换的革命，在诸多领域，知识大厦的根基受到一系列批判性重估，范围从宗教到科学、政治、道德、经济、法律、教育等等，这场重估形成了我们所谓的"现代"的开端。这一时期以"启蒙"著称，即康德所谓的勇敢地"运用理性"。启蒙思想家们讨论理性的权威而不是圣经权威，由传统所塑造的神圣秩序受到质疑。由"启蒙"发展出的是与古典或中世纪文化迥异的世界观、历史观、价值观，例如人类的历程越来越被视为自然与历史的过程，而非上帝工作的后果。简言之，这一时代的本质特征"就是西方文明与教会权威和神学教条日益分道扬镳"。[46]启蒙时代见证了宗教被理性所取代，超自然与神圣启示的优先性遭到打击，神迹受到挑战，预言被要求重估。传统的基督教在十八世纪面对前所未有的致命性威胁。

生活于十八世纪的爱德华兹一方面其知识结构被盛行的文化潮流所塑造，同时又努力克服它们对基督教的挑战。彼得·蒂森认为，"启蒙维度与

---

44 （美）乔治·马斯登，《复兴神学家爱德华兹》，董江阳译，游冠辉校，北京，中国社会科学出版社，2012，38。

45 （美）乔治·马斯登，《复兴神学家爱德华兹》，董江阳译，游冠辉校，北京，中国社会科学出版社，2012，38。

46 （美）利文斯顿，《现代基督教思想史》（上），何光沪等译，南京，译林出版社，2014，9。

改革宗传统主义之间丰富的张力推动着爱德华兹的整个生涯"，[47]尽管他越来越朝向古老的正统，但启蒙时代的思潮构成了爱氏的思考背景，指引其观念。虽然英国启蒙与改革宗传统看似仿佛两极对立，即世俗与宗教两个完全不同层面的运动，并且二者对待经典的价值取向不同，清教徒看重圣经权威，而激进的启蒙人物用其它的图书代替圣经作为权威的源泉。但是，启蒙运动与改革宗传统都参与承担了基督新教对偶像的破除。在这一意义上，二者的张力与融合体现在爱德华兹的思想语境中。

2.2.2.1 哲学文化思潮

十八世纪早期新英格兰文化风潮源自英国本土，英国新近的出版物概要都可以在当时的期刊和图书馆里获得。一些新英格兰人订阅英国期刊，以便"与国际性的'学术共同体'尤其是英国、法国和荷兰保持联系"，[48]科顿·马瑟将当时自然哲学领域的最新成果介绍到新英格兰。由艾萨克·牛顿所代表的自然科学与约翰·洛克所代表的哲学构成了对新英格兰文化的主要影响。虽然十八世纪初期的学院课程表主要还是中世纪的，但爱德华兹的外公所罗门·斯托达德在十七世纪六十年代就已经拥有笛卡尔著作。爱氏就读耶鲁学院时受惠于"达默藏书"（Dummer collection），该藏书包括了牛顿、洛克、理查德·斯梯尔等人的作品。概而观之，爱德华兹哲学知识背景主要涉及到洛克和剑桥柏拉图主义。

彼得·蒂森认为，同爱德华兹思想背景最为经常联系在一起的启蒙人物是约翰·洛克。[49]围绕着洛克是否是爱氏早年的精神导师，是否是唯一对他早期知识发展具有决定性的思想家，学者们逐渐有了更全面的认识。爱氏的门生与第一位传记作者塞缪尔·霍普金斯 1765 年在爱德华兹的传记中记载，爱氏在就读学院第二年，即 13 岁时，"兴趣盎然地阅读了洛克有关人之理解的论述，而且受益匪浅……在研读时，他完全被吸引住了，所感到的满足与喜

---

47 Peter J. Thuesen, "Editor's Introduction", Jonathan Edwards, *The Works of Jonathan Edwards, Vol. 26: Catalogues of Books*, Edited by Peter J. Thuesen, New Haven:Yale University Press, 2008,3.

48 （美）乔治·马斯登，《复兴神学家爱德华兹》，董江阳译，游冠辉校，北京，中国社会科学出版社，2012，86。

49 Peter J. Thuesen, "Edwards' Intellectual Background", *The Princeton Companion to Jonathan Edwards*, edited by Sang Hyun Lee, Princeton, N.J.; Oxford: Princeton University Press, 2005,22.

乐，要远胜过最贪婪的守财奴从新发现宝藏里抓起满把金银珠宝"。[50]佩里·米勒接受霍普金斯的这一记录，即爱氏在韦瑟斯菲尔德（Wethersfield）阅读到洛克的作品，并将爱氏遇见《人类理解论》作为他理智发展中的核心和决定性事件，认为洛克是爱德华兹的精神导师。但近来学者们不再信任爱氏是在韦瑟斯菲尔德阅读洛克作品这一假设，而认为爱氏作为本科生，是在达默捐赠（Dummer gift）将《人类理解论》带到纽黑文（New Haven）后才遭遇到洛克的。利昂·霍华德（Leon Howard）将爱德华兹阅读到洛克著作的时间由1717年调整为1720年与1724年之间。[51]康拉德·谢理在反驳米勒的爱德华兹的思想传记中也引用了霍华德的研究成果，指出爱氏对洛克的一些观念的拒斥。[52]诺曼·菲林则明确提出，"必须质疑爱德华兹阅读洛克作品在其理智生活中是核心的、决定性的事件"。[53]他提出，"爱德华兹自身并非是洛克派哲学家。在道德哲学任何一种观点上，爱德华兹都几乎没有跟随洛克，并且爱氏在逻辑学与形而上学中，与洛克的差异是基本的"。[54]显然，菲林不同意爱氏知识背景主要受到洛克影响，他更倾向于承认马勒伯朗士在青年爱德华兹的哲学成长中"是一个关键因素"，[55]坚持爱氏"相较洛克的经验主义者，更是一位理性主义者"。[56]但从爱氏的作品中多处谈及到洛克，以及耶鲁版爱德华兹著作全集卷一《论自由意志》、卷三《论原罪》、卷六《科学与哲学作品集》（Scientific and Philosophical Writings）的编辑者们的论述，显然作为心理学之父、十八世纪经验论哲学的代表，洛克的思想在爱德华兹的知识背景谱系中占据重要地位。

50 转引自（美）乔治·马斯登，《复兴神学家爱德华兹》，董江阳译，游冠辉校，北京，中国社会科学出版社，2012，76。

51 转引自 Norman Fiering, *Jonathan Edwards's Moral Thought and Its British Context*, Chapel Hill: University of North Carolina Press,1981,39.

52 Cherry, Conrad.*The Theology of Jonathan Edwards:A Reappraisal*, Bloomington: Indiana University Press, 1996,15.

53 Norman Fiering, *Jonathan Edwards's Moral Thought and Its British Context*, Chapel Hill: University of North Carolina Press,1981,38.

54 Norman Fiering, *Jonathan Edwards's Moral Thought and Its British Context*, Chapel Hill: University of North Carolina Press,1981,37.

55 Norman Fiering, *Jonathan Edwards's Moral Thought and Its British Context*, Chapel Hill: University of North Carolina Press,1981,40.

56 Peter J. Thuesen, "Edwards' Intellectual Background", *The Princeton Companion to Jonathan Edwards*, edited by Sang Hyun Lee, Princeton, N.J.;Oxford:Princeton University Press, 2005,22.

总体上，爱德华兹的确将洛克的思想观念作为资源加以吸收，使之成为阐述自身思想的话语工具；但爱氏并未全盘接受洛克，而是做了重大修改，并在许多方面加以拒绝。爱氏主要还是基于清教主义语境来进行思考，摒弃英国经验主义者们朝向尘世的态度。他不仅将洛克作为哲学思想家，而且将洛克视为"一位重要的圣经诠释者"，[57]在《空白圣经》与《杂记》中经常思考洛克的题目。爱德华兹对洛克思想的吸收主要是认识论与心理学上的，例如他同意洛克"所有观念来自感觉经验"，借用其"简单概念"理论；同意洛克拒绝传统心理学将人分为不同的各种能力（faculties）的处理等。爱氏哲学思想的研究者、匈牙利学者米克洛什·维特（Miklos Vetö, 1936- ）认为爱氏在三个方面吸收了洛克的思想，即创造性地使用了洛克对人格同一性的分析，将其应用在"原罪"的定义上；二是接受洛克对"自由"的定义，以之解释当人的行动屈从于罪时，意志如何为行动负责；三是借用洛克的"观念"理论，发展出在理智知识与灵性知识之间深刻而微妙的区别。[58]这三方面大体呈现了爱氏与洛克之间的思想关联。同时，爱德华兹对洛克也多有拒斥。虽然爱氏看起来同意洛克对人格同一性的叙述，但在《关于心灵》（*The Mind*）的笔记另一处 No.72 中，爱氏明确提出反对，"人格同一性看起来从未得到解释，人格同一性在于意识的相同或同一是错误的"。[59]他对洛克的这一反对后来在《论原罪》中展开。华莱士·安德森（Wallace E. Anderson）也指出了爱德华兹对洛克观点一些方面的拒绝，例如"白板说"（White Paper）。他提出，"爱德华兹认为每个人都有一定的先天道德倾向，这优先于他最初的有意识的经验和行动，以及他对这些的具体记忆。爱德华兹的这一观点意味着对洛克的心灵最初作为一个纯粹的白板观念的重要转离"。[60]洛克排除了人的心灵具有先天倾向的可能，而爱氏却承认此点。就许多学者所认为的爱氏的"新

57 Clyde A. Holbrook, "Editor's Introduction", Jonathan Edwards,*The Works of Jonathan Edwards,Vol.3: Original Sin*, Edited by Clyde A. Holbrook, New Haven:Yale University Press, 1970,78.

58 参阅 Miklos Vetö, "Edwards and Philosophy", inGerald R.McDermott, Ed. *Understanding Jonathan Edwards: an Introduction to America's Theologian*, New York: Oxford University Press, 2009,154.

59 WJE6:385～386.

60 Wallace E. Anderson, "Editor's Introduction", Jonathan Edwards, *The Works of Jonathan Edwards,* Vol.6.*Scientific and Philosophical Writings,* Ed.Wallace E. Anderson, New Haven:Yale University Press, 1980, 119.

的灵性感觉"（new spiritual sense）[61]是对洛克经验主义的继承，菲林指出，"爱德华兹不需要洛克给他一种不能削减的感觉或经验的观念，因为清教徒们与神秘主义者们历代以来就具有这样的诸多经验"。[62]综上所述，爱德华兹并没有将洛克作为权威和来源，而是加以吸收利用，发展出自己的关于精神世界的理论。

除了洛克，爱德华兹的知识背景与剑桥柏拉图主义之间也具有密切关系。剑桥柏拉图主义是十七世纪中期由英国的哲学家、牧师们组成的一个学派，创立者为本杰明·威契科特（Benjamin Whichcote），其成员还包括约翰·史密斯（John Smith, 1618-1652）、拉尔夫·卡德沃思（Ralph Cudworth, 1617-1688）、亨利·摩尔（Henry More, 1614-1687）等，因多数成员出身剑桥或在剑桥工作而得名。这一学派特别强调理性与意识的作用。在宗教上反对加尔文主义的预定论，企图以柏拉图主义特别是新柏拉图主义代替亚里士多德主义作为基督教的理论基础，将基督教的道德与文艺复兴的人文主义相调和，主张宗教与理性相结合，提倡宗教宽容。尤为值得关注的是，这一学派注重伦理学，强调爱、品格与动机，"这为十八世纪道德哲学家如休谟、哈奇森铺平道路，也为道德感理论和直觉主义道德传统准备了前提"；[63]在形而上学方面，剑桥柏拉图主义者们反对托马斯·霍布斯（Thomas Hobbes）为代表的唯物主义与机械论，前者认为意识不是作为第二性，而是实在的创造者。

约翰·史密斯曾就读于剑桥大学以马内利学院，后来成为女王学院的一位数学教师，他是第一位试图系统阐述剑桥柏拉图学派观点的思想家。他只有一本死后出版的著作《选论》（Select Discourses），编辑于 1660 年，爱氏在"书单"（"Catalogue" of Reading）中提及到史密斯的这本书。[64]史密斯是"唯一一位不是作为严格意义上的神学家和牧师而被爱德华兹引用的作者"。[65]史密斯发展了"灵性的感觉"（Spiritual Sensation）这一概念，而爱

61 WJE2:271.

62 Norman Fiering, *Jonathan Edwards's Moral Thought and Its British Context*, Chapel Hill: University of North Carolina Press,1981,126.

63 尼古拉斯·布宁，余纪元编著，《西方哲学英汉对照词典》，北京，人民出版社，2001，134。

64 WJE26:281.

65 John E. Smith, "Editor's Introduction", Jonathan Edwards, *The Works of Jonathan Edwards, Vol. 2. The Religious Affections*.Ed. John E. Smith. New Haven:Yale University Press, 1959,65.

氏关于这一概念与史密斯持相同观点。[66]史密斯关键性概念的表达对爱氏的吸引力明显地在《宗教情感》中体现出来。另外，在早期布道辞中，史密斯作为爱氏喜欢的一位修辞学家而成为其用词的来源。[67]

另一位对爱德华兹思想构成重要影响的是亨利·摩尔，他反对霍布斯的唯物论与笛卡尔的二元论。华莱士·安德森说明了摩尔对青年爱德华兹的重要性，他指出，"哲学家与神学家亨利·摩尔的著作对爱德华兹思想具有最初并且持续的影响"。[68]摩尔主要著有《形而上学手册》和《伦理学手册》。爱氏早在本科生第一年就已经阅读了亨利·摩尔的形而上学著作；在最早期的《自然哲学》中，他从摩尔那里获得极大的资源以通过一种先验的讨论来说明自然的主要观念，他论述非唯物论的观念就是基于摩尔所引介的对十七世纪霍布斯为代表的唯物主义的拒斥。毫无疑问，爱德华兹早年一些关于"空间"与"存在"的形而上学观念来自亨利·摩尔，就如他接受摩尔认为的"空间是一种必然的精神性存在"，[69]"精神与物体的存在都依赖独立、非物质的、无限的与必然的空间"。[70]值得一提的是，摩尔与史密斯二人都使用"情感"作为表达的修辞工具。最后一位剑桥柏拉图主义者拉尔夫·卡德沃思，他著有《真正理智的宇宙体系》（1678），爱德华兹在"书单"中提到这部著作。[71]爱氏在作品《杂记》Nos.1359 和《关于心灵》的笔记的 No.40，以及《预表论作品集》中都有引用过卡德沃思；爱氏在三位一体论上熟悉东方的传统也是通过卡德沃思的作品。[72]

66　John E. Smith, "Editor's Introduction", Jonathan Edwards, *The Works of Jonathan Edwards, Vol. 2. The Religious Affections.*Ed. John E. Smith. New Haven:Yale University Press, 1959,32.

67　WJE10:200.

68　Wallace E. Anderson, "Editor's Introduction", Jonathan Edwards,*The Works of Jonathan Edwards,* Vol. 6. *Scientific and Philosophical Writings,* Ed.Wallace E. Anderson. New Haven:Yale University Press,1980,21.

69　Wallacc E. Anderson, "Editor's Introduction", Jonathan Edwards,*The Works of Jonathan Edwards,* Vol. 6.*Scientific and Philosophical Writings,* Ed.Wallace E. Anderson. New Haven:Yale University Press,1980,111.

70　Wallace E. Anderson, "Editor's Introduction", Jonathan Edwards,*The Works of Jonathan Edwards,* Vol. 6.*Scientific and Philosophical Writings,* Ed.Wallace E. Anderson. New Haven:Yale University Press,1980,57.

71　WJE26:273.

72　Sang Hyun Lee, "Editor's Introduction", Jonathan Edwards, *The Works of Jonathan Edwards, Vol.21, Writings on the Trinity, Grace, and Faith*. Ed. Sang Hyun Lee. New Haven: Yale University Press, Yale University Press, 2002,3.

2.2.2.2 爱德华兹与启蒙时代宗教观念：自然神论与阿米尼乌主义

十八世纪以"启蒙"著称，历史学家们视其为"理性的时代"，但这种标签式认知实际上含有对"理性"进行单极化的夸大，从而淹没了理性所根植的社会信仰实在，因而容易引起误会。正如杰拉德·麦克德莫特指出，"如果我们忽视这一事实，即这时代的关于理性至上的最尖锐争论都是根植于一种宗教的实在观念"，[73]那么我们就会被"理性时代"的标签所误导。十八世纪早期在英国所进行的极为重要的争论都是在肯定上帝存在，而不是否定上帝存在的前提下，讨论上帝的本质、以及上帝的公义与良善等属性问题。除了"理性"之外，十八世纪一般还被冠以"世俗主义"兴起的时代，但需要澄清的是，"世俗主义"也只是作为一种原则出现，不是上帝被排除在公共讨论之外的"世俗的时代"。在对这一时代主流的文化底蕴有所明晰前提下，才能开始谈及新兴的开始流行的宗教观念及其对基督教传统的挑战。

十八世纪早期一种文雅、自由主义或宗教宽容的风气渗透于英格兰教会，而曾经胜利的清教徒加尔文主义革新作为一种有效的影响力已经几乎在英国社会生活中消失。到十八世纪中叶，新英格兰的非正统宗教观念不但具有多重形式，并且都在兴盛壮大；这些多重形式的宗教观念包括自然神论、苏西尼主义（Socinianism）、阿米尼乌主义及阿里乌主义（Arianism）。其中，自然神论与阿米尼乌主义尤其成为爱德华兹一生关注并着力批驳的宗教观念。

2.2.2.2.1 爱德华兹与自然神论

早在 1563 年，瑞士神学家范来特（Pierre Viret）就在《基督教简介》（*Instruction Chretienne*）中提到"自然神论者"（Deist）。范来特对这些人的信念和看法的进一步描述，放在 18 世纪英国自然神论者身上也是十分贴切的，因而，人们逐渐接受这一用法。"自然神论"（Deism）这一概念在 17 世纪前与"一神论"（Theism）这一称谓通用，只是 17 世纪的神学家与哲学家开始赋予了"自然神论"不同的含义。1624 年，赫伯特勋爵（Edward lord Herbert of Cherbury, 1583-1648）出版了《论真理》（*De Veritate*），正式提出自然神论的信仰原则，他因而被称为"自然神论之父"。这一信仰原则包含五条共有的宗教观念：一、存在着唯一的上帝；二、上帝应受崇拜；三、德行是崇拜上帝的主要部分；四、人总是憎恶罪恶，并且应该为自己的罪过忏悔；

---

[73] Gerald R. McDermott, *Jonathan Edwards Confronts the Gods*, New York: Oxford University press,2000,17.

五、死后将有报偿和惩罚。[74]这五条共有的观念构成自然神论的信仰准则，但实际上，"自然神论者"是观点复杂的群体，历史学家们也认为自然神论让人难以捉摸，因被称为自然神论者们的思想各有侧重，甚至他们之间的思想彼此对立。英国唯理主义思想家塞缪尔·克拉克区分了四种不同类型的所谓自然神论者。第一种是相信上帝作为钟表匠，在创造世界后就离开，而让世界自行运转；第二种是相信上帝作为创造者参与一般护理，但并不进行道德管理，即并不赏善罚恶；第三种是相信上帝作为创造者与道德管理者，但并不相信灵魂不朽；第四种是相信上帝作为创造者与道德管理者，但并不相信《圣经》是特殊启示。[75]自然神论主要是属于十八世纪的思想运动，尤其于1695-1741 年间在英国大行其道。这一宗教思潮后又进入北美，形成当时北美思想文化中一股举足轻重的力量。可是，自然神论的神学根源却可追溯到神体一位论（Unitarianism）、苏西尼主义以及阿里乌主义。即，所有的自然神论者都拒斥三位一体教义，而与神体一位论站在一起。

历史地观之，自然神论的兴起具有多重原因：

其一，宗教改革对天主教权威的挑战为神学理性预备了土壤。基督教思想史家詹姆斯·利文斯顿（James C. Livingston）在考察自然神论兴起时，指出十七世纪新教经院主义在精神和实践上已经高度理性化。"神学真理不是通过宗教体验，而是通过某些第一原理出发的逻辑推理达到的。对真理性的检验，就在于对理性的一致性的检验"。[76]宗教改革与自然神论就破除神秘、倡导运用理性方面，二者的方向是一致的。其二，近代欧洲由于一个世纪的宗教战争与迫害已经精疲力尽，人们越来越意识到教条主义与不宽容才是真正的敌人，从而寻求、渴望和接受以"宽容"原则来面对神学问题。洛克与莱辛（Lessing）论证和提醒人们以"宽容"态度对待宗教，这对十八世纪的宗教情感取向具有重大影响。其三，从世俗文化发展的角度讲，这一时期兴起的自由主义文化风气孕育了自然神论。例如，以牛顿为代表的新科学为物理学带来理性的秩序；剑桥柏拉图主义者们如拉尔夫·卡德沃思与亨利·摩

---

74 转引自（美）利文斯顿，《现代基督教思想史》（上），何光沪等译，南京，译林出版社，2014，26。

75 转引自 Gerald R. McDermott，*Jonathan Edwards Confronts the Gods*, New York: Oxford University press,2000,20.

76 转引自（美）利文斯顿，《现代基督教思想史》（上），何光沪等译，南京，译林出版社，2014，24。

尔鼓励人以理性来认识和欣赏神圣真理，并将道德带到思想舞台的中心。另外，十六、十七世纪地理大发现所带来的新世界的非基督宗教的报告，也为自然神论提供了更多论据。自然神论者从中发现一种原始的、纯洁的道德宗教，以此解释并将后来的基督教视为堕落。

自然神论作为启蒙时代宗教观念最为精华的代表，清晰而强有力地体现了对传统基督宗教的批判。

首先，自然神论者旨在以"理性"准则作为前提，建构一种普遍性的宗教，对基督教传统的启示形成拒斥，对基督中保、救赎与献祭，《旧约》的先知预言与《新约》的神迹等提出质疑。自然神论者坚持"普遍理性"，因而认为启示没有必要。赫伯特勋爵等自然神论者都认为，宗教要诉诸于普遍的理性，因而特殊或超自然启示是不必要的。他坚称"所有特定宗教的废墟之下，埋葬着自然宗教的天赋观念，这些观念已经相当充分，因此特殊的启示既是不必要的，也是不存在的"。[77]赫伯特之后的自然神论者查尔斯·伯朗特（Charles Blount,1654-1693）在其短篇作品《理性的预言》中也赞美理性来反对启示，他的作品充满"圣经批判"的内容，对《圣经》以及其中的人物、故事提出诸多批评。约翰·托兰德（John Toland,1670-1722）自视为洛克的信徒，试图排除启示的神秘。他提出，"我们主张理性是一切确实性的唯一基础；并且主张任何启示的东西，不论就其方式或存在而言，都和日常的自然现象一样，不能摆脱理性对它的探究"。[78]自然神论从理性出发的原则，必然对神迹提出质疑和批判。值得注意的是，洛克虽然并非自然神论者，但他的许多观念与自然神论的观点相契合，比如他赞同赫伯特的五条原则，认为理性有能力发现一切关乎宗教的真理等。洛克对理性、宽容的倡导受到自然神论者们欢迎，同时，洛克的论述与哲学观念对自然神论者如托兰德、马修·廷德尔（Matthew Tindal, 1657-1733）影响巨大。洛克后的自然神论以洛克的经验论为基础，而抛弃之前以赫伯特的天赋观念为基础。

其次，自然神论将伦理作为宗教的本质，将"道德"置于信仰的核心，具有以道德替代宗教的超验本质的批判意义。赫伯特认为，美德与虔诚构成神圣崇拜的内容，这从消极方面讲，是对教权主义的反对，从积极方面则提

77　（美）约翰·奥尔，《英国自然神论：起源和结果》，周玄毅译，武汉，武汉大学出版社，2008，76。

78　（英）约翰·托兰德，《基督教并不神秘》，张继安译，北京，商务印书馆，2011，14。

出了自然神论的显著特征，即将基督教的本质伦理化，"将宗教从根本上变成伦理性的东西"。[79]自然神论者们并非将上帝的存在，而是将上帝的本质、道德属性作为讨论焦点。他们反对基督教传统中尤其奥古斯丁-加尔文派神学中所强调的"原罪"与"预定"（Predestination），因为这将救赎限定于少数被拣选者。他们肯定这样的上帝是不公平、不慈爱的。廷德尔将自己的《基督教与创世同样古老》（Chritianity as Old as the Creation）的论辩建立在上帝的永恒不变与无限完善性上，他认为"上帝在任何时候都同样良善，在任何时候都依据这一同样的动机行事"。[80]上帝是公正的，因此"不会有什么选民，也不会将别人所没有的特权给予某一个时代或者种族"。[81]正由于自然神论者坚持上帝的公正、无限良善、仁慈，因此他们拒绝基督作为"中保"、"赎罪"这些教义。其中，查尔斯·伯朗特是第一位反对基督作为中保而为人类赎罪的自然神论者，他认为上帝的怜悯足够满足自己的公义。其他的自然神论者如托马斯·查布（Thomos Chubb, 1679-1746）、廷德尔也持相同观点，认为上帝是完美的，不需要设立中保来补偿或赎罪；如果上帝如此行事，就减损了他无限的仁慈。

综上，自然神论以普遍理性否定了特殊启示，以道德代替救赎、敬拜，并且旧约的预言、新约的神迹均受到质疑。

殖民地时期的北美无论是新英格兰的清教徒、还是居住在纽约的胡格诺派信徒、宾夕法尼亚地区的英国贵格会成员和虔信派的德国人、马里兰殖民地的罗马天主教徒，早期这些殖民者具有浓厚的宗教气质，他们与自然神论毫无关联。自然神论渗入北美主要是通过后来的移民、从英国引入的出版物以及到美洲殖民地短期旅行的人等。正如奥尔（John Orr）记载，"自然神论在英国大行其道的时期（1695-1741），正是移民大举进入美国的时候，而其中无疑也存在着为数众多的或多或少带有自然神论思想的人"。[82]自然神论传

79　（美）约翰·奥尔，《英国自然神论：起源和结果》，周玄毅译，武汉，武汉大学出版社，2008，71。

80　转引自（美）利文斯顿，《现代基督教思想史》（上），何光沪等译，南京，译林出版社，2014，43。

81　（美）约翰·奥尔，《英国自然神论：起源和结果》，周玄毅译，武汉，武汉大学出版社，2008，178。

82　（美）约翰·奥尔，《英国自然神论：起源和结果》，周玄毅译，武汉，武汉大学出版社，2008，262。

入美洲的重要途径是图书文献，殖民地的图书阅读主要要仰仗英国本土，英国人的作品在图书馆里也占据可观的位置。爱德华兹的同代人本杰明·富兰克林（Benjamin Franklin）在孩提时代就阅读过安东尼·柯林斯（Anthony Collins）与沙夫茨伯利这些自然神论者的著作。在爱氏生活时代，一份当时费城的报纸专栏在 1735 年表达了忧虑，即自然神论正在毒害年轻人的心灵，似乎自然神论已经在这片土地成为盛行的思潮。爱氏在青年时代就清楚从英国而来的这些观念，并在 1752 年写给约翰·厄斯金的书信中，对已经日益甚嚣尘上的"背教"状况表达了担忧和震惊。可是，公然的自然神论在美国获得表达是在 1790 年代，即伊桑·艾伦（Ethan Allen）与托马斯·潘恩（Thomas Paine）的时代，并且，宗教自由主义与自然神论最终在美国这片土地获得胜利。

以英国为策源地产生的自然神论，一直是加尔文主义的威胁，爱德华兹一生都在与这一观念作斗争，并且"远远比学者们所承认的更加积极与急迫"。[83]爱德华兹的学生们通常认为阿米尼乌主义是爱氏的主要敌手，但爱氏热忱地参与英国本土的知识对话，不久就认识到"自然神论是比阿米尼乌主义更加危险的敌人"，[84]以之为主要目标进行批驳。爱氏之所以将自然神论视为最危险敌人，是因为其它"异端"思想只是在通向不信的路上，而自然神论则是不信本身，它有意识地拒绝启示的根基与超自然教义。并且，自然神论者诉诸于抽象的理性原则，这启发了阿米尼乌主义者、苏西尼主义者与阿里乌主义者，使得后三者使用这些原则来质疑源于圣经的基督教传统。实际上，自然神论从产生之初就遭到基督教传统圈子人士的抵制，而最终这种理性宗教自身的分析之火也拆毁了自身。正如安东尼·柯林斯所评论的，"无人怀疑神的存在，直到塞缪尔·克拉克试图证明它"，也正如保罗·拉姆齐观察的，"无人怀疑自然宗教，直到自然神论者说明什么是自然宗教"。[85]

爱德华兹对自然神论思想非常熟知，他在"阅读书目"中记录了一些关于自然神论方面的书籍，就如菲利普·斯克尔顿（Philip Skelton）的《自然神

83 Gerald R. McDermott, *Jonathan Edwards Confronts the Gods*, New York: Oxford University press,2000,19.

84 Gerald R. McDermott, *Jonathan Edwards Confronts the Gods*, New York: Oxford University press,2000,19.

85 Gerald R. McDermott, *Jonathan Edwards Confronts the Gods*, New York: Oxford University press,2000,32.

论启示》（*Deism Revealed*），约翰・利兰（John Leland）的《自然神论作者们的主要观念》（*View of the Principal Deistical Writers*）。[86]他所熟悉的自然神论者主要有约翰・托兰德、安东尼・柯林斯、马修・廷德尔、托马斯・摩根和托马斯・查布。爱氏也阅读了对主要的自然神论者进行回应的正统著作，比如，埋查德・宾利（Richard Bentley）的《对近期自由思想论述的评论》（*Remarks upon a Late Discourse of Free-Thinking*）、爱德华・钱德勒（Edward Chandler）的《从旧约预言为基督教辩护》（*Defence of Christianity from the Prophecies*）、威廉・哈里斯（William Harris）的《旧约中弥赛亚的主要表现》（*Principal Representation of the Messiah Throughout the Old Testatment*）等。[87]爱氏在《救赎工作的历史》中表述了对自然神论主要观点的认知，他认为"自然神论者们完全抛弃了基督教信仰，并且是公然表示背教。他们不像异端者、阿里乌派和苏西尼派以及其他人承认圣经为上帝的话语，并坚持基督教信仰是真信仰……自然神论者否认整个基督信仰。实际上，他们承认上帝的存在，但否认基督是上帝之子，并且说基督纯粹是一个骗子，因此所有的先知和使徒都是骗子。他们否认整本圣经是上帝的话，否认任何启示的宗教，或者任何上帝之言，并且说上帝并未给予人类其它光照，人只在理性之光中行走"。[88]

可以说，在爱德华兹形成自身思想过程中，自然神论扮演着批判的角色，虽然后者作为爱氏的思想敌手而被断然批驳，但不得不承认，自然神论的确刺激了爱氏对一些问题的思考，正如麦克德莫特所言，爱氏对"宗教的本质以及宗教历史的思考，如果不是由自然神论所塑造，也可以肯定地讲，这些思考是随着对自然神论者在几乎每个观点上的挑战得出结论的认知而形成的"。[89]

首先，爱德华兹直接批判的自然神论者主要有两位，即马修・廷德尔与托马斯・查布。廷德尔的《基督教与创世同样古老》可谓自然神论的圣经。

86　注：这两本书分别记录在 Jonathan Edwards, *The Works of Jonathan Edwards, Vol. 26: Catalogues of Books*, Edited by Peter J. Thuesen, New Haven:Yale University Press, 2008,249,302.

87　注：这些著作分别记录在 Jonathan Edwards, *The Works of Jonathan Edwards, Vol. 26: Catalogues of Books*, Edited by Peter J. Thuesen, New Haven:Yale University Press, 2008,263,181,185.

88　WJE9:432.

89　Gerald R. McDermott, *Jonathan Edwards Confronts the Gods*, New York:Oxford University press,2000,51.

爱氏阅读过关于廷德尔思想的正统回应著作，就如约翰·科尼比尔（John Conybeare）的《启示宗教的辩护》（*Defence of Reveal'd Religion*）、约翰·利兰的《对近期〈基督教与创世同样古老〉的回应》（*Answer to a Late Book Intituled, Christianity as Old as the Creation*）[90]等。他在"杂记"的 Nos.1337 与 Nos.1340 中批判了廷德尔。"杂记"的 Nos.1337 条目的题目是"启示的必要性，廷德尔反对启示必要性的论点在于自然法是绝对完美的"。[91]爱氏陈明了廷德尔的观点，即自然法是完美的，因此自然之光足够来教导人类行善。这是基于廷德尔认为上帝的意志是不变的，是美善的，因此他在人类创造之初所赐下的自然法也是完美的；由此，后来的启示是不必要存在的。爱德华兹指出，廷德尔所说的自然法在自身上是完美的只是说明了自然法自身完美而已，这种论述是"一种同义反复"，[92]是"一种空洞的、枯燥乏味的教条"。[93]自然法自身的完美并不代表我们对自然法的天然知识就是完美的。爱德华兹继续诉诸经验来对廷德尔提出诘难与挑战。他指出，我们是否借助于纯粹的自然法而不借助任何其它指导来使我们获益去知晓悔罪、上帝的喜好、我们的幸福？我们的父母、导师与哲学家们都通过口头或作品在提升人们的认知。既然自然法是完美的，我们通过自然法所获得的知识是完美的，如果廷德尔与其他自然神论者同意此点，"他们应该相信自然之光足够教导所有人类……任何其它的指导都是不必要和无用的……那么所有自然神论者所尽力谈论与书写来启蒙人类的努力就全然无用与徒然"。[94]爱氏最后得出结论，"不仅自然之光不足以揭示宗教，而且作为不同于自然之光的自然法，也不足以建立这一宗教"。[95]爱氏在"杂记"Nos.1340 对廷德尔的批判则是在"理性与启示"这一条目下进行。他指出，廷德尔在《基督教与创世同样古老》中"视理性为判断启示是否存在"的标准，这样，廷德尔实际上是在"假设每一条真理都必须由自身来进行判断"[96]，而这是不合理的，因

---

90 注：这些著作分别记录在 Jonathan Edwards, *The Works of Jonathan Edwards, Vol. 26: Catalogues of Books*, Edited by Peter J. Thuesen, New Haven: Yale University Press, 2008, 269, 311.

91 WJE23:342.

92 Gerald R. McDermott, *Jonathan Edwards Confronts the Gods*, New York: Oxford University press, 2000, 78

93 WJE23:342.

94 WJE23:342～343.

95 WJE23:345.

96 WJE23:360.

其"违背所有常识的规则"。[97]爱氏的另一位自然神论敌手查布，是塞缪尔·克拉克的门徒，开始是阿里乌主义者，随后滑向自然神论。查布所处时期，自然神论显出衰落迹象。爱德华兹在《论自由意志》这部著作中，选择查布作为要反驳的敌手之一。爱氏之所以在"自由意志"这一主题中以自然神论者为敌手，因他洞察到，"意志自由是自然神论侵入的缺口，也是抛弃基督教的缺口"。[98]

其次，自然神论对爱德华兹的影响，表现在其著作中，自然神论的主题占据相当一部分内容。例如彼得·蒂森观察到，在"杂记"中，就有"四分之一的条目直接或间接地处理自然神论"；[99]除此以外，自然神论的影响也见于《论自由意志》、《论原罪》、《救赎工作的历史》、《真德性的本质》、《上帝创世的目的》等著作中。爱德华兹除了对两位自然神论者提出直接批判外，也对自然神论的一些主题做了回应。这些主题主要涉及，"启示及其必要性"（revelation and its necessity）、"基督教信仰（Christianity religion）超越其它宗教"、"自然神论"（Deism）、"三位一体"（Trinity）、"异教的哲学"（Heathen Philosophy）、"基督的献祭"（Christ's Satisfaction）、"创造的目的"（the End of Creation）、"启示宗教"（Revealed Religion）、"圣经预言反对自然神论的愚弄"（Biblical prophecies against deist ridicule）"宗教中神秘主义的重要性"（the importance of mystery in religion）、"圣经的神迹叙述的可靠性"（the authenticity of the biblical miracle accounts）。爱氏也对自然神论者对新约以及基督为中保的攻击进行过驳斥。此外，自然神论主要激发了爱氏对理性与启示的关系、以及诸多神学伦理问题如上帝的本质、荣耀、属性、德性等问题的思考。

2.2.2.2.2 爱德华兹与阿米尼乌主义

阿米尼乌主义（Arminianism）来自荷兰神学家雅各·阿米尼乌（Jacob Arminius, 1560-1609），他曾在日内瓦受教于加尔文的继承者伯撒（Beza, 1519-1605），后回到荷兰做牧师。在神学上，他并不否认拣选，但"不以之是由于上帝的预定，而以之是由于上帝的预知"，[100]阿米尼乌的神学可以被称为

---

97 WJE23:360.

98 WJE1:132.

99 Peter J. Thuesen, "Editor's Introduction", Jonathan Edwards, *The Works of Jonathan Edwards, Vol. 26: Catalogues of Books*, Edited by Peter J. Thuesen, New Haven: Yale University Press, 2008, 71.

100 尼克斯选编，《历代基督教信条》，汤清译，北京，宗教文化出版社，2010，200。

"神人合作说"。他主张重新修订《比利时信条》与《海德堡问答》。他与主张堕落前预定论的同事哥马（Francis Gomer,1563-1645）掀起争辩，论战分成两派，跟随阿米尼乌的人称为阿米尼乌主义者。他死后，阿米尼乌派由艾屯波加特（Janus Uytenbogaert,1557-1644）起草信条，其中包含阿米尼乌观点，于 1610 年呈给荷兰及西弗立斯兰（West Friesland）国会，称为《抗议》（Remostrance）。1618 年，荷兰加尔文派召开多特会议，将《阿米尼乌抗议信条》判为错谬，并形成了著名的加尔文主义五要义，以每一要义开头语字母构成"Tulip"郁金香而闻名。这五要点即，一、完全败坏（Total depravity），即在神以至高主权，重生他们并赐给他们救恩的礼物之前，人类都死在过犯与罪恶之中。二、无条件的拣选（Unconditional election），即神在人类所做的任何事情之前与之外，选择一些人作为拯救的对象。三、有限的救赎（Limited atonement），即基督的死只是为拯救选民，因此他赎罪的死并非普遍地为整个人类。四、不可抗拒的恩典（Irresistible grace），即神的恩典是不能抗拒的。五、坚忍（Perseverance），即选民一定会坚忍到最后的救恩。[101]

　　十八世纪美国语境下，阿米尼乌主义一般有两种指涉，一是由阿米尼乌提出的特定的反加尔文主义教义；另一种则是泛称，用以指"肯定人的能力对其自身救赎具有贡献的思想，这是一种更为广泛的趋势"，[102]即泛指对严格的加尔文主义五要点的各种背离。阿米尼乌主义者认为，人可以做一些善工预备得救，基督是为全人类而死，神的预定以神对人的信心或接受救恩的知识为前提；人也不是全然堕落，并且人获得拯救之后，他也有可能会失去救恩。因此，在十八世纪的英国和北美，阿米尼乌主义被分为神学理性主义的阿米尼乌主义与福音派的阿米尼乌主义。前者与自然神论具有关联，而后者主要的代表为约翰·卫斯理（John Wesley）。阿米尼乌主义在 17 世纪的英格兰圣公会牧师中间就已经传播开，尤其是 1689 年后，甚至在反国教者之间也有传播。关于美国的阿米尼乌主义，古德温（Gerald J. Goodwin）认为，阿米尼乌主义在 18 世纪新英格兰的存在是一个"虚构"（myth）；[103]其他

---

101 （美）奥尔森，《基督教神学思想史》，吴瑞诚 徐成德译，北京，北京大学出版社，2003，495。

102 （美）乔治·马斯登，《复兴神学家爱德华兹》，董江阳译，游冠辉校，北京，中国社会科学出版社，2012，169。

103 转引自 Michael J. McClymond and Gerald R. McDermott, *The Theology of Jonathan Edwards*, New York: Oxford University Press,2012,56.

人则认为阿米尼乌主义者实际上也是一种过度反应的称呼，即严苛的加尔文主义者将只是稍稍背离传统的人称为阿米尼乌主义者。尽管如此，美国的阿米尼乌主义在 18 世纪早期到中期已经出现，"有理由认为，在 1700 年代早期的公理宗加尔文主义者圈子里，已经发生了内部的神学转变"。[104]1726 年，马瑟宣布在两百多个教会牧师中没有发现一位是阿米尼乌主义者，但实际上几十年来，一些自由的神职人员已经染上了阿米尼乌主义和理性主义的倾向。

阿米尼乌主义在爱德华兹的思想背景中究竟扮演怎样的角色，发挥怎样的作用？《爱德华兹的神学》的作者们罗列了一些爱氏时代的证据，认为"自由的或阿米尼乌主义的观点出现在新英格兰一些牧师之中是从 1730 年代到 1750 年代"。[105]这段时间也恰与爱德华兹的主要生涯重叠，阿米尼乌主义与爱氏思想必然遭遇和发生碰撞。

从爱德华兹的个人传记看，当他在耶鲁学院读书期间就已经具有良好的反阿米尼乌主义教育，他响应英克里斯·马瑟的号召去驳斥阿米尼乌。1723 年，耶鲁学院院长蒂莫西·卡特勒（Timothy Cutler）牧师在毕业典礼仪式上的"叛教"一事是爱氏在青年时第一次经历到的震惊，虽然这位牧师是从加尔文主义阵营滑向圣公会，并不是滑向阿米尼乌主义。但这一"叛教"引起的社会震惊是难以言喻的，波士顿宗教圈了领袖马瑟父子及其盟友认为，"圣公会信仰意味着开启了通向'阿明尼乌主义'的防洪闸"。[106]1731 年，爱德华兹首次在波士顿哈佛毕业典礼周发表公开演讲，题目为"上帝在人对他的依靠中得荣耀"（God Glorified in Man's Dependence）。在这篇演讲中，他回应了阿米尼乌的威胁。到大觉醒期间，阿米尼乌主义对爱德华兹思想的影响全面开启，前者促使爱氏思考加尔文主义与复兴的关系。1734 与 1735 年的康涅狄格河谷，发生了一场激烈的神学争论，其中涉及反阿米尼乌与觉醒的关系。一位向印第安人宣教的约瑟夫·帕克（Joseph Park）承认，"虽然他从未完全拥抱过阿米尼乌主义……但在复兴中觉醒后，他完全相信人的全然堕

104 Michael J. McClymond and Gerald R. McDermott, *The Theology of Jonathan Edwards*, New York: Oxford University Press,2012,57.

105 Michael J. McClymond and Gerald R. McDermott, *The Theology of Jonathan Edwards*, New York: Oxford University Press,2012,58.

106 （美）乔治·马斯登，《复兴神学家爱德华兹》，董江阳译，游冠辉校，北京，中国社会科学出版社，2012，105。

落的教义，以及单单通过恩典获救"。[107]爱德华兹在人们因阿米尼乌主义争论期间，不但于 1734 年发表了"唯独因信称义"（Justification By Faith Alone）的讲座性布道；而且他认为，"正是阿米尼乌观点的传布，激发了人们重新审视并更加严肃地看待他们习以为常的加尔文主义观点"，[108]而这有助于激发觉醒。1735 年，爱氏在给波士顿牧师本杰明·科尔曼的第一封信中也强调，传讲反阿米尼乌主义具有觉醒作用。

在觉醒期间的关于阿米尼乌主义的争论虽然结束了，但现实显示出阿米尼乌主义比过去更加强大了。因此，在以后的二十多年生涯中，随着阿米尼乌主义势力的加强，爱德华兹的著作与这一势头等齐，他对于阿米尼乌主义的反击也在加强。尤其到 1750 年代，爱氏先后写作出版了《论自由意志》、《论原罪》、《上帝创世的目的》与《真德性的本质》。这些著作涉及上帝的主权、人性的全然堕落、上帝的荣耀与道德问题等，都是针对阿米尼乌主义的教义。比如他写作《论自由意志》，其中一个原因就是由于阿米尼乌主义不断强大，因此除非"通向自主的自我决定的自由之通道被永远堵住"，[109]否则清教徒的大本营难以得到护卫。

可见，阿米尼乌主义作为爱德华兹的主要敌手，引导了其思想的发展，在塑造爱氏思想中从消极方面发挥作用。

2.3 德性问题的提出

爱德华兹对德性问题的思考除了以清教传统、启蒙时代宗教思潮为时代语境；在神学与哲学层面，他正式、正面提出和阐释基督教德性问题则主要与"大觉醒"时期的反思与对英国伦理学家们"道德感"理论的批驳有直接关联。

---

107 C. C. Goen, "Editor's Introduction", Jonathan Edwards, *The Works of Jonathan Edwards, Vol. 4: The Great Awakening,* Edited by C. C. Goen, New Haven:Yale University Press, 1972,6.

108 （美）乔治·马斯登，《复兴神学家爱德华兹》，董江阳译，游冠辉校，北京，中国社会科学出版社，2012，219。

109 Paul Ramsey, "Editor's Introduction", Jonathan Edwards, *The Works of Jonathan Edwards, Vol. 1. Freedom of the Will*, Ed. Paul Ramsey. New Haven:Yale University Press,1957,75.

2.3.1 反思 "大觉醒" (the Great Awakening)

十八世纪三、四十年代的北美大觉醒运动是发生在十八世纪上半叶英格兰、苏格兰与德国的新教世界一系列觉醒运动整体中的一部分。爱德华兹作为新英格兰大觉醒运动领袖，正如哈里·斯托德（Harry S. Stout）所评论的，"在一种深刻的意义上，复兴就在爱德华兹的血统中"。[110]

早在 1679 年和 1718 年之间，由爱德华兹的外公所罗门·斯托达德领导的北安普敦就开始有复兴出现，[111] 爱氏的父亲蒂莫西也是一位热衷宗教复兴的牧师。无疑，爱氏从外公与父亲那里继承了推动宗教复兴运动的基因。1734 年至 1735 年，在北安普敦发生了第一次大觉醒。1734 年 4 月，一位花季少年的早逝触动了许多年轻人，爱氏抓住这一机会进行布道，到 1735 年春天，复兴已经由涓涓细流变成一股洪流，他所在教区的居民处于灵性的奋兴火热中。在此期间，也有人提出质疑，认为复兴是一种 "极端狂热"，并且，复兴之火在 1735 年夏季遭受打击而走向熄灭。爱德华兹除了在觉醒期间进行布道等教牧工作来推动复兴，同时也时刻紧密关注觉醒的各种现象并记录下来，写成报告发给波士顿的加尔文主义福音派领袖本杰明·科尔曼。1736 年 11 月，爱氏写成《对上帝奇妙工作的忠实叙述》(*A Faithful Narrative of the Surprising Work of God*)，并发给科尔曼。次年，《忠实叙述》在伦敦出版，反响热烈。1740 年，怀特菲尔德来到新英格兰布道，第二次复兴降临，爱氏积极将第二次大觉醒推进下去。这一时期爱氏继续对觉醒现象进行总结、报告与辩护。他的觉醒系列著作陆续出版，分别是：1741 年出版的《圣灵工作的区别性标志》(*The Distinguishing Marks of a Work of the Spirit of God*)，以及 1742 年出版的《关于当前宗教奋兴的一些思考》(*Some Thoughts Concerning the Present Revival*)。

爱德华兹对 "大觉醒" 进行反思主要基于两个方面的原因，第一是，觉醒中出现 "出神狂喜" 等现象，而之后复兴走向衰微；二是关于觉醒的争论。早在 1730 年代后期，北安普敦的第一次觉醒在国际上闻名后，爱氏看到教区

---

110 Harry S. Stout, "Edwards As Revivalist", *The Cambridge companion to Jonathan Edwards*, edited by Stephen J. Stein, Cambridge; New York: Cambridge University Press, 2007,125.

111 注：根据 C. C. Goen, "Editor's Introduction", Jonathan Edwards, *The Works of Jonathan Edwards, Vol. 4: The Great Awakening*,Edited by C. C. Goen, New Haven:Yale University Press, 1972,5.

的居民很快就又回到各种贪婪、争斗等不道德的老路。同时，第一次与第二次的觉醒过程中都充满争辩，例如"新光派"（New Lights）与"旧光派"（Old Lights）的争论。前者拥护觉醒，后者以波士顿牧师查尔斯·昌西为代表，质疑和批评觉醒。并且，觉醒运动在1742年发生突然裂变，出现"被爱德华兹视为欺骗性狂热"[112]的现象。面对信仰的衰退，爱德华兹"试图纠正人们所采取的路线"；[113]面对新光派与旧光派的争论，他既回击后者，对觉醒进行辩护；又进行反省，对极端新光派提出警示。因此，他先后作了三组系列布道，即1738年关于《哥林多前书》13章的系列布道，后以《爱及其果实》（Charity and Its Fruits）为题出版；1739年关于《以赛亚书》51：8的系列布道，后经整理以《救赎工作的历史》（A History of the Work of Redemption）为题出版；以及大约1741年与1742年关于《彼得前书》1：8的布道，后进行修订以《宗教情感》（Religious Affections）为题出版。

爱德华兹尤其在《爱及其果实》与《宗教情感》这两个著作中提出基督教的德性问题。首先，他在《爱及其果实》中系统地论述了基督徒的道德生活，这一系列布道的第一篇布道题目是《爱是所有德性的总结》（Love the Sum of All Virtue），第二篇的题目是《爱比非凡的圣灵恩赐更加卓越》（Love More Excellent Than Extraordinary Gift of The Spirit）。爱氏将基督教的"德性"归结为"爱"（charity），即对神的爱（love to God）与对人的爱（love to human being）。保罗·拉姆齐认为，《爱及其果实》的布道是爱德华兹1750年代在《真德性的本质》（The Nature of True Virtue）中对关于"正确的圣洁生活的节略叙述的总结性重新陈述"。[114]因此，《爱及其果实》与1750年代作品《真德性的本质》具有一种彼此呼应的关联，前者在神学领域对宗教经验进行总结与反省，对基督教德性的本质展开详细论述；后者则主要在哲学领域进行分析、阐释。因此，爱德华兹全集的编辑者将《爱及其果实》、《真德性的本质》与《上帝创世的目的》结集在一起，构成爱德华兹全集第八卷《伦理学作品集》（Ethical Wrtings）。

---

112 （美）乔治·马斯登，《复兴神学家爱德华兹》，董江阳译，游冠辉校，北京，中国社会科学出版社，2012，346。

113 （美）乔治·马斯登，《复兴神学家爱德华兹》，董江阳译，游冠辉校，北京，中国社会科学出版社，2012，233。

114 Paul Ramsey, "Editor's Introduction", Jonathan Edwards, *The Works of Jonathan Edwards, Vol.8. Ethical Writings*, Ed.Paul Ramsey. New Haven:Yale University Press, 1989,2.

其次,《宗教情感》(1746 年出版)尤其成为爱德华兹对大觉醒进行总结与反省的代表性作品。1730 年代后期,正当《忠实叙述》为爱德华兹赢得国际声誉时,他却对现实感到不安,认为高估了真正觉醒的程度,许多归信属于假冒与伪装。他在《宗教情感》的引言部分指出两种相反的现象,一种是"宗教复兴",另一种是"假敬虔",这两种现象同时并存。爱德华兹一方面承认圣洁情感是真宗教的本质,同时也指出宗教情感可以伪造。"我们不该拒绝一切情感,以为真宗教完全不在于情感;同样道理,另一方面,我们也不该赞成一切情感,以为任何情感都出于恩典。"[115]爱德华兹借"宗教情感"探讨真宗教的本质、何为真敬虔来梳理大觉醒。在这一著作中,他首先指出"无法证明宗教情感是否出于恩典的一些现象",[116]他列举了十二种现象,认为这些宗教情感的表象不能被证明是否出于恩典。其中包括如:宗教情感热烈、身体的生理反应强烈、善于谈论宗教、情感源于外界、情感伴随经文进入头脑、情感包含爱意、多种情感交织、宗教情感按照某种宗教体验顺序出现、参加宗教活动、开口赞美上帝、确信自己得救以及人际关系良好。尔后,他说明了"恩典情感和圣洁情感的明显标志"。[117]他又举列出十二种足够称为真正敬虔的记号。它们分别是:圣灵特殊的感动、上帝美善的本质、宗教的道德之美、圣灵的光照、属灵的确信、福音的谦卑、人改变本性、基督的性情、温柔的心灵、圣洁情感具有美感、圣徒渴望更加属灵、一生追求圣洁行为。在讨论"恩典情感和圣洁情感的明显标志"这一主题中,他将宗教情感与基督徒的美德或德性相联系,指出,基督徒的美德"大多通过圣洁情感的运行而表现出来"。[118]爱氏认为,"爱"的情感是一切情感的源头,基督徒的爱更是一切恩典情感的源头。可见,爱氏在论述宗教情感这一主题中,将基督教的德性即"爱"作为宗教情感的源头,以此对觉醒运动反省,追寻真宗教与真敬虔的核心所在,正是在这一过程中,爱氏正式提出和处理基督教的德性问题。

---

115 乔纳森·爱德华兹,《宗教情感》,杨基译,北京,三联书店,2013,30。
116 乔纳森·爱德华兹,《宗教情感》,杨基译,北京,三联书店,2013,29。
117 乔纳森·爱德华兹,《宗教情感》,杨基译,北京,三联书店,2013,85。
118 乔纳森·爱德华兹,《宗教情感》,杨基译,北京,三联书店,2013,18。

2.3.2 批驳"道德感"（Moral Sense）伦理理论

"道德感"（Moral Sense）理论与现代早期英国哲学家洛克的认识论密切相关，洛克的《人类理解论》拒绝将外部权威作为真理的保证者，这导致上帝的意志被排除在道德之外，英国伦理学与道德论受其影响，试图找到宗教权威的替代品作为社会与人类行为的基础。在此背景下，分别产生了以拉尔夫·卡德沃思、亨利·摩尔、塞缪尔·克拉克为代表的理性主义与以沙夫茨伯利、弗兰西斯·哈奇森、休谟等为代表的情感主义两个彼此对立的道德哲学学派。前者将理性作为道德行为的标准，认为"道德差别源自于理性，就像数学上的差别源自理性那样"，[119]道德行为必须与"真命题"或"真"相符合；而后者坚持道德的基础在于"情感"。但两个学派的共同点在于，二者都排除了上帝与道德律的有效关联，认为上帝的意志并不构成对与错的区别；同时，二者认为德性是实在的和自然的，只是在德性的基础这一问题上又存在理性与情感的分歧。

"道德感"这一术语在近代英国最初由沙夫茨伯利勋爵安东尼·阿什利·库珀（Anthony Ashley Cooper）在《关于德性的一种探究》（*An Inquiry Concerning Virtue*, 1699）与《人的特征、风习、见解与时代》（*Characteristics of Men, Manners, Opinion, Times*, 1711）中提出。他反对霍布斯以"性恶论"人性论为基础的"利己主义"道德学说，后者认为人的本性从根本上是自私的、反社会的；他也与洛克的否定人具有先天观念的"白板说"分道扬镳。莎夫茨伯利提出，"人在本性上是倾向于仁爱的"[120]和利公的，道德差别不是由于理性，而是由于"道德感"，即人天生具有区分美丑、善恶的能力。虽然莎夫茨伯利提出了"道德感"，但他关于"道德感"理论的论述比较松散，并且没有针对当时流行的理性主义进行批判。

哈奇森继承了沙夫茨伯利的自然情感与道德之间关系的理论，将其"道德感"理论与修正过的洛克的经验心理学相融合。他先后出版《论美与德性观念的根源》（*An Inquiry into the Original of Our Ideal of Beauty and Virtue*, 1725）与《论激情与情感的本性与表现，以及对道德感官的阐明》（*An Essay*

---

119 （美）阿拉斯代尔·麦金泰尔，《伦理学简史》，龚群译，北京，商务印书馆，2003，218。

120 （美）阿拉斯代尔·麦金泰尔，《伦理学简史》，龚群译，北京，商务印书馆，2003，220。

on the Nature and Conduct of the Passions and Affection with Illustration on the Moral Sense,1728），为"道德感"理论提供阐释与辩护，并将其系统化。其中，他也针对曼德维尔（Mandeville）对"道德感"的攻击给予回应。哈奇森将感官区分为五个种类："外在感官"、"内在感官"（internal senses）、"公共感官"、"道德感官"与"荣誉感官"。[121]其中，"内在感官"即对美的感知能力，是对"来源于有规律的、和谐的和匀称的对象，也来源于宏伟与新奇"[122]的令人愉快的知觉的接受能力。"公共感"即"决定会因他人的幸福而快乐，因他人的困难而不快"；[123]"道德感"即借由它，"我们知觉到了自身或他人的善或恶"。[124]哈奇森认为，"道德感"是人性结构中的一部分，由造物主根植于人心中，因而是与生俱来的。道德感的作用一方面在于对道德对象产生知觉，另一方面对道德对象形成判断。在这一知觉与判断形成过程中，道德感与内感官的审美以及公共感官是相通与相伴而生的，即道德感意味着当我们观察到一个具有道德倾向的行为或动机时，心中出现的一种快乐或不快的感受，心灵倾向于赞成或反对一个对象的决定。因此，哈奇森同沙夫茨伯利一样，都将伦理学与美学结合，认为"审辨善恶的道德感和审辨美丑的美感根本上是相通的，一致的"。[125]哈奇森将情感作为道德的根源，认为它与人性中的道德感倾向相一致，道德行为的直接动机在于"人类有一种仁爱的普遍规定"，[126]即普遍仁爱的情感，因而"仁爱"作为一种本能，是所有德性的基础。哈奇森虽然也承认理性具有修正道德感与外部感官的作用，但不能说理性使人感知德性。

大卫·休谟通过《人性论》的表述，希图在彻底经验主义基础上建立一套"人学"体系，其中包括揭示道德存在物的本性与规律。他将人类的本

---

121 注：根据（英）弗兰西斯·哈奇森，《论激情和感情的本性与表现，以及对道德感官的阐明》，戴茂堂等译，杭州，浙江大学出版社，2009，5-6。

122 （英）弗兰西斯·哈奇森，《论激情和感情的本性与表现，以及对道德感官的阐明》，戴茂堂等译，杭州，浙江大学出版社，2009，5。

123 （英）弗兰西斯·哈奇森，《论激情和感情的本性与表现，以及对道德感官的阐明》，戴茂堂等译，杭州，浙江大学出版社，2009，5。

124 （英）弗兰西斯·哈奇森，《论激情和感情的本性与表现，以及对道德感官的阐明》，戴茂堂等译，杭州，浙江大学出版社，2009，6。

125 朱光潜，《西方美学史》第 2 版，北京，人民文学出版社，2015，207。

126 （英）弗兰西斯·哈奇森，《论美与德性观念的根源》，高乐田等译，杭州，浙江大学出版社，2009，154。

性区分为理性或知性与激情两大部分，因此他的"论知性"与"论激情"分别构成其认识论与心理学，而《人性论》中的"道德学"部分是与认识论和心理学一脉相通的。他的道德学任务是"在认识论的怀疑主义立场上说明情感主义心理学中已经显露出来而尚未给予充分说明的'道德如何决定于情感？如何能完全纳入心理学？'的问题"。[127]同哈奇森一样，休谟强调道德并非理性的对象，他坚持"道德上的善恶区别不可能是由理性造成的"，[128]而是由道德感得来的，即"道德宁可说是被人感觉到的"。[129]因此，在道德哲学视域内休谟要探究的关键问题就是道德区别如何起源于情感这一问题。休谟为说明道德区别不可能是理性产物，只能是情感产物，他将道德的善与恶、德行与恶行区分为两类，即"通过人为设计而建立的和通过自然情感而产生的"。[130]透过人为设计而建立的德性是由于社会的"公共的效用"，即维护社会存在与发展的需要和目的；而透过自然情感而确立的德性则基于私人的有用性与愉快性。休谟将道德理论建立在彻底的经验论基础上，离开对道德进行任何的宗教诠释，而唯独诉诸对人的行为观察、社会与历史等因素。

哈奇森与休谟的"道德感"理论逐渐使伦理学脱离对神学、基督教伦理传统的依附，即脱离道德与上帝意志的关联性；并且"道德"与一种乐观、进步的人性论携手，由此衍生的"德性"观势必建立在对人性的深深自信基础上。因此，"道德感"理论极大地对传统基督教教义构成挑战，这挑战主要表现为：首先，基督教所教导的原罪论，即亚当堕落后人具有先天内在的罪性遭到否定；其次，"道德感"也否认了"人的道德体系被视为源自一位愤怒的上帝的指引"。[131]因此，"道德感"理论提出后便招致基督教的批判，例如，哈奇森的《论美与德性观念的根源》出版后被指控为异端，使得他在后来出版的《论激情与情感的本性与表现，以及对道德感官的阐明》中对自

---

127 曾晓平，"译者导言"，（英）休谟，《道德原则研究》，曾晓平译，北京，商务印书馆，2001，4。

128 （英）休谟，《人性论》（下册），关文运译，北京，商务印书馆，2013，498。

129 （英）休谟，《人性论》（下册），关文运译，北京，商务印书馆，2013，506。

130 （英）休谟，《道德原则研究》，曾晓平译，北京，商务印书馆，2001，24。

131 Avihu Zakai, *Jonathan Edwards's philosophy of history: the reenchantment of the world in the Age of Enlightenment*, Princeton, N.J.: Princeton University Press, 2003,318.

己的理论加以澄清。哈奇森"道德感"理论的反对者对他的指控主要在于
"他对德性的定义与宗教信仰相悖，而他的道德感理论也似乎将美德简化为
人性的一种情感"。[132]巴特勒主教在 1726 年所作的一系列布道中提及的道
德仁爱虽然表面与"道德感"异曲同工，但他否定了哈奇森将"仁爱"作为
德性之整体，也否定了德性的自发性，同时基本否定"特定激情所具有的道
德价值"。[133]

　　爱德华兹熟知上述三位英国道德哲学家们的观点与作品。早在青年时期，
爱氏就接触到沙夫茨伯利的观点，比如在"阅读目录"的第一页写于 1723 年
的 No.37 条目记录了《人的特征、风习、见解与时代》。[134]在写于 1726 年的
《自然哲学》（Natual Philosophy）中，爱氏再次提及莎夫茨伯利。[135]哈奇森
最早出现在爱德华兹的记录中是来自"阅读书目"中的第八页第一列的第 4
条目，[136]拉姆齐指出，这列条目表明的时间是 1738 年的后几个月，即与爱氏
关于基督徒的"德性"这一主题的布道辞《爱及其果实》同年。[137]哈奇森的
两部重要著作《论美与德性观念的根源》与《论激情和情感的本性与表现以
及对道德感官的阐明》均列在爱氏的"阅读书目"中。[138]

　　拉姆齐指出，"'道德感'（moral taste）是爱德华兹从青年早期许多'杂
记'中的主题"，[139]他对"真德性"本质问题的论述基于对上述"道德感"
哲学的回应。爱氏伦理思想的研究者霍尔布鲁克肯定，爱氏在《论真德性的
本质》中，虽然只提及三次哈奇森，但使人产生这一作品受到哈奇森以及其
他道德家们影响的印象，"爱德华兹从哈奇森那里发现了对人类中存在的自

---

[132]（英）亚历山大·布罗迪，《剑桥指南：苏格兰启蒙运动》，杭州，浙江大学出版
　　社，2010，131。

[133]（英）亚历山大·布罗迪，《剑桥指南：苏格兰启蒙运动》，杭州，浙江大学出版
　　社，2010，132。

[134] 注：见 WJE26:161.

[135] 注：见 WJE6:194.

[136] 注：WJE26:211 所标注的手稿的页码与书目列次。

[137] 注：见 Paul Ramsey, "Jonathan Edwards On Moral Sense, and the Sentimentalists",
　　Jonathan Edwards, *The Works of Jonathan Edwards, Vol.8. Ethical Writings*, Ed.Paul
　　Ramsey. New Haven:Yale University Press, 1989,703.

[138] 注：哈奇森与休谟的著作见爱德华兹记录的"阅读书目"，WJE26:211,258,257.

[139] Paul Ramsey, "Jonathan Edwards On Moral Sense, and the Sentimentalists", Jonathan
　　Edwards, *The Works of Jonathan Edwards, Vol.8. Ethical Writings*, Ed.Paul Ramsey.
　　New Haven:Yale University Press, 1989,697.

然道德感的支持"。[140]虽然爱氏对"德性"问题的追寻与哈奇森的"道德感"旨趣具有天壤之别，后者满足于一种自然幸福和将功利主义作为人类道德努力的目标；而爱氏在构筑"真德性"的言说体系中，将后者的道德图景仅仅置于次要地位。除了沙夫茨伯利与哈奇森，爱氏也提及休谟的《人性论》（*A Treatise of Human Nature: Being an Attempt to Introduce the Experimental Method of Reasoning into Moral Subject*,1739），但他对"道德感"作家们的回应，首要地还是沙夫茨伯利与哈奇森。[141]

1751 年，爱氏来到偏远的斯托克布里奇后，安静的环境与相对闲暇为他提供了良好的写作条件，他在生命的最后几年启动了另一项雄心勃勃的写作工程，即在伦理学与道德领域对启蒙进行哲学与神学上的批判，这项工作也是他一生事业的延续。他在 1720 年代反对将上帝排除在"自然"之外，从存在论与自然哲学层面维护基督教传统；在 1730 年代，他反对将上帝排除在"历史"之外，论述了上帝在救赎历史中的工作；而在他生命最后几年，他则"发展了关于伦理与道德的真正本质的观念，因此提供了在越来越将上帝不仅排除在自然与历史之外，而且也将其排除在伦理与道德之外的世界，为基督教伦理的相关教导辩护"。[142]这项宏伟工程的成果主要涉及这一系列作品《论自由意志》（1754）、《上帝创世的目的》与《真德性的本质》（1755），以及《论原罪》（1758）。在这四部作品中，爱氏从不同视角与层面驳斥了当时盛行的人性乐观主义，凸显和维护了"上帝的荣耀"与"上帝的主权"这些加尔文主义观念。

关于"德性"的论述就是这一基督教伦理辩护谱系中最为直接的问题。爱德华兹在 1757 年 11 月给苏格兰人托马斯·福克斯克罗夫特（Thomas Foxcroft）的信中提及已经完成的两个论文——《上帝创世的目的》与《真德性的本质》的写作目的时指出，"我论述德性主要是旨在反对由沙夫茨伯利

---

140 Clyde A. Holbrook, "Editor's Introduction", Jonathan Edwards, *The Works of Jonathan Edwards, Vol. 3: Original Sin*, Edited by Clyde A. Holbrook, New Haven:Yale University Press, 1970,74.

141 Wallace E. Anderson, "Editor's Introduction", Jonathan Edwards, *The Works of Jonathan Edwards, Vol. 11: Typological Writings*, Edited by Wallace E. Anderson, and David Watters, New Haven:Yale University Press, 1993,18.

142 Avihu Zakai, *Jonathan Edwards's philosophy of history: the reenchantment of the world in the Age of Enlightenment*, Princeton, N.J.: Princeton University Press, 2003,311.

勋爵、弗兰西斯·哈奇森与乔治·特恩布尔（George Turnbull）[143] 所坚持的德性观念，这一德性观念在今天看起来最为流行；这一观念表明，所有人类天然地倾向于德性，没有任何与生俱来的邪恶"。[144]显然，爱氏在《上帝创世的目的》与《真德性的本质》中，关于"德性"问题的论述，是直接地分别从神学与哲学视角对英国"道德感"思想家们进行反驳。拉姆齐指出，哈奇森的"道德感"论述，是《真德性的本质》的主要目标或靶子。[145]但是，爱氏并不使用"道德感"一词，他所指的"道德感"一般指"良心"，他"愿意将对良心的理解称为'道德感'"。[146]爱氏在"争论笔记"[147]（"Controversies" Notebook）中也表明他已经决定或者在《论原罪》或者在《真德性的本质》中处理"道德感"（moral taste）的观念。

　　针对"道德感"理论，爱氏试图通过证明上帝是伦理与道德的唯一源泉来建立上帝对世界的道德统治。因为对于以《圣经》和清教主义为背景的爱氏而言，在存在论层面，上帝作为存在的存在，也是三位一体的关系性存在；上帝作为历史的主宰，必然对世界施行道德统治；而以情感为人性核心的人，有义务去认识这位主宰。因此，可以说，爱德华兹在基督教伦理领域类似休谟一样，后者在人性论的高度上力图将审美判断（情感论）、道德判断（道德论）和认识判断（知性论）贯通起来。在爱氏的"德性"问题的系统论述中，同样也可以看到类似休谟的这一贯通旨趣。

---

143 注：乔治·特恩布尔（George Turnbull）是哈奇森的学生，圣公会的牧师与教师，著有《道德哲学的原则》（the Principles of Moral Philosophy），他对哈奇森关于道德感的阐明进行过引用与评论，见 WJE:289.

144 WJE16:696.

145 参阅 Paul Ramsey，"注 2"，Jonathan Edwards, *The Works of Jonathan Edwards, Vol.8. Ethical Writings*, Ed.Paul Ramsey. New Haven:Yale University Press, 1989,213.

146 Paul Ramsey, "Editor's Introduction", Jonathan Edwards, *The Works of Jonathan Edwards, Vol.8. Ethical Writings*, Ed.Paul Ramsey. New Haven:Yale University Press, 1989,42~43.

147 注：《"争论"笔记》是爱德华兹在一卷 120 页对开纸上所记录的处理当时神学争论的笔记，记录年代从 1730 年代一直到去世前。此卷书被耶鲁神学院收藏，被列为耶鲁版爱德华兹全集第 27 卷，但未出版。见耶鲁大学爱德华兹中心网站：http://edwards.yale.edu/。

第 3 章 "真德性" 与美

爱德华兹将基督教的神圣德性称为"真德性"（true virtue），他对"真德性"本质的阐释是理解其基督教德性思想体系的起点或线索。爱氏的德性概念中渗透着神学美学视角，蕴含着基督教德性的核心内容——"爱"，以及人与"一般存在"（上帝）的关系。从"真德性"的界定出发，可以洞见到其整个德性观的概貌。本文正是按照德性与"美"——"上帝"——"爱"——"人性"这一线索，以此为逻辑顺序进行铺陈。

3.1 "真德性"的本质

3.1.1 "德性"的古典涵义

在现代哲学伦理学中，通常将"德性"理解为行为者卓越的内在品质，但德性的原初涵义要丰富得多。从词源学上讲，"德性"一词的希腊语的词根是希腊神话中战神阿瑞斯（Ares）的名字。因此，"德性"在古希腊语中本义与男子气概、英勇无畏有关，也包含男子的俊美与高贵。今天"德性"的英文 virtue 来自拉丁文 virtus，按照构词法，vir 意为男了（man）。根据学者们的追溯，德性的原初意义来自《荷马史诗》中《伊利亚特》、《奥德赛》所记载的英雄社会，德性是指"功能的卓越发挥"或者任何一种卓越，就如战士在战斗中表现出的勇敢的卓越；运动员快跑时双脚展现的卓越。因此，古希腊传统的"德性"概念的英文对应词是"excellence"。

　　"德性"的涵义在古希腊经历了从英雄时代到古典时期不同内容的演变。在英雄社会，"自我"融入于社会具体角色中，德性的观念同社会结构和个人角色不可分。"力量"在卓越概念中占据中心位置，因而"勇敢"成为主要德性之一，甚至是唯一主要德性。[1]在英雄时代的社会结构中，勇敢不仅是个人品质，更是维持家庭与共同体所必须的品质。个人身份包含着责任，因此，德性践行同特定的社会结构紧密相连，勇敢的品质与维护血缘共同体的角色与行动不可分离。这也就决定了勇敢与友谊、忠诚等必然联结。

　　到了古典时期的希腊（公元前 480-前 323），社会结构的变迁使道德的权威中心从血缘共同体转移到雅典民主政体的城邦国家，德性的内涵也发生变化。此时，德性概念同具体的社会角色相分离，尽管德性仍然与"功能的卓越发挥"有关，但转化为以"做一个好公民和做一个好人之间的关系的问题成为中心问题"。[2]因此，如果"竞争"是荷马时代的德性，那么"合作"则代表城邦社会的德性。公元前 5 世纪，希腊人已经有一套普遍接受的德性词汇和德性观念，例如友谊、勇敢、智慧、正义、节制等。这些德性是对英雄时代德性的发扬；而德性的具体含义则需要根据具体的城邦实践而定义，即，德性是依据城邦而界定。由于城邦是以民主和公正为政治原则，因而，古典时期的德性必然体现公民实践的这些政治原则。

　　由于亚里士多德是哲学伦理思想史中阐释德性伦理学的典范，当代的德性伦理学家们从他那里汲取思想资源。因而，有必要将亚里士多德对德性的界定稍作阐释，以此与基督教德性形成某种对照；也可以探察到爱氏的德性概念与亚氏的一些相近点。

　　亚里士多德主要在《尼各马可伦理学》中阐释了德性伦理学。他的德性理论具有一种政治学的出发点，其旨趣是发出城邦生活中做最好公民的理性声音。他的德性论始于"善"的目的与对幸福的思考这一前提。亚氏认为，人的每种实践，以及所有的知识与选择都以某种"善"为目的（telos）。[3]但并非所有目的都是完善的，那么，在不同层次的目的之上一定存在一个最高的

1　（美）A. 麦金泰尔，《德性之后》，龚群 戴杨毅等译，北京，中国社会科学出版社，1995，154。

2　（美）A. 麦金泰尔，《德性之后》，龚群 戴杨毅等译，北京，中国社会科学出版社，1995，168。

3　亚里士多德，《尼各马可伦理学》，廖申白译注，北京，商务印书馆，2003，3，9。

目的，也称为"最高善"，它具有"自足"的特征，即因其自身缘故而非其它原因被追求。亚里士多德提到，我们固然因荣誉、快乐、"努斯"和每种德性自身的缘故而选择它们，"但我们也为幸福之故而选择它们"。[4]因此，他认为幸福才是最高善。亚氏认为幸福与德性之间具有密切关联，幸福是灵魂的特别的活动，而造成幸福的是合德性的活动，幸福就是灵魂的一种合于完满德性的实现活动。[5]

亚里士多德在考察德性的涵义时，将德性分为"理智德性"与"道德德性"。后者离不开前者，品格的卓越与理智不可分，理智德性是道德德性的导航。亚氏首先阐明了道德德性的本质，他认为灵魂有三种状态，即感情、能力和品质。德性不是感情和能力，而是选择的"品质"，"人的德性就是既使得一个人好又使得他出色地完成他的活动的品质"。[6]亚氏所谓的"品质"是一种与情感和行动相关的倾向或性情（disposition），它是通过后天"习惯"而养成的。那么德性品质具有怎样的特点？亚氏认为道德德性的取向在于"适度"。继而，亚里士多德以这一"适度"的中道视角讨论了具体的德性，例如"勇敢"、"节制"、"慷慨"、"温和"、"友善"、"诚实"、"公正"等。

3.1.2 爱德华兹对"真德性"的界定

爱德华兹将基督教的德性称为"真德性"，在《真德性的本质》（*On the Nature of True Virtue*）中，他对"真德性"的概念做了具有形而上学色彩的讨论。诺曼·菲林称爱氏对"真德性本质"的论述为"道德的形而上学（metaphysics of morals），必须转向十七世纪晚期后笛卡尔主义（post-Cartesian）的理性主义与斯宾诺莎（Spinoza）、莱布尼茨（Leibniz）和马勒伯朗士等人的工作背景去理解他的思考。

爱德华兹在开篇首先提出德性必然与"美"有关，而这美并非自然物之美，而是具有知觉（perception）与意志（will）的人类所表现的美；然而，并非人类所表现的一切皆为美，爱氏认为只有出于心灵（mind）的才是德性之美；但出于心灵的理解力与思辨（speculation）之美并非是德性之美，而只有

4　亚里士多德，《尼各马可伦理学》，廖申白译注，北京，商务印书馆，2003，18。
5　亚里士多德，《尼各马可伦理学》，廖申白译注，北京，商务印书馆，2003，32。
6　亚里士多德，《尼各马可伦理学》，廖申白译注，北京，商务印书馆，2003，45。

出于"性情"（diposition）与"意志"（will）或"心"（heart）的才是德性之美。因而，德性就是"心灵的品质与活动的美"，[7]即真正德性的"主体"只能是有理智和意愿的实存（beings）。爱氏推论，追问德性的性质，也就是追问心灵的习性（habit）、性情与活动必须怎样才可称为美？

为进一步探究德性的定义，爱德华兹将美划分为"特殊之美"（particular beauty）与"一般之美"（general beauty）。"特殊之美"是指一件事物，就它在有限和私人范围内，与一些个别的事物之间的联系与趋势而言，看起来是美的；而"一般之美"是指，一个事物从最完全、广博的视角看它的一切趋势，以及与其有关的每个事物的联系而言，看起来是美的。爱氏指出，他所谓的德性是属于有理智的存在者的心灵的"一般之美"，而心灵的"一般之美"最为精华地在于什么？至此，爱德华兹基本得出德性的定义。他指出，"真德性最为本质地在于对一般存在（Being in general）的仁爱（benevolence），或者更为精确地说，真德性是对一般存在的赞同（consent）、趋向于心灵的联合，那是一种在一般之善意志中的直接活动"。[8]概而言之，可以从两个方面来理解爱氏的德性概念。

第一，德性的本质在于爱。爱氏指出，圣经、基督教的神学家们与许多自然神论者都认为，"德性最为本质地在于爱（love）"，[9]这"爱"一般被解释为"仁爱"或"仁慈的情感"（kind of affection）。他将"爱"（Love）划分为两种，即"仁爱之爱"（love of benevolence）与"欣赏之爱"（love of complacence）。爱氏认为，"仁爱"并不总是以对象之中的美为前提，仁爱是存心欲求其他存在者的益处、以他者的幸福为乐。与"仁爱"有别的"欣赏之爱"，它则是以美为前提，因它就是"以美为乐"（delight in beauty），即以对象的美为满足。爱氏认为，真德性首要地在于"对上帝具有一种超越之爱，既是仁爱也是欣赏之爱"，[10]多数时候主要指"仁爱"。

关于仁爱，首先，它是在传统的新教理论中的一种仁爱的"性情"或习性，即人的内心持久的性情，属于意志层面，如上面所论。因此，正如菲林指出，爱氏所指的德性的"习性"并非从众多"行为"（acts）中引出的，也不

---

7 WJE8:539.
8 WJE8:540.
9 WJE8:541.
10 WJE8:551.

能被化约为行为，而是"灵魂的内在与持久的倾向"。[11]在爱氏的"德性"定义中，"仁爱"一词可与"赞同"一词彼此替换。"赞同"即表明了真德性的基础在于与上帝联合、朝向上帝的情感，并非在于通过仁爱向他人行善。"赞同"这一术语的涵义中既包括"理智的联合"（intellectual union），又包含了情感，因而，"赞同，即作为心灵的赞同，在爱德华兹思想中是更准确的术语"。[12]其次，"仁爱"首要地是指向"上帝的仁爱"，它是一切存在与美的原因，也是人的"仁爱"的根源。爱氏认为，"神圣存在"（Dinine Being）"不仅优先于其他对象的美，而且优先于其他存在者的实存（existence）"，[13]因而上帝是作为其他存在者存在与美的基础，后者并非是上帝仁爱的基础。按照"仁爱"的概念，爱氏认为上帝具有绝对的仁爱，他的德性如此普遍，既爱那些实在地存在的美者，也爱可能存在者，以至于倾向于赐给它们存在（being）、美与幸福。

爱德华兹的"一般仁爱"不同于哈奇森的"普遍仁爱"，虽然前者的德性本质讨论针对后者。哈奇森在将道德感理论系统化时，将"普遍仁爱"的情感作为道德行为的直接动机，将上帝排除于道德体系之外。可是，爱氏的"仁爱"出发点不仅并非"乐观主义"的道德论，而且他讨论德性时所提出的"仁爱"是以上帝这一存在本身作为本体基础。因此，二者所指的"仁爱"并不具有共同的语境。

第二，德性的本质在于心灵"赞同"或"联合"于"一般存在"。爱德华兹探究那使心灵之所以美的德性，若它的本质在于爱，那么这爱所意向的"对象"是什么？他指出仁爱的两个对象，其一，"德性之仁爱的首要对象是存在本身（Being）"；[14]其二，"心灵的德性之倾向的第二对象是仁爱的存在者（benevolent being）"。[15]

首先，爱德华兹指出，德性首先不在于爱任何"个别存在"（particuler being），而在于心灵与"一般存在"（Being in general）联合，即与上帝联合，

---

11 Norman Fiering, *Jonathan Edwards's Moral Thought and Its British Context*, Chapel Hill: University of North Carolina Press,1981,325.

12 Norman Fiering, *Jonathan Edwards's Moral Thought and Its British Context*, Chapel Hill: University of North Carolina Press,1981,325.

13 WJE8:542.

14 WJE8:545.

15 WJE8:546.

[16]这种联合也称"绝对仁爱"（absolute Benevolence）。爱氏认为，心灵借由自然本能或其它方式决定与某一个别的人（particular person）或私人体系（private system）联合以及施以仁爱，这并非真德性。个别人或私人体系只是一般的存在体系（universal system of being）的一小部分，心灵向这些对象施以仁爱的倾向"并不依赖或者并不从属于对一般存在的爱"。[17]即使将私人感情和善的意志扩展延伸到更广泛的人的"团体"，但只要这爱不是从属于一般存在，就在比重上与一般存在具有无限差别，因此，对特定圈子的存在者的良善意志与对个别人的爱并无分别，不能被称为真德性。

爱氏的哲学术语"一般存在"相当于神学术语中的上帝，它意味着具有"理智的一般存在，并非没有知觉与意志的无生命的存在者"，[18]并且具有最大的存在性；同时，"一般存在"意指绝对的"自足者"，他不依赖于任何它物而存在，反而作为所有被造之物本质的来源，所有实存都依他而存在。从此而论，"一般存在"是一种超越性的终极存在，即神学术语中的上帝。因而，与一般存在联合即倾向于一般的至高善，具有普遍的仁爱。再次，德性之爱以"一般存在"为对象，意味着当人与爱着所有存在者的存在本身联合时，当人处于与这一存在本身的关系中，会导致他的灵魂也与存在本身所爱着的每样事物发生关联，因而，菲林称爱氏的"一般存在"意味着"超越的上帝，外加他的有秩序的造物"。[19]在十七世纪末期，"一般存在"这一术语在马勒伯朗士的英文译文中经常被使用，莎夫茨伯利也有使用近似于爱氏的表达。在爱氏德性定义中的"一般存在"这一要素中，似乎也有对哈奇森道德感理论中强调道德感的"共同性"、"普遍性"的这一特色的回应。爱氏将德性的首要对象指向"一般存在"、存在本身，说明了真德性的特殊性就在于以上帝作为爱的对象，因而他称德性为"对一般存在的绝对仁爱"；[20]也被称为与存在本身的赞同，即真德性为"首要之美"。

德性之爱的第二个对象为"具有仁爱心的存在者"，即德性的第二个基础为对象之中的"德性的仁爱"本身。爱氏认为，当一个与"一般存在"联

---

16 注：爱德华兹在 WJE8:558 中提出，心灵倾向于对"普遍存在"的爱与爱上帝的性情，二者实际上是等同。

17 WJE8:554.

18 WJE8:542.

19 Norman Fiering, *Jonathan Edwards's Moral Thought and Its British Context*, Chapel Hill: University of North Carolina Press,1981,326.

20 WJE8:544.

合的人看到另一个具有类似"一般仁爱"的存在时，他会对后者之爱多于单纯因为对方具有实存（exsitence）而生发的爱，爱氏阐释了原因所在。因为被爱的存在者，当他爱"一般存在"时，他自身的存在性就被扩展和延伸，被"对一般存在的爱所统治"，[21]因此以一般存在为乐，心灵与一般存在联合，因而他视赞同"一般存在"的倾向为美，视"仁爱"自身为卓越，值得去重视、满足和付上良善意志。如果说德性的第一个基础是对"一般存在"的赞同，那么第二个基础便是"仁爱"的存在者，后者以前者为前提，一个"赞同存在本身的精神必然赞同与存在自身相契合"。[22]

拉姆齐指出，爱德华兹对德性的定义的前设是他所给出的"存在者与存在本身的德性关系"。[23]爱氏基于此认为，德性是对"一般存在"的赞同，这不仅指出德性的对象，而且阐明关于道德的判断标准。哈奇森将仁爱的动机和公益的目的作为经验层面的道德善的价值判断，其实哈奇森也承认当仁爱不受其对象之性质的影响，即不随对象的道德品质而改变，对具有最坏品质的对象表达仁爱，是"可以克服最大阻力（即对象中之道德恶）的那种程度的强烈之爱"。[24]爱德华兹在对德性本质的考察中，也注重爱的公共性范围，但他所指的范围是从宇宙论，存在论层面向下延伸至受造界，他的爱之体系如一曲宏大的交响乐。因此，爱氏将"对一般存在的仁爱"作为道德的价值判断，即意味着对一般存在的赞同是所有德性之爱的必然和必要基础，相较哈奇森更具有本体论意义上的终极背景。

就方法而论，菲林指出，在探究德性的本质这一章中，爱德华兹使用了几何学的方法，这是后笛卡尔主义时代所寻求建立的一种严格的演绎伦理学。十七、十八世纪的伦理学受到科学的影响，哈奇森的道德感伦理学中也曾试图建立高度数学化的计算伦理。因而，当将爱氏的德性论置于那一时期的欧陆伦理学背景，菲林认为，就方法而论，爱德华兹或许更接近于斯宾诺莎的伦理学。因为爱氏在"定义了真德性的本质所在之后，他从这一定义引出逻

---

21 WJE8:546.

22 WJE8:547.

23 Paul Ramsey, "Editor's Introduction", Jonathan Edwards, *The Works of Jonathan Edwards, Vol.8. Ethical Writings*, Ed.Paul Ramsey. New Haven:Yale University Press, 1989,29.

24 （英）弗兰西斯·哈奇森，《论美与德性观念的根源》，高乐田等译，杭州，浙江大学出版社，2009，127。

辑上确实的一系列的十一个推论";[25]虽然这些推论是菲林所做的工作，但他承认，这些推论在本质上基本是几何学的。不可否认，爱德华兹的德性观受到当时哲学与科学探究方法的影响，这些烙印着时代印记的"方法"只是外在工具，而爱氏对德性研究的更深层次的方法则更多地与宗教的经验主义和存在论的关照分不开。

3.2 德性观之美学路径

3.2.1 "美"在爱德华兹思想中的地位

爱德华兹的德性观是以"美"为路径，要明晰此点，必先澄清"美"在其思想整体中的地位。

新教思想家中，施莱尔马赫与爱德华兹的神学美学特色尤为突出，前者在其神学中"给予美极大的空间，但他并没有像爱德华兹那样，将美作为一种结构性的角色"。[26]"美"对于爱氏而言，作为结构性的原则普遍渗透在其思想主题中，正如爱德华·法利所言，"在基督教神学历史中，相较其他任何文本，爱德华兹对哲学和宗教主题的诠释中，美是更加中心和普遍的"。[27]根据耶鲁大学爱德华兹中心网站统计，爱氏在其著作中提及到"美"（beauty）这一词汇超过 2400 多处，而提及作为美的替换词"卓越"（excellency）超过 1700 处。卡尔·巴特直到二十世纪三、四十年代，才注意到美学在神学中的作用，但他认为美具有冒险性，由于同快乐、欲望、享受这些观念相联，因此"美"这一概念看起来似乎相当世俗，并不适合引入到神学语言中。不可否认，神学美学原则的运用的确赋予了一种大胆性，爱德华兹既是一位基督教传统的保守者，又是一位富有冒险精神的原创家。

"美"的观念在爱德华兹思想中究竟具有怎样的地位，发挥怎样的作用？这一问题随着爱氏思想研究的展开而被逐步揭示，它吸引着学者们的兴趣，也引领拓展研究爱氏思想的不同进路。从二十世纪中期佩里·米勒开始，

---

25 Norman Fiering, *Jonathan Edwards's Moral Thought and Its British Context*, Chapel Hill: University of North Carolina Press,1981,324.

26 Michael J. McClymond and Gerald R. McDermott, *The Theology of Jonathan Edwards*, New York: Oxford University Press,2012,94.

27 Edward Farley, *Faith and Beauty: A Theology Aesthetic*,Burlington, VT: Ashgate, 2001,43.

他在其划时代作品《爱德华兹》(*Jonathan Edwards*)中说, 他所要详细说明的爱德华兹是作为"艺术家"的爱德华兹, 并提出, "没有哪位诗人比爱德华兹更对自然的美敏感"[28]了。无疑, 米勒所开拓的将爱氏作为与洛克、牛顿同列的现代式的思想家这一诠释模式中, 美学扮演着一种核心角色。这一诠释模式具有极大震撼力和影响力, 引起许多学者纷纷开始重视和考察美的观念在爱氏思想中的地位, 甚至由此引发对于爱氏思想进行重估。其中, 德莱特的作品《爱德华兹思想中的美与感觉》是沿着以美学视角诠释爱德华兹思想的里程碑式作品, 他的研究成果广泛地被学者们引用。德莱特的研究主要考察爱氏"美"的形而上学层面, 强调美的客观性, 将"美"视为不只是某种内在的洞见, 而是实在本身的结构。他注重处于关系中的客观性的美, 但客观性并非意味着否认感觉的重要性。他称爱氏思想中的"美是实在的本质的核心线索", 认为"美是理解实在的基础"。[29]另一位学者路易斯·米切尔(Louis Joseph Mitchell)考察"美"的词语与爱德华兹宗教经验的心理学的关系。他认为"美的语言为爱德华兹提供了理解其真正的宗教经验的表达框架"。[30]爱德华·法利则吸收从古希腊到二十世纪的思想家们的思想得出这样的结论, 他认为与大多数其他基督教思想家相较, 美在爱德华兹思想中是更核心的观念, "美是爱德华兹理解世界、上帝、德性和神圣事物的基本主旨"。[31]研究爱氏哲学神学思想的著名学者李桑炫也肯定, "美与美的感知是在爱德华兹哲学与神学中发挥核心作用的观念"。[32]可见, 爱德华兹思想的诠释者们越来越强调"美"在爱氏思想中的核心性, 以此为出发点, 去重新审视、诠释和评估爱德华兹的其它主题思想。

　　"美"作为一种原则和美的意识渗透于爱德华兹的宗教经验与各个时期作品中。从宗教经验层面观之, 爱氏早年在其"个人叙述"中, 写到他对神圣荣耀的经验的心理体验时称有种"内在的甜蜜"(inward sweetness),

---

28 Perry Miller, *Jonathan Edwards*, New York: W. Sloane Associates 1949, 290.

29 Roland A. Delattre, *Beauty and Sensibility in the Thought of Jonathan Edwards: An Essay in Aesthetics and Theological Ethics, Eugene*, OR: Wipf and Stock, 2006, 1.

30 Louis Joseph Mitchell, *Jonathan Edwards on the Experience of Beauty, Studies in Reformed Theology and History*, Princeton, NJ: Princeton Theological Seminary, 2003, ix.

31 Edward Farley, *Faith and Beauty: A Theology Aesthetic*, Burlington, VT: Ashgate, 2001, 43.

32 Sang Hyun Lee, "Edwards and Beauty", Gerald R. McDermott, ed., *Understanding Jonathan Edwards: an Introduction to America's Theologian*, New York: Oxford University Press, 2009, 113.

[33]其中洋溢着美感。在《宗教情感》这一讨论宗教经验的名著中，爱氏并不使用"宗教经验"这一术语，而是"真宗教的本质"（nature of true religion），他认为真正的宗教经验就是上帝赋予人一种新的心灵感觉，重生者经验到属灵之美，未重生者则经验不到上帝的圣洁之美。[34]米切尔称，美的经验是爱氏理解真宗教经验本质的核心。[35]另一方面，从爱德华兹的作品观之，他早年的布道辞曾以《神圣的超自然之光》（A Dinine and Supernatural Light）为题。"光"是圣经中表达上帝主题的隐喻，如圣子对世人说自己是真光；光也是启蒙时代讲道和哲学思考的一个意向，它传递着美的观念。纵观爱德华兹的三一论、基督论、救赎论、历史观、道德论等主题，均有一种美的意蕴在其中。爱氏晚年未完成的作品《新旧约的和谐》也反映了希图建立一种知识中的和谐性。总之，爱德华兹对"美"具有极高的敏锐，"美"构成其思想的一种渗透性原则，无疑他的基督教德性观也将此原则深深地嵌入其中。

3.2.2 美与德性视界融合的思想史追溯

美或美学与道德分属于不同学科，但事实上并非是两个泾渭分明的哲学领域，二者的关系广泛而深刻。美学并不仅仅限于一种"软性"研究，而是触及到哲学的核心问题，直接探讨形而上学的关键问题、认识论以及心灵哲学。美具有着多重价值，就如认知价值、情感价值、道德价值、宗教价值、社会价值、教育价值、历史价值、政治价值等。美学与道德具有共同关切的问题，涉及本体论、认识论和方法论不同的层面。而"美学与道德评价，不仅触及我们思想和存在的许多相同领域，而且在结构层面上具有很大的相似性。[36]美学价值与道德价值二者在某种程度上根本不可拆分，甚至很大程度上是彼此重叠的。从古希腊的思想家到近代苏格兰启蒙思想家，均对于美学的"美"与伦理的"善"具有融通的观念，现代哲学家维特根斯坦更直言"伦理学与美学是一回事"。[37]

33　WJE16:793.

34　乔纳森·爱德华兹，《宗教情感》，杨基译，北京，三联书店，2013，144。

35　Louis Joseph Mitchell, *Jonathan Edwards on the Experience of Beauty, Studies in Reformed Theology and History*, Princeton, NJ: Princeton Theological Seminary, 2003,17～18.

36　（英）舍勒肯斯，《美学与道德》，王柯平等译，成都，四川人民出版社，2010，11。

37　（英）舍勒肯斯，《美学与道德》，王柯平等译，成都，四川人民出版社，2010，12。

在古希腊那里，表示"美的东西"（the beautiful）一词"*to kalon*"意指将某事做好或做对，进而表示善自身的理念。柏拉图与亚里士多德均赋予美、艺术以道德性。柏拉图在《会饮篇》中将美作为最高的欲求对象，同时也是道德的欲求对象。他认为驱使人以高尚的方式相爱的爱神才美，才值得颂扬。[38]在柏拉图那里，爱美与爱神，爱智慧等同。他发问，"那盼望美的东西的是盼望什么呢"？如果把美的东西换成好的，其实那人是盼望"好的品质归他所有"。[39]亚里士多德认为，所有的善都是美的，抛开道德谈论艺术是不可想象的。中世纪的阿奎那也认为，"美与善是不可分割的，因为二者都以形式为基础"。[40]但他认为道德的善与美学的美有区别，前者是欲求的对象，而后者是认知的对象。即，获得美的认知，人就获得了满足的目的；而善则具有外在目的。因此，从古希腊到中世纪，美与道德不可拆分，二者在形而上学层面是融通的。

十八世纪，美与道德的关系对于苏格兰启蒙思想家们发现以美学词汇诠释道德具有极强的吸引力。尤其在沙夫茨伯利和哈奇森那里，明显地从他们的伦理学说中看到美与道德的价值叠合。沙夫茨伯利是一位新柏拉图主义者，在《道德家们》作品中，他反对洛克和霍布斯的立场，试图确立拯救人的精神生活的基本出发点，认为人天生具有分辨善恶、美丑的能力，人对美的感知与对善的认识和经验二者是相通的，即美与善是同一的。哈奇森在《论美与德性观念的根源》一书中阐述了美与道德的关系。他认为内感官赋予人辨别美丑的先天能力，美感与道德感是相通的，且是与生俱来的，他试图通过观念联想的心理学揭示审美与道德之间的联系。

爱德华兹继承了美与道德相联系的理论，但他不同于沙夫茨伯利和哈奇森的立场。在德性与美的终极标准这一根本问题上，哈奇森的"道德感"中的美是指某种形式的物理关系，就如匀称与对等，以此为始点，向上运行至道德关系；而爱德华兹的"美"则是以上帝、灵性关系为始点，向下运行至物质世界。因而，二者在形而上学基点上的分歧成为最本质的区别。

---

[38] 柏拉图著，《会饮篇》，王太庆译，北京，商务印书馆，2013，17。

[39] 柏拉图著，《会饮篇》，王太庆译，北京，商务印书馆，2013，54。

[40] 朱光潜，《西方美学史》，北京，人民文学出版社，2015，128。

3.2.3 德性观之美学路径体现：美、卓越（excellence）与存在

爱德华兹的基督教伦理学与神学美学无法割裂，二者融为一个整体。爱氏整个神学体系里都渗透着一种美感，他的作品"洋溢着美学词汇"。[41]读者会在其作品里发现"卓越"（excellency）、"美"（beauty）、"情感"（sensibility）、"和谐"（harmony）、"可爱"（liveliness）、"比例"（proportion）、"关系"（relation）、"赞同"（consent）、"爱"（love）等词汇。"美"之所以构成爱德华兹德性观之路径、思考的出发点或模式，就在于他将"美"、"卓越"与存在相关联，美体现存在的"关系性"，并且，他将这些观念渗透于对德性问题的考察，成为时明时暗，一以贯之的线索。

3.2.3.1 美或"卓越"的内涵

1722 年 8 月至 1723 年 4 月之间，爱德华兹以未按立的"储备牧师"身份在纽约城一间长老会小教会侍奉，这期间，他开始记录一本名为"杂记"（*Miscellanies*）的笔记，里面记录大量关于神学与哲学的随笔。"卓越性"这一条目最初就是记录在"杂记"Nos.78 中，但随后他将未完成的段落划掉删除了。显然，爱氏决定在另一个笔记本的开篇记录关于"卓越性"的随笔。1723 年，爱氏开始记录关于心灵的笔记，"卓越性"正式出现在《论心灵》[42]（*on Mind*）笔记的第一个条目。这一笔记主要涉及爱氏早年的一些形而上学观念，其中关于"卓越性"的随笔共有 15 个，他对"美"的论述就是在"卓越性"这一条目中展开的。

爱德华兹首先依次考察"同等性"、"比例"与"赞同"，他通过不断深入地对这三个主题的分析，最终得出"卓越性"的一般定义。卓越即"存在对存在的赞同，或存在对实体的赞同。赞同越多，就具有更大程度、更伟大的卓越性"。[43]在爱氏的作品和思想中，"卓越"与"美"是同义的术语，常常可以彼此替换；"卓越"的定义也可被视为关于"美"的定义。在《论心灵》的笔记 No.14 条目中，爱氏说到，"卓越，如果置于其它的词汇中，就是

---

41 Michael McClenahan,"Foreword",Roland A. Delattre, *Beauty and Sensibility in the Thought of Jonathan Edwards: An Essay in Aesthetics and Theological Ethics*, Eugene, OR: Wipf and Stock, 2006[1968],v.

42 《论心灵》的笔记是由德怀特所提供的，他在 1819 年出版了由他所编辑的《爱德华兹校长的生平》，其中附有这份笔记。此后，这份笔记的原稿丢失。因此，德怀特所出版的这本书是爱德华兹关于心灵论述的唯一来源。

43 WJE6:336.

美的和可爱的";[44]在 No.64 条目，他提出，"卓越性或许可分为伟大和美，前者是存在的程度，后者是存在对存在的赞同"。[45]如果非要将美与卓越加以区分，可以说"卓越"仿佛作为美的属概念，它包括美。从另一种意义上，"卓越"不单纯是美的同义词，还是具有一种结构性的媒介或手段。通过卓越性，不同语境中的美，以及不同事物之间的比例、赞同或契合这些美所包含的关系概念获得一种意义。

从爱氏上述定义可见，首先，"赞同"在"美"的定义中是首要要素。"赞同"（consent）一词在爱氏作品中一般与"一致"（agreeableness）和"联合"（union）同列，在十八世纪的语境中，"赞同"一词一般仍然保留与逻辑学有关的术语即"一致性"（consentaneous）的联系。[46]德莱特同意将"赞同"作为"美"这一概念中的第一要素。"赞同"这一要素体现爱德华兹关于"卓越性"的思考是以关系性为出发点。他在"杂记"Nos.117 指出，"我们已经表明，单独的'一'不会是卓越的，因为在这一情况中，不存在赞同。因此，如果上帝是卓越的，在上帝中一定存在复数。否则，上帝之中就没有赞同"。[47]在《论心灵》中，他同样指出："单独一个事物，没有指涉到任何更多，就不会是卓越的；因为在这种情形中，一点都没有关系的种类，因此不会存在赞同这回事。实际上，我们称一个事物是卓越的，就是因为众多部分之间的一种赞同，或者一些部分认同另一部分的存在。这使得以某种方式或其它方式区分出而形成多数。但在一个存在者中，若没有任何多数的话，就绝对不会有卓越，因为没有赞同或契合这样的事"。[48]可见，在爱氏看来，一个绝对单一的事物无法构成卓越，因为单一无法形成一种关系的模式，无法形成"赞同"，即一个存在者与另一存在者的契合。爱德华兹将整个宇宙、一切事物都置于关系中看待，展现在他心中的"卓越"是一个宏大的交流系统。就是谈及微小的形体的卓越和运动的卓越，他也认为是因着"一个部分与其它部分有和谐的比例，就如所呈现的一种普遍契合和整体认同"。[49]他认为所有的美都在于"相似性，或关系的同一性。在关系的同一性中包含相似性，并且

---

44 WJE6:344.

45 WJE6:382.

46 参阅 Norman Fiering, *Jonathan Edwards's Moral Thought and Its British Context*, Chapel Hill: University of North Carolina Press, 1981, 113.

47 WJE13:284.

48 WJE6:337.

49 WJE6:380.

两个事物之间所有的同一性在于关系的同一性"。[50]爱氏尤其以音乐中的众多音符与一幅画中的众多笔画的集合做为例子，说明美、卓越在于关系中的彼此相顾与甜蜜契合。如果与有感知的实存之间达成一致和赞同就会产生愉悦；反之，不一致就会痛苦。[51]其实，洛克也是按照契合或不契合来给真理下定义的，他提出，"所谓真理，顾名思义讲来，不是别的，只是按照实在事物的契合与否（agree or disagree），而进行的各种标记的分合"。[52]他也以契合来论述知识的定义，即"所谓知识不是别的，只是人心对任何观念间的联络和契合"。[53]洛克将这种契合分为四种，即同一性或差异性、关系、共存或必然的联系、实在的存在。爱氏则将"赞同"、"契合"引入对美与卓越的理解，以此来探究神学道德问题。

其次，关于"赞同"的对象，或者是心灵，或者是事物。爱氏认为，"除了心灵，甚至是意志的赞同外，并没有其它恰当的赞同。当赞同是心灵朝向心灵时，这就是爱；而当赞同是心灵朝向其它事物时，这就是选择。所有在心灵中间的基本之美以及原初之美或卓越的原因就是爱"。[54]首先爱氏认为精神比身体更具有卓越性，他说"最高的卓越性之一是爱。如同只有精神具有恰切的存在，身体不过是存在的影像。因此，身体彼此之间的认同，以及身体间的和谐只是卓越性的影子。因此，最高的卓越性一定是精神之间的契合"。[55]他按照"赞同"的不同对象，将其分为不同等级。他认为最高的卓越就是上帝的卓越。卓越与上帝在爱氏那里是并列同等的术语，上帝是最高的卓越，无限的存在，也是无限的爱。上帝的卓越性就在于对自身的赞同，即"上帝的卓越，很显然就在于对自身的爱"。[56]爱德华兹提出，至高、终极之美就是有情感、知觉的实存对一般存在（Being in general）的赞同。德莱特在分析上帝、美、卓越的关系时指出，当上帝对自身赞同意味着美融入一般存在中，因此卓越也就融入上帝的实存。除了最高卓越性外，其它事物的卓越在于与上帝的交流，即与一般存在的相契合。可见，正是赞同的对象之差异

50 WJE6:334.
51 参阅 WJE6:334～335.
52 洛克，《人类理解论》，（下册），关文运译，北京，商务印书馆，2012，610。
53 洛克，《人类理解论》，（下册），关文运译，北京，商务印书馆，2012，555。
54 WJE6:362.
55 WJE6:337.
56 WJE6:364.

将爱氏与同时代的苏格兰美伦理学家们关于美的本质的观点区分开来。正如
雷兢邺（Kin Yip Louie）指出，爱氏的"终极的美"正是与哈奇森美学思想的
区别，前者将"美"置于存在论层面的宏大关系和宇宙秩序中对待，后者则
将"美"聚焦于"个体对象的比例"。[57]从另一方面看，爱德华兹所诉诸的从
与上帝或一般存在的关系来理解万事万物，提供了另一种方法，而这种方法
克服了近代哲学的困难，即霍布斯的物体，笛卡尔的心灵与单一本质，洛克
的简单观念，都不能作为一种合理的哲学的起点。

3.2.3.2 美的存在论意义与作为诠释原则

斯蒂芬·丹尼尔（Stephen Daniel）曾指出，"理解爱德华兹哲学思想重要的
关键就是注意到他将所有的实存（existence）都看做具有关系性（relational）"。
[58]这一关系性恰恰借由"美"或"卓越"理论体现。德莱特也肯定，"卓越性"
（Excellency）尤其更接近于存在论概念、道德和宗教概念。[59]爱氏对"美"的
思考是在"卓越性"这一主题中展开的，"卓越性"与"存在"又密不可分，二
者紧密交织在一起。离开卓越，便无法了解存在的结构与属性；而离开存在，
卓越也无所附着。首先作为神学家的爱德华兹将"存在"与"美"以神学语言
表述出来，就是上帝与卓越。美与卓越蕴含着一种关系性，这一关系性首先具
有存在论意义，其次这一关系性的"美"才可成为德性观的进路。

对于爱德华兹而言，"存在"是最高的形而上学概念，而上帝并不超越
"存在"。因为"必然的、永恒的存在一定也是无限的和全在的"[60]存在，即
爱氏所说的"一般存在"（being in general）或存在本身。他认为，当我们说
到一般存在时，可以理解为提及到神的存在，因为他是无限的存在。在爱氏
那里，神或上帝是与存在本身统一的；而在柏拉图主义或新柏拉图主义那里，
神则是一个超越"存在"的概念。其次，需要注意到，"美"并不超越或独
立于"存在"，而是融入或溶解于"存在"之中。爱氏将"存在"分为存在
本身与遭遇到的存在者。无论哪一种"存在"，都不能脱离美去理解。

57　Kin Yip Louie, *The Beauty of the Triune God: The Theological Aesthetics of Jonathan Edwards*, Eugene,OR:Pickwick Pub.,2013,60.

58　Stephen H. Daniel, "Edwards as Philosopher", *The Cambridge companion to Jonathan Edwards*, edited by Stephen J. Stein, Cambridge; New York: Cambridge University Press, 2007,162.

59　Roland A. Delattre, *Beauty and Sensibility in the Thought of Jonathan Edwards: An Essay in Aesthetics and Theological Ethics, Eugene*, OR: Wipf and Stock, 2006,58.

60　WJE6:202.

首先，对于爱德华兹而言，卓越或美具有存在论指涉，即美作为一种存在论意义上的范畴。

第一，卓越作为关系性的概念，是客观意义上，而非主观意义上的概念。爱德华兹认为美的对立面不是丑，而是"畸形"（deformity）。畸形虽然会涉及到一个主体，但畸形是指"客体以及客观的关系"。[61]因此，德莱特认为，如果美的尺度首先是回应一个主体，那么它的对立面一定是"丑"。但爱德华兹认为美是"存在"对"存在"的认同，即美的尺度由一种客观的关系所决定，因此，美的对立面是"畸形"。那么，正由于对于爱氏而言，"美"首先是一种客观性意义上的观念，所以"美"才可能作为存在论意义上的范畴。作为存在论意义上的美，并非形容词，而是动词。也就是说，存在论意义上的"美"是一个具有创造力和动力的观念，绝不是静态的、消极的。美在某种意义上可以与上帝同列，上帝就是所有美的源头。关于美与上帝，托马斯·舍佛尔（Thomas A. Schafer）指出，在爱氏那里，"上帝是一般存在，并且在上帝之中，存在与卓越性是一回事"。[62]因此，"美"或卓越性被视为与上帝相统一。

第二，爱德华兹将卓越视为具有超然性的观念，正如雅克·马利坦（Jacques Maritain）在《艺术与诗中的创造性直觉》一书中指出"美"具有超然的特点，"美属于'关于存在的感情或特性'这些超然物的领域。正如学者们所说，统一、真、善只是存在的各个方面：作为统一的存在、作为面对着认识力的存在、作为面对着欲望力的存在。它们实际上是与存在同一的，并像存在本身一样无穷无尽，就它们在形而上学的实在上被考虑而言，也可以说，美是所有统一的超然物的光彩"。[63]也就是说，"存在"在中世纪具有三个本质特征：统一性、真与善。同时，"美"在中世纪阿奎那那里包含着三个条件，一是完整或完善，因为那些受损的事物是丑的；二是合乎比例与和谐；三是鲜亮或清晰，即美具有光彩。那么，美"是所有超然的完美最高的相似

---

61 Roland A. Delattre, *Beauty and Sensibility in the Thought of Jonathan Edwards: An Essay in Aesthetics and Theological Ethics, Eugene*, OR: Wipf and Stock, 2006,22.

62 Thomas A. Schafer, "Editor's Introduction", *Jonathan Edwards, The Works of Jonathan Edwards, Vol. 13: The "Miscellanies", Entry Nos. a-z, aa-zz, 1-500*, Edited by Thomas A. Schafer, New Haven:Yale University Press,1994,55.

63 （法）雅克·马利坦，《艺术与诗中的创造性直觉》，刘有元 罗选民等译，上海，三联书店，1991，136-137。

物；而且美是神的名字中的一个"。[64]爱德华兹从中世纪的思想家们那里继承了上帝具有完美性的观念，卓越或美也被赋予了存在论意义上的超然性特征。

其次，"美"作为一种诠释原则，即美是作为"存在"的结构性与关系性的原则，是理解"存在"的首要原则，是"存在"的力量。德莱特认为，在爱氏的思想中，"美不仅是一个概念，而且作为一个范畴或秩序的一种模式，据此，所有事物获得理解"。[65]对于中世纪的经院学者所指出的"存在"具有三个方面，即统一性、真与善，德莱特认为托马斯主义哲学中"存在"的三个本质方面在爱德华兹的存在论中具有一定位置，但"这三方面的地位与内容都是由美的存在论的优先性所塑造的"。[66]爱氏将"存在"分为存在本身与向我们显明被我们所遭遇到的"存在"。在前一种情况中，美"作为存在的第一原则融入进存在"；[67]而在后一种情况中，美则具有更高的存在论地位。可以看出，"美是一般存在本质的主要线索，并且是存在的最高秩序的表现"。[68]为说明"美"作为爱氏关于"存在"的结构和诠释原则，需要考察他的"存在与虚无"的观念。爱德华兹认为"存在"与"美"是相统一的，上帝是所有存在与美的源泉与基础。而虚无则是"绝对否定的一种状态"、[69]"绝对虚无是所有否定的本质"。[70]在"存在"的等级体系中，"存在"与美是彼此呼应的。从上帝之中的完全的"存在"与美到虚无之间遍布着对"存在"与美的否定。爱氏称与"存在"的相契合为美，而他说，"与存在的不契合或对立性显然是接近虚无，或者接近虚无的一个等级"。[71]因此，不与"存在"相认同、契合即与美相对立，称为"畸形"与邪恶。由此，上帝作为"存在"系统中的顶级，他是必然的"存在"，"无限的存在"，[72]"上帝无限的美就

64 （法）雅克·马利坦，《艺术与诗中的创造性直觉》，刘有元 罗选民等译，上海，三联书店，1991，137。

65 Roland A. Delattre, *Beauty and Sensibility in the Thought of Jonathan Edwards: An Essay in Aesthetics and Theological Ethics*, Eugene, OR: Wipf and Stock,2006,29.

66 Roland A. Delattre, *Beauty and Sensibility in the Thought of Jonathan Edwards: An Essay in Aesthetics and Theological Ethics*, Eugene,OR: Wipf and Stock,2006,54.

67 Roland A. Delattre, *Beauty and Sensibility in the Thought of Jonathan Edwards: An Essay in Aesthetics and Theological Ethics*, Eugene, OR: Wipf and Stock, 2006,33.

68 Roland A. Delattre, *Beauty and Sensibility in the Thought of Jonathan Edwards: An Essay in Aesthetics and Theological Ethics*, Eugene, OR: Wipf and Stock, 2006,33.

69 WJE6:202.

70 WJE13:213,No.27a.

71 WJE6:335.

72 WJE6:363.

是他对自身无限的相互之爱"[73]或认同。也就是说，"存在"本身或上帝与自身绝对认同，因而他具有绝对的卓越性。而其他存在者则根据与上帝认同的程度级别而具有不同程度的"存在"，直至虚无作为绝对的不认同或不契合，即绝对的否定。因此，德莱特认为，在爱氏的思想中，美"不仅是'存在'的结构，而且是存在的力量"，[74]美是诠释"存在"体系的一个尺度或方法。从这一意义上讲，一个实存，如果具有更大的美，那么它就具有更大的"存在"（being）。

3.2.3.3 "美"原则在德性观中的贯彻

爱德华兹站在"存在论"的高度，以"美"来诠释基督教德性。那么具体而言，他如何将"美"的原则贯彻到德性思想中？

首先，就德性的定义而言，爱氏从"美"的视野来界定德性。他在《真德性的本质》开篇对德性进行定义时，指出"不论人对美德的性质有何争辩和分歧的意见，除若干否认德性与邪恶之间真有区别的怀疑派以外，大家都认为德性是美的"。[75]他认为德性的性质意味着美，进而德性的性质关乎心灵之美与一般之美，当他论到基督教德性的最终成全的状态时，称"天国是美的世界"。另一方面，爱德华兹以"美"来区分自然道德与神圣德性，称前者为"次要之美"（secondary beauty），后者为"首要之美"（primary beauty）。爱氏在不同作品中对"美"有诸多分类，就如将美分为首要之美与次要之美；特殊之美（particular beauty）与一般之美（general beauty）；简单之美（simple beauty）和复杂之美（complex beauty）；真正之美（true beauty）与假冒之美（false beauty）；灵性之美（spiritual beauty）与自然之美（natural beauty）。虽然爱氏对"美"冠以不同类别的称谓，但这些不同类别的美之间存在内涵的重叠，例如，"首要之美"也就是"真正之美"、"灵性之美"，它们皆指涉"真德性"。

其次，爱德华兹将美作为道德生活的本质与德性的动力。他视"美"为存在对存在的赞同，美表达了一种关系性，这种关系性是属于精神层面的关系，即美具有一种意向性，美获得一种意志层面的意涵。正由于美具有这种

73　WJE6:363.
74　Roland A. Delattre, *Beauty and Sensibility in the Thought of Jonathan Edwards: An Essay in Aesthetics and Theological Ethics*, Eugene, OR: Wipf and Stock, 2006,45.
75　WJE8:539.

关系性，它作为实在的结构性原则，按照德莱特，这一美是客观性的关系，并非主观性的体验。[76]按照爱氏，真德性在于同存在本身联合或赞同，显然，这意味着发现存在本身的美。因此，爱德华兹以美学词汇表达着道德，"愉快"、"光明"和"甜蜜"都描述了这一审美感受，从美感的获得中，爱氏开始欣赏到上帝和世界的道德之美。美不但包含关系性，而且具有动态性，即美作为动词，具有动力性，可赋予他者以美，而非意指"美丽的"这种描述性的形容词。在这一意义上，上帝是所有美的赋予者，他是美的源头。爱德华兹建立了美与善之间的联系，继承柏拉图与奥古斯丁传统，肯定所有的美是和谐与比例，即肯定美与愉悦是一回事，认为在善与愉悦之间具有实在的必然的联系。约翰·史密斯认为，爱氏假设"实在的美与实在的善是一回事"。[77]实在的善恰恰是意志与欲望的必然对象，甚至拥有显然之善会使人遭遇痛苦，但拥有实在的善必然地使人愉悦。道德生活，或者说基督教的德性从某种意义上，就是对三一之美的参与，这一参与始于灵性知觉对美的意识。爱氏在其阐释的基督教道德论体系中不仅渗透着美感，而且在大觉醒的一些讲道和《救赎工作的历史》著作中，"美经常作为终极的和末世论的完成而非这个世界的可能性"。[78]

爱德华兹将神学美学与伦理学结合的路径使得其基督教德性观表现出独特的魅力，使其德性观并不是利用神圣诫命去规范人的行为，而是赋予了内在的关系性的动力。匈牙利学者卡塔林·凯利（Katalin Kally）认为，爱氏聚焦于神圣之美使得他同其他清教徒作家的文本迥然有别。清教徒作家们多以伦理规条为中心，而爱氏的文本具有"交流的和多重美的特征，使得他的加尔文主义的基本教义和文学分析的基本看法更加清晰和容易接近"。[79]另一方面，虽然清教徒们少有明确地对美的沉思，但并不能说清教徒否认美，他们更加聚焦于拥抱尘世以外的上帝荣耀的终极美。爱德华兹将美学运用于伦

76 Roland A. Delattre, "Religious Ethics Today: Jonathan Edwards, H.Richard Niebuhr, and Beyond", *Edwards in Our Time:Jonathan Edwards and the Shaping of American Religion*, Edited by Sang Hyun Lee and Allen C.Guelzo, Mich.:W.B.Eerdmans, c1999,68.

77 WJE6:82.

78 Clyde A. Holbrook, *The Ethics of Jonathan Edwards: Morality and Aesthetics*, Ann Arbor: University of Michigan Press,1973,166.

79 Katalin G.Kallay, *"Alternative Viewpoint: Edwards and Beauty,"* in Gerald R.McDermott, ed., *Understanding Jonathan Edwards: an Introduction to America's Theologian*, New York: Oxford University Press, 2009,127.

理学，并不与清教主义的严苛禁欲相悖，因后者的尘世规条指向了对超越的终极之美的关注。从另一种意义上，对爱氏德性伦理中美学路径的发现，也进一步消解了对爱氏的宣扬上帝愤怒与地狱之火的复兴布道家的片面解读。可以说，"美"的确赋予了爱德华兹思想更为生动鲜活和感人至深的魅力。

第4章 德性的存在论与三一论基础

道德论不立于本体论基础之上，便为空中楼阁。爱德华兹的德性观无论是自然德性论还是神圣德性论都以深厚的本体论为其根源。这一本体根源在哲学层面表现为存在论，关乎世界本源的讨论；在神学层面体现于上帝观，具体而言即三一论。在爱氏看来，"真德性"以上帝存在为前提，只有精神性的存在才使"赞同"成为可能。本章一方面探究爱德华兹的存在论，主要涉及他如何以启示与理性的视角论述上帝存在、存在的精神性；另一方面探究爱德华兹的三一论，即心理三一与社会三一两种模式，三一论的伦理意义问题。

4.1 存在与上帝

爱德华兹将"真德性"定义为"与存在本身的赞同"，可见，德性涉及一种与存在本身的关系性。对于爱氏而言，他所谓的"存在"即上帝。考察爱德华兹的存在论思想，必然将存在与上帝这两个主题同列。因为，爱氏的哲学思想与神学思想无法分开，其至可以说爱氏并没有独立的哲学思考，他的哲学思考如此浸淫在神学主题中。也正由于此，爱氏的哲学思考长期被忽视。正如斯蒂芬·丹尼尔所指出的，现代早期的欧洲哲学很少提及爱德华兹，人们认为他的思想不重要而进行摒弃。许多十七、十八世纪的哲学史家们认为他在同时期思想家所讨论的问题中并未发挥重要作用，他的思考被加尔文主义者的教义争论所占据。因此，爱德华兹经常被理解为评论笛卡尔、洛克和其他思想家所展开的主题讨论的外人，甚至爱氏与塞缪尔·克拉克、安东尼·阿什利·库珀、弗兰西斯·哈奇森这些思想家并列时，他也常被刻画为无可救药地沉浸在清教理论中。但是，丹尼尔认为"这样一种边缘化地对待爱德华兹是令人遗憾的，尤其想到他如何发展一种现代哲学实践的另一种的进路"。[1]事实上，爱德华兹与剑桥柏拉图主义者亨利·摩尔与马勒伯朗士、莱布尼茨和贝克莱以及其他上帝中心主义的形而上学家一样，即对于实存、知识、道德判断与美等观念是通过这些观念在宇宙中的位置及其与上帝的关系来理解的。

4.1.1 关于"存在"的近代形而上学讨论

十六世纪以降，与宗教改革运动相伴随的是对自然界的探索越来越吸引人们的注意力；及至十七、十八世纪对世界的兴趣与对人的头脑的兴趣成为思想的两种潮流。因此，物理学、新的形而上学观点纷至沓来，这些新的观点对传统基督教的上帝观形成威胁。其中从十七世纪霍布斯提出的唯物论思想与笛卡尔主义的二元论就是两个主要的基督教思想家要回应的思想学派。爱德华兹在十八世纪初的新英格兰正处于这一思想文化背景中，因此，他在存在论问题上所做的探索主要便是回应霍布斯主义的唯物论与笛卡尔主义的二元论，整合新的科学、哲学思想，在新的文化背景中重新阐述"上帝存在"这一古老的基督教传统信念。

十七世纪唯物主义在有学识者的圈子获得一种合理性，古代的原子论者卢克莱修、伊壁鸠鲁这些思想家的著作被重新发现，同时伽桑狄这位原子论的现代阐述者的著作也被广泛阅读。这些不仅刺激了当时的学者，也被传播到新英格兰，甚至"微粒子"的哲学也被清教徒科顿·马瑟圈子里的成员所接受。尤其是霍布斯的唯物论思想，影响深广。他提出，上帝是"有形的存在者"，[2]"上帝是物质，所有的实体都是物质"，[3]这一唯物论思想带来的冲击表现为：将上帝和所有的实体归为物质，也就否认了具有理性和意志的精神

1　Stephen H. Daniel, Edwards as Philosopher,*The Cambridge companion to Jonathan Edwards*, edited by Stephen J. Stein, Cambridge; New York: Cambridge University Press, 2007,162.

2　（美）弗兰克·梯利著，《西方哲学史》，贾晨阳 解本远译，北京，光明日报出版社，2013，273。

3　WJE6:53.

实体的独立性，上帝不再是全知、全能和慈爱的存在实体。这一唯物主义命题也导致使人不再承认灵魂、天使、魔鬼、天堂和地狱的真实。同时，宇宙不过是一个自发的，自我维系的无思想的物体，按照自身所固有的机械因果律运转。这样，上帝作为宇宙掌管者就被排除在外。

实际上，笛卡尔主义的二元论是对霍布斯的唯物论的抗拒和对精神实体存在的辩护，即要想拒斥唯物论，人们最为广泛地接受的就是通过论证物质实体以外存在着一个有意志、有行动、有思想的精神实体。这一般通过两种方式来论证：一种是说明世界中的现象不能单单从物质和运动层面获得解释，而是要证明一种精神性的实体也在发挥作用。笛卡尔主义者从自我意识而来的精神实体的证明便是此种方式。第二种论证是要表明，物质虽然是一种实体，但不能通过自身而存在，必须依靠一种非物质的精神实体而存在。十七世纪，人们诉诸于形而上学的二元理论来面对唯物论的挑战，但不久就发现二元论的困境显而易见。思想和广延被认为是两个独立的实体，如此，世界便被分割为两个机械的系统，而这两个系统如何沟通成为一个哲学难题。虽然笛卡尔主义的二元论证明上帝存在和灵魂的非物质性，但这种二元论延伸到物质和运动的领域，用单纯的机械原理来解释所有的动物和人类的一些行为。这限制了上帝在自然界中的神圣统治，也取消了通过自然界认识上帝的可能性。因此，笛卡尔被称为"机械有神论者"。随之而来，笛卡尔主义的二元论挑战了上帝的无所不在，甚至意味着上帝并不现实地存在。

此外，艾萨克·牛顿与约翰·洛克对实体知识的怀疑主义也发挥巨大影响力。关于身体与心灵无结果的争论，导致在英国的一些科学家运用经验论的方法论抛弃笛卡尔的观点，即物理法则源于其它的形而上学原则。牛顿发现所有物体中存在重力是通过对现象的观察，而不是依靠关于实体的知识。因此，他认为"在物体中，我们只能看见它们外在的形状、颜色，听见声音，触到表面。但物体内在的实质，我们既感觉不到，我们心灵的任何反射活动也无法知道。更不用说，我们有任何关于上帝实体的理念"。[4]洛克被牛顿的观点所打动，他认为我们只有关于实体的相对观念，理性与经验并不能发现事物的实在本质；从经验中得到的观念，并不能形成关于实体的概念，以及身体与心灵的本质的概念。

4　WJE6:61.

爱德华兹早期的哲学思想正是在上述背景中形成。他本人并没有读过霍布斯的著作，主要是通过阅读剑桥柏拉图主义者亨利·摩尔和牛顿的一些有神论的跟随者们关于霍布斯的评论了解到关于唯物论的争论。亨利·摩尔对于笛卡尔主义二元论的批判也深深地影响了爱德华兹在《论原子》（Of Atoms）的笔记和《论存在》（Of Being）的笔记早期部分中关于"物质"、"空间"和"存在"的思考。摩尔分析并指出笛卡尔主义的基本错误在于，声称广延是物质实体的本质，又将空间同物质相等同。这样，由于空间必然存在，那么物质也就必然存在，并且物质是独立于上帝之外。因此，随之而来的是，精神并不能对身体产生影响，宇宙中便没有终极原因和上帝的管理，也没有任何意志的力量产生善或产生恶。摩尔认为，身体和心灵在本质上有区别，身体是被动的、可分的；而心灵是积极的、不可分的，"心灵和身体共同属于一个单一统一的因果秩序，神的存在是亲密地和现实地同在于那一秩序中，并且持续地管理着"。[5]他坚持，身体和心灵的存在都依赖于一种独立、非物质、无限和必然的空间，即空间自身不同于物质，空间是无形的实体、永恒存在。这一空间实际上就是自我维持的上帝。

4.1.2 爱德华兹早期哲学思考及存在论的多元诠释

"存在"（Being）是爱德华兹早年思考形而上学问题的主要主题，他一生都将其运用于具体的神学主题论述中。在爱德华兹大约记录于1714或1715年的《关于灵魂》的笔记中，他就已经听说灵魂的物质性这样的新奇问题，并为之吸引而进行回应。可以说，从孩童少年开始，关于"存在"的问题就已经悄然触及他的心灵。在大约写于1729年至1730年的《一种理性的叙述大纲》（Outline of A Rational Account）中，爱德华兹列出要进行理性叙述的基督教教义问题，其中，"上帝的存在与上帝的本质"[6]赫然在列。1731年后，爱德华兹的主要精力被北安普敦教会的教牧工作所占据，因此很少像早年《自然哲学》笔记和《关于心灵》的笔记中那样思索形而上学问题。可是，在大约记录于1756年的《关于知识与存在的笔记》（Notes On Knowledge and Exsitence）中，仍然有"物质性的实体"这一条目。关于心灵与身体以及它们

---

5 Wallace E. Anderson, "Editor's Introduction", *Jonathan Edwards,The Works of Jonathan Edwards, Vol.6.Scientific and Philosophical Writings*, Ed.Wallace E. Anderson. New Haven: Yale University Press, 1980,59.

6 注：见 WJE6:396.

联合的状况依然在其思想中占有一席之地。因此，"存在与上帝"、"存在与美"这一主题线索渗透在爱德华兹一生的思考中。可以说，关于上帝的存在这一观念是爱德华兹终生持续思考的基本倾向，正如埃尔伍德（Elwood）说到，"如果不理解存在这一基本哲学思想，爱德华兹的研究者在尝试叙述他的神哲学体系的许多时期中就会陷入死路"。[7]

爱德华兹哲学思想形成的开端是在耶鲁学院求学时期，尤其是攻读硕士期间（1720-1722），"上帝存在"成为形而上学思考的主题。一般而言，爱氏早期哲学思想的发展主要经历两个阶段，第一阶段主要反映在《自然哲学》（*Natural Philosophy*）开端部分，尤其是《论原子》和《论存在》的开头部分。《自然哲学》是爱德华兹早期所记录的一系列笔记，其中包含各种随笔和一系列科学笔记，《论原子》与《论存在》便是其中一部分。此时，爱氏还是耶鲁学院的本科生，主要关切的问题是"形而上学的唯物主义（metaphysical materialism）所带来的挑战，一般存在（being in general）的本质以及一般存在必然性的基础"。[8]爱氏早期哲学思想发展的第二阶段被华莱士·安德森称为"观念主义的现象论"（idealistic phenomenalism）。这一阶段的观念可从《论存在》的后添加部分和《论心灵》的开端条目探究到，这两个作品都写于 1723 年后半年。

从爱德华兹早期的哲学思考可看出，他对于哲学与神学关系的态度不同于宗教改革思想家马丁·路德，后者采取哲学与神学相对立的立场，拒斥哲学。相较而言，身处十八世纪科学与新的哲学思潮同时迸发，激扬跌宕的文化环境中，爱氏并不拘泥于基督教传统的信仰信条，而是张开怀抱去拥抱科学，探索当时最新的科学以及各种哲学新思潮，并使用其术语，将其潜移默化地同基督教神学相融合。正如佩里·米勒所言，对于爱德华兹，"宗教与科学，或伦理与自然之间不会存在冲突。他不能够接受基督教与物理学具有分离的前提"。[9]爱德华兹哲学思想的研究学者米克洛什·维特指出，从 1720 年代初到 1750 年代初的三十年，爱氏以《论存在》和《论心灵》开始其写作生涯，到生命终结时的《论自由意志》和《真德性的本质》，他"不停地从事着

7　Douglas J. Elwood, *The Philosophical Theology of Jonathan Edwards*, New York: Columbia University Press, 1960,25.

8　Wallace E. Anderson, "Editor's Introduction", *Jonathan Edwards,The Works of Jonathan Edwards, Vol.6.Scientific and Philosophical Writings*, Ed.Wallace E. Anderson. New Haven:Yale University Press, 1980,53.

9　Perry Miller, *Jonathan Edwards*, New York: W. Sloane Associates, 1949,72.

哲学的论证和将哲学主题严格地整合进神学讨论的发展中"。[10]奥利佛·克里斯普（Oliver D. Crisp）也得出这样的结论，"关于爱德华兹，非常有趣的是，他挑选出阅读过的各种启蒙人物，将几种不同的存在论观念重新合成进一个包罗万象的世界图景中"。[11]

关于爱德华兹的形而上学思想，会有一堆标签贴在其上，如观念主义者、经验主义者、泛神论的、洛克主义者、上帝中心主义、意向的、现代的、中世纪的、新柏拉图主义、关系型的、万有在神论等等。学者们对爱德华兹的存在论给予不同诠释。首先，关于爱德华兹的存在论在其思想中的地位，维特指出，关于"存在"这一主题与"知识"和"意志"相比，相对来说没有那么强的重要性，因为爱氏并没有形成关于"存在"的独立论述作品，而只是作为一些笔记呈现出来。但是，爱德华兹全集的哲学卷的编辑者华莱士·安德森则指出，虽然爱氏的《论心灵》和"杂记"中的一些篇章没有建立"心灵"、"存在"的阐释体系，但从他后来作品的讨论中就可看到关于存在和心灵的思考很大程度地占据着爱德华兹的思想。可以说，爱氏关于存在的基本观点奠定了他的形而上学原则，这些原则渗透在关于原罪、意志、德性等其他主题的思考中。

其次，不同学者对于爱德华兹存在论的研究，从不同角度给出不同线索的诠释。在二十世纪中期，佩里·米勒主要从洛克经验主义视角来看待爱氏的形而上学；诺曼·菲林则挑战米勒的这种说法，将爱德华兹视为与剑桥柏拉图主义者和欧陆的哲学家们，尤其同神本主义哲学家们接近，例如马勒伯朗士和莱布尼茨之类。二十世纪后期，德莱特从"美与感觉"角度来说明；斯蒂芬·丹尼尔则围绕"符号语言学"展开阐释；李桑炫提出，爱德华兹是"意向的存在论"。学者们众说纷纭，无法达成共识。其中值得一提的是李桑炫的"意向的存在论"（Dispositional Ontology）的诠释思路具有极大的影响力。李桑炫认为习性（Habits）与规律（Laws）是爱德华兹论述的存在的本质性结构原则，习性和规律具有动力性。[12]及至二十一世纪伊始，奥利佛·克

10 Miklos Vetö, "Edwards and Philosophy", in Gerald R.McDermott, ed., *Understanding Jonathan Edwards: an Introduction to America's Theologian*, New York: Oxford University Press, 2009,152.

11 Oliver D. Crisp, *Jonathan Edwards on God and Creation*, New York: Oxford University Press, 2012,36.

12 参阅 Sang H. Lee, *The Philosophical Theology of Jonathan Edwards*, Princeton, N.J.: Princeton University Press,1988,49.

里斯普、斯蒂芬·霍姆斯（Stephen Holmes）和斯蒂文·斯塔德贝克（Steven Studebaker）这些学者们开始对李桑炫的诠释提出异议。学者们更倾向于认为，爱德华兹的上帝要比"意向性"的上帝更加积极，爱德华兹的上帝是行动的上帝，而非仅仅具有"意向性"。总之，对于爱德华兹存在论的诠释，正如迈克尔·麦克利蒙德与杰拉德·麦克德莫特提示的，要警惕过度依靠任何单一线索来诠释爱德华兹的哲学思想。[13]

4.1.3 "上帝存在"的两种论述路径

　　爱德华兹首先主要从物理学与逻辑两种路径思考和论述上帝存在的必然性。

　　首先，在《论原子》的笔记中，爱氏基于物理学的进路，从处理物体的本质引出上帝存在的结论。1721 年，他在写作计划的笔记中说明了《论原子》的出发点和目的就是要"取代霍布斯关于上帝是物质，以及所有的实体都是物质的观念"。[14]爱氏的论述大体分两个步骤：第一，物体等于固体性（solidity）；第二，固体性在于上帝力量的直接发挥。

　　第一，爱氏主张"存在"（being）与"保持存在"（presevering to be）是一回事，物体的固体性（solidity）就是阻抗一个物体消失，维持它的存在，固体性和阻抗消失是一回事。因此，爱氏认为，"物体的存在（being）与本质（essence）就在于固体性，更精确地说，物体和固体性是一回事"。[15]在"物体就是固体性"这一结论基础上，爱氏继续致力于第二组推理的系列结论。第二，他设想两个或更多的原子或完全的固体（perfect solids）通过表面彼此接触，最终它们形成为一个物体。爱德华兹认为，一定是一种无限的力量使得这些原子的各部分保持在一起。爱氏因此得出下一步的推理，即上帝的无限力量对保持众多原子的各部分结合在一起是必须的；那么上帝无限力量的持续发挥对于保持物体的存在就是必须的。因此，上帝的存在无可否认，上帝存在、无限的力量与全在也无可争辩；在哪里有上帝力量的发挥，那里就一定有其本质。值得注意的是，爱德华兹虽然认为是上帝存在与其力量的发挥导致物质的产生与维持，但他并没有否认运动的自然法则。爱氏对上帝存

13　Michael J. McClymond and Gerald R. McDermott, *The Theology of Jonathan Edwards*, New York: Oxford University Press, 2012, 104.

14　WJE6:235.

15　WJE6:211.

在必然性的讨论线索即"存在一种未知的实体，这一实体支持着固体性和其它属性"，[16]这同约翰·洛克的观点相分离。洛克区分了第一属性（空间中的广延性）和第二属性（例如颜色），认为第一属性和第二属性是知觉的一个功能而不是物体自身的功能。爱氏拒绝了洛克的这一观点，他认为，"物体的实质，即固体性或抗阻力，是上帝活动的一种模式，所有所谓第一属性和第二属性也是同样如此，都是上帝行动的模式"。[17]可见，爱氏将上帝作为一种实在的存在，是一切存在物的本质，唯一的实体，他的讨论充分地体现了"上帝中心主义"的立场。

其次，爱德华兹在《论存在》笔记的第一部分，从逻辑的路径讨论上帝存在的必然性，即从构想"非存在"（no being）或"绝对虚空"（absolute nothing）的不可能性来建立存在的必然性。爱德华兹的这一路径的讨论是从设想人的心灵中不能构想出"完全虚无"（perfect nothing）的一种状态入手的。他认为，构想"虚空"这种状态就是否定灵魂的本质；如果说存在着"虚无"这一状态，就汇集了所有的众多的否定。因此，并不存在绝对虚空这回事，一定存在着永恒的"存在"，而这一"必然、永恒的存在一定是无限和全在的"，[18]即所有的实在都以一个必然存在的实在为基础。在《杂记》Nos.27a 中爱德华兹清楚地说明，"上帝是一个必然存在，因为设想其不存在是矛盾。非存在是一种存在，但上帝的非存在则是一个矛盾。我们已经表明绝对虚空是所有矛盾（contradictions）的本质。但我们所称的上帝，包括所有的存在"。[19]可见，爱德华兹许可去设想虚空，但在绝对的意义上，虚空是绝对的否定，它并不意味着逻辑上一种可能的选择。

显然，在爱德华兹那里，上帝不仅是一切存在的总和、一种必然的存在，而且是其它所有必然性的根据。在《论心灵》的 No.15，爱氏谈及"真理"这一条目时说到，"我们总是发现这一点，上帝和实在的存在（existence）是一回事"。[20]在后来的《杂记》Nos.880"上帝的存在"（Being of God）这一条目中，爱氏在反对无神论者认为世界的存在与和谐的秩序完全出于偶然时说

16　Michael J. McClymond and Gerald R. McDermott, *The Theology of Jonathan Edwards*, New York: Oxford University Press,2012,108.

17　Michael J. McClymond and Gerald R. McDermott, *The Theology of Jonathan Edwards*, New York: Oxford University Press,2012,108.

18　WJE6:202.

19　WJE13:213.

20　WJE6:345.

到，"上帝是一切存在的总和（Sum），没有他的存在就没有存在，一切事物在他里面，他也在一切之中"。[21]由上观之，首先，他对上帝存在的这一论述不同于安瑟伦（Anselmus）的上帝存在的证明模式。虽然爱氏在许多方面肯定上帝的完美性，但他单纯从存在本身或一般存在这一概念中证明上帝的存在，并不涉及我们所要设想的一个完美的理念。此外，爱氏对上帝存在的这一思考已经偏离洛克以及英国经验论者的态度，即爱氏认为上帝与实在的存在是一回事，从存在的视角看待上帝，朝向离开尘世的态度；而洛克认为朝向无限存在的海洋是无用的。同时，爱德华兹关于上帝存在这一主题具有思辨性的思考，使其与欧陆哲学家们如马勒伯朗士、莱布尼茨和剑桥柏拉图主义者走近。比如马勒伯朗士认为，上帝是一般的存在，一切都在上帝那里。他同马勒伯朗士都使用了上帝作为最高属的观念来表达上帝无所不包的本质。

通过上帝存在的必然性这一问题，爱氏反驳了霍布斯关于物体即实体，上帝沦为物质的观点。爱氏解释了物质的非独立性，物质的存在依赖于上帝的存在及其力量的发挥，因此上帝不仅是作为必然存在，而且是作为全在的存在，即一般存在。与此相关，爱氏在《论存在》的早期部分中，认为"空间是必然、永世、无限和全在的存在"；进而称"空间就是上帝"，[22]这实际上是继承了亨利·摩尔的观点。

4.1.4 "精神"作为真正实体

爱德华兹关于存在的精神性这一问题的思考主要体现于 1723 年夏《论存在》的补充部分与同年记录的《杂记》Nos.gg 与 Nos.pp，以及《论心灵》的相关条目。存在的精神性是对"上帝必然存在"这一基督宗教信念在形而上学层面思考的延续，关涉到"存在的本质"。存在的精神性包含两层涵义：一是，精神性的存在是更本质或实在的存在；二是，事物只有被有限或无限心灵感知到，才能存在。这两方面交互相联。

首先，爱德华兹在《论存在》笔记中提出，"具有知识和意识（consciousness）的存在者是唯一恰切的、实在的和本质的（substantial）存在者（beings）"。[23]爱氏指出具有意识和知识的"精神"（spirits）才是实体，

21　WJE20:122.
22　WJE6:203.
23　WJE6:206.

"众多精神比物体（bodies）更具有存在性，更具有实体性"。[24]他在《论心灵》的笔记中说到，"物质世界只在心灵中存在，我的意思是，物质世界的存在绝对依赖心灵的概念，它的存在并不像精神那样存在。精神的存在不在于，也不依赖于其他的众多心灵的概念"。[25]也就是说，物质与心灵是不同的存在，前者要依赖后者；而后者的存在并不依赖于其他众多心灵。显然，爱氏肯定精神性的存在是更本质的存在。

爱德华兹除了回应唯物论，指出精神存在是本质性存在，一切的存在都在上帝的意识中，他还将精神存在分为不同等级，即被造的意识，或者称为有限的心灵与非被造的意识，或者称为无限的心灵、上帝的意识。那么，他所提出的被造的意识或有限心灵有何功能呢？被造的精神性存在与非被造的精神性存在又有怎样的关系呢？他在《杂记》的 Nos.gg 说到，"如果世界上并不存在有智能的存在者，那么最可以确信的是，整个世界根本就没有任何目的"。[26]爱氏认为，如果并不存在有智能的存在者，那么无意识的物质无论以多么卓越的秩序被布置，都毫无意义。因此，他得出结论："有智能的存在者是创造的目的。这些存在者的理智是用来注视和赞美上帝的作为，并且沉思上帝的荣耀"。[27]爱氏至终将存在的精神性引向上帝的存在，而上帝的存在一定是精神性存在，"从永世中就有存在，并且这一存在必须是有理智的"。[28]或者说，爱氏就是从上帝的精神性存在出发，以此提出其形而上学原则。爱德华兹认为上帝是唯一的实体，绝对的存在；万物包括精神性存在与有形的存在者的存在都要依赖于上帝，并且万物的实体性程度是根据与上帝的关系来判定的。这一判定就是，"存在者在本质上越接近上帝，它们就在更大程度上是存在者，就越具有实体性"。[29]

其次，物体的存在如何依赖于心灵呢？爱氏在另一处更为清楚地这样表达："一个事物不可能存在，却不被知道……事物只存在于意识中，肯定没有其它地方可以存在，要么存在于被造的意识中；要么存在于非被造的意识中"。[30]爱氏在这里指出事物存在于被造的意识或非被造的意识中，也就是有

24 WJE6:238.
25 WJE6:368.
26 WJE13:185.
27 WJE13:185.
28 WJE13:188.
29 WJE6:238.
30 WJE6:204.

限心灵与无限心灵中。爱氏再次重申了上文所指出的从物理学层面讲物体不能够独自存在，物体的存在是上帝力量的发挥，而上帝的力量如何与事物的存在具体地联系起来，那就是通过上帝的意识、无限心灵。上帝对万物具有知识，整个世界与上帝心灵的力量联合；事物的存在，就在于被上帝的心灵所知道。爱氏假设，倘若宇宙中众多精神在某一时间段被剥夺意识，并且上帝的意识也在此间中断的话，那么世界在这段时间会停止。这是因为全能者不仅不能参与支撑这个世界，也因为上帝对世界一无所知。因此，他提出"除了在意识里，任何地方都不存在任何东西"，[31]除了被上帝所感知到、意识到的存在，便无物存在，即一切在上帝的知识中。

爱德华兹提出事物只有被有限或无限心灵感知到才能存在这一类似贝克莱主教"存在即是被感知"的命题。从表面看来这似乎是上帝"全知"的一种形而上学表达，但华莱士·安德森称爱氏所表达的并不是传统的"上帝全知"的教义，而是，存在的精神性表明了爱氏形而上学的中心信条，即它是理解其他事物所必须遵循的基本的形而上学原则。爱德华兹既吸收了经验论的"所有观念来自心灵的感觉"，又不否认笛卡尔主义的"物体自身不可能思考"的观念。他没有在唯物主义和理念论之间徘徊，从本质上来说，他关于存在的精神性问题的思考并非属于理念论，而是以上帝的绝对心灵这一中心调和了经验论与理念论。因为，他的出发点并非人的心灵，他认为人的心灵并不足以支撑起整个世界；而有形物体更不可能凭自身而存在。因此，爱德华兹跳出近代哲学关于人的心灵与身体的二元困境，选择以上帝中心主义为立足点。

关于爱德华兹所得出的与贝克莱主教"存在即是被感知"相同的结论，学者们承认，没有任何迹象表明爱德华兹从贝克莱那里获得这一命题。爱氏的上帝中心主义的非唯物论像贝克莱一样，假设存在众多的被造心灵，每个心灵具有意识、感知能力、知识和意志。爱德华兹比较了物质世界和心灵世界的地位，得出"心灵是实体"这样的结论。从爱氏对存在的精神性的讨论还可看出，他特别地受到洛克的影响。在《论心灵》中，许多条目的写作很明显是对洛克的回应。例如，在《论心灵》No.11 中明确提及洛克的名字而进行评论。爱氏借用洛克的一些观点，吸收了重要的原则；但同时也做了修改，重新整合进自身的上帝中心主义的模式中。爱德华兹强调存在的精神性，反

31　WJE6:206.

映出他的形而上学建构原则从根本上不同于洛克从人的经验出发，也不同于笛卡尔以人的精神为指导。但爱氏某些方面的主张又肯定了笛卡尔的立场，如物质的特性在于固体性与广延性，因而否定物质本身能够思考。因此，爱德华兹并非严格意义上的观念论者，他对存在的思考是以对上帝的位格性沉思为前提的。

综上，通过上帝存在的必然性这一问题的思考，爱氏拒斥了霍布斯的"物体即实体"、上帝被说成物质的观点。爱氏说明了物质的非独立性，物质的存在依赖于上帝的存在及其力量的发挥，上帝不仅是作为必然存在，而且是作为全在的存在，即一般存在，因此，爱氏在《论存在》的早期部分中提出"空间是必然、永世、无限和全在的存在"；进而称"空间就是上帝"。[32]另一方面，爱德华兹关于存在的精神性这一问题的阐发并非说明他就是观念论者，因他并非将人的精神置于优先于有形物体，而是认为人的精神与身体都统摄于上帝的心灵，这体现出他的主旨依然是加尔文主义强调的上帝的荣耀与主权。

爱德华兹的形而上学同时具有综合性、上帝中心主义的特征。正如雷兢邺所说，爱德华兹的独创性"不在于一种勇敢的新形而上学，而在于对旧的基督教教义和启蒙的科学视野的一种新的综合"。[33]因此，爱氏的形而上学将传统的改革宗神学与启蒙哲学进行融合，他因此被称为"十八世纪的托马斯·阿奎那"。[34]

4.2 德性观的三一论基础[35]

三一论是爱德华兹神学的中心，对爱氏三一论的诠释构成理解其神学思想的关键，有许多学者从不同层面揭示了爱氏的三一思想。艾米·普兰丁格·波夫（Amy Plantinga Pauw）在《万有至高的和谐：乔纳森·爱德华兹的三一神学》（*The Supreme Harmony of All: The Trinitarian Theology of Jonathan*

---

32 WJE6:203.

33 Kin Yip Louie, *The Beauty of the Triune God: The Theological Aesthetics of Jonathan Edwards*, Eugene,OR:Pickwick Pub.,2013,65.

34 Kin Yip Louie,*The Beauty of the Triune God: The Theological Aesthetics of Jonathan Edwards*, Eugene, OR:Pickwick Pub.,2013,65.

35 注：从 4.2 至 4.2.3 部分以《爱德华兹三一论的两种模式》（Two Modes of Trinitarianism of Jonathan Edwards）为题刊发于《道风：基督教文化评论》（Logos & Pneuma:Chinese Journal of Theology）第四十八期（2018 年）146-168 页。

Edwards）一书中提出，爱氏对三一论的广泛思考提供了其深邃的形而上学沉思同热忱的教会和基督徒生活之间强有力的联结，成为其哲学与牧师生涯的基础。[36]波夫认为爱氏既采用心理的三一模式，也使用社会的三一模式。丹纳赫在《爱德华兹的三位一体的伦理学》[37]（*The Trinitarian Ethics of Jonathan Edwards*）一书中从神学伦理学视野探究爱德华兹的三一思考与其神学伦理学之间的联系。他沿用波夫的两种模式说展开神学伦理学层面的诠释。雷兢邺的《三一上帝之美：乔纳森·爱德华兹的神学美学》（*The Beauty of the Triune God: The Theological Aesthetics of Jonathan Edwards*），则从神学美学层面阐释了爱德华兹三一论中美的特质，进而揭示蕴含于三一中的美何以成为爱氏神学的一个核心特点。另一位值得注意的学者是李桑炫，他作为爱德华兹全集第二十一卷《三位一体、恩典与信心作品集》（*Writings on the Trinity, Grace and Faith*）的编辑者为此卷写了编者导言，他从分析爱氏的"实在"概念具有"意向性"（disposition）入手，提出爱德华兹的上帝概念本质上是意向性的，恰恰是这一"意向性"将上帝的"内在三一"与上帝在世界中的三一行动即"经世三一"联系起来。[38]

4.2.1 三一论（Trinitarianism）的提出

"三一"（Trinity）概念源于《圣经》叙事，但并非直接来自《圣经》语言，而是神学思想的语言。三一论（Trinitarianism）也就是基督教的上帝论，三一论的神学论述起源于公元二世纪初代基督教回应周遭环境对其上帝观的质问，因而，三一论被称为基督教神学的第一原理，因它要说明基督教的"上帝"的独特性，与其他各种各样的"神"的区别所在；同时，三一论从一开始就是信仰的宣信式表达，它并非思辨性理念。基督教的上帝观采取了"三一"架构，这一"三一"概念可追溯到德尔图良（Q.S.F.Tertullian, 160-225）。他在《驳普拉克西亚》（Against Praxeas）这部作品中首创这一概念，形容上帝是"三中有一，一中有三"。他认为上帝是一位，但具有父、子、圣灵为名的

---

36 Amy Plantinga Pauw, *The Supreme Harmony of All: The Trinitarian Theology of Jonathan Edwards*, Grand Rapids: Eerdmans, 2002,3.

37 William J. Danaher Jr., *The Trinitarian Ethics of Jonathan Edwards*, Louisville: Westminster John Knox Press,2004.

38 Sang Hyun Lee, "Editor's Introduction", *Jonathan Edwards, The Works of Jonathan Edwards, Vol.21, Writings on the Trinity, Grace, and Faith*. Ed. Sang Hyun Lee. New Haven: Yale University Press, 2002,9.

三个形式，并称这种区别为"位格"，但这三个位格他们是"同一实体、同一本质、同一能力"。[39]由此，初代基督教表明所信仰的上帝并非多神论，也非一位论。"三一"概念中，"三"所描述的是上帝的丰富性，而"一"则呈现的是上帝的一致性。神学家们对三一的诠释或偏向三，或偏向一，这便形成了基督教思想史上关于三一的两种不同的诠释传统。其中，东方教会传统比较偏向于"三"，使用社会团体性譬喻来诠释三个位格，将上帝视为三个位格的一个团体，称为"社会三一"（Social Trinity），这种三一类比模式由中世纪思想家圣维克多的理查（Richard of St. Victor）详细阐述。而西方教会传统比较倾向于"一"，以一个人格中三种心理功能的譬喻来诠释三一，称为"心理三一"（Psychological Trinity），西方这一诠释模式以奥古斯丁（Augustine）为代表。此外，三一论还被区分为"内在三一"（Immanent Trinity）与"经世三一"（Economic Trinity），前者指涉上帝本身所蕴含的三一，即神圣位格之间的交互性；而后者则侧重指涉神圣位格在历史中的救赎行动，因而也被称为"救赎的三一"。

随着中世纪对上帝三一性教导的固化，"三一"成为一种信仰的公式而与现实的宗教生活相脱节，因而在中世纪和宗教改革时代神学中逐渐失去重要性，最终在启蒙时代又迎来理性文化的质疑。爱德华兹所处时代，虽然尤其到他生命后期，在新英格兰对三位一体教义的明确攻击才出现，但三一已经主要受到一位论、阿米尼乌主义、自然神论与新的哲学的冲击与挑战。从十七世纪末开始，英国国教会与反对者曾就三一有过尖锐的争辩，1712年塞缪尔·克拉克发表了题为《三一的圣经——教义》（Scripture-Doctrine of the Trinity）的属于阿里乌派（Arian）的作品。克拉克表示没有找到确切的圣经陈述来支持圣子与圣父同样具有神圣本质这一信经传统，因此，他建议将三位一体不作为信仰的本质问题。艾萨克·瓦茨（Isaac Watts）加入了1719年与1722年的争辩，他拒绝《阿塔那修信经》中的三位一体，因为认为它是不合逻辑的，他在三一论问题上最终站在一位论的立场上，而成为爱德华兹在《论自由意志》一书中所批驳的对象之一。其次，阿米尼乌主义对传统三一论的威胁主要是间接的，因其否认人对上帝的绝对与普遍的依赖性而主张人的自主选择，阿米尼乌主义倾向在新英格兰是反三一论的前兆。再次，自然神论

---

39 转引自威利斯顿·沃尔克，《基督教会史》，孙善玲等译，北京，中国社会科学出版社，1991，81。

是传统三一论的主要敌手，自然神论者指控三一论为"非圣经的"、"不合理的"。尤其在爱德华兹生命的最后二十年，自然神论对基督教的威胁逐步增加。最后，爱氏时代的三一论还受到新哲学观念所带来的新话语体系的挑战。启蒙时代，学术争论的本质发生改变，即十七、十八世纪，旧的表述"实体"（substance）观念的话语发生改变。洛克提出，人不应该谈论他所没有经验到的东西，牛顿的科学趋向也将事物的本质视为理性法则与发生作用的各种力的一种网络，这些都导致言说三位一体的旧有语言体系显得不再适用。因此，十八世纪的神学家不得不建构新的话语体系，在其中来阐释和重述三位一体这一传统基督教的核心原则。

针对启蒙时代的三一论所遭受的多重质疑与挑战，爱德华兹终其一生都在护卫三位一体的传统，虽然他并没有系统阐述三位一体思想的专著，关于三一论的论述是分散的，在其公共讨论的主题中并不占据显要位置。正如波夫将爱德华兹的三一论比拟为他"作为牧师与争辩者生涯的一条隐秘的河流"，[40]尽管隐秘，但波夫承认，"三位一体也是爱德华兹神秘的、情感的信仰之中心"。[41]爱氏的三一论并不排斥理性，其三一论正是基于理性和逻辑的表达；然而，他虽然使用了理性的类比，但是他也承认，这些论证手段并不能充分解释三位一体，因为三一始终是神秘与情感的中心，他声称，"我认为三位一体仍然是所有众多的神圣奥秘中最高和最深的奥秘"。[42]因而，爱德华兹的三一论除了具有理性与形而上学的深度，他更运用了圣经诠释的资源。他在 1723 年底在记录他整个神学思考生涯的"杂记"笔记中 Nos.94 写下题为"三位一体"的第一个条目，此后，他在"杂记"上陆续记下许多以"三位一体"命名的条目，这构成他三位一体思想的一个主要文本。除此以外，爱德华兹主要在三篇随笔论文中专门地论及三位一体。第一篇是从 1730 年早期开始，陆续修改直到 1740 年代中期，题为《论三位一体》（*Discourse on the Trinity*）的文章。在耶鲁版爱德华兹全集第 21 卷《关于三位一体、恩典与信心的作品集》中的《论三位一体》这一作品后面，编辑者将原来没有命名的片段以《关于三位一体中众位格的平等》（*On the Equality of the Persons of the*

40　Amy Plantinga Pauw, *The Supreme Harmony of All: The Trinitarian Theology of Jonathan Edwards*,Grand Rapids: Eerdmans, 2002,3.

41　Amy Plantinga Pauw, "The Trinity", *The Princeton Companion to Jonathan Edwards, edited by Sang Hyun Lee, Prin*ceton, N.J.; Oxford: Princeton University Press, 2005,45.

42　WJE21:134.

Trinity）为题出版。第二篇为写作于大觉醒 1740 至 1742 年间的《论恩典》
（Treatise on grace），爱德华兹"大量借用《论三位一体》，来写作《论恩典》"，[43]尤其是这部作品的第三章部分，爱氏讨论了圣灵的作用与本质。最后一篇是"杂记"的 Nos.1062，题为"关于三位一体的经世与救赎之约的圣经观察"（Observations Concerning the Scripture Economy of Trinity and the Covernant of Redemption）。这篇杂记要比其他"三位一体"的条目篇幅长很多。爱德华兹从早年就将三位一体教义的阐释纳入其写作计划，在他早期写下的《"一种理性叙述"的纲要》（Outline of "A Rational Account"）中，"三位一体"赫然在列，爱氏称"要在开始处理救赎工作之前来阐释三位一体教义"，[44]后来虽然搁置这一写作计划，但从未放弃对三一的合理性信念以及提出各种不同的论述。

从基督教思想史观之，爱德华兹的三位一体论追随西方基督教神学三位一体的阐释模式，即心理类比（psychological analogy）模式与社会类比（social analogy）模式，以及与之相关的内在三位一体（immanent Trinity）与经世三位一体（economic Trinity）这两个观念，显示出他的三位一体论与古代教父、中世纪和现代神学家们三一论的密切关联。爱德华兹在二十岁时建立了关于三一论思想的基本框架，他在写作完成《论心灵》中的"卓越性"（excellency）这一主题几个月后，于 1723 年在"杂记"的 Nos.94 中第一次论到三位一体。他提出，"我认为，从理性之光那里显明，在上帝之中具有三种区别，如果上帝具有一个他自身的理念，就会实在地存在一个多数（duplicity）；因为如果不存在多数，那么耶和华想起自己就不过是一块石头。并且如果上帝爱自身以及喜悦于自身，就会实在地存在一个三一性（triplicity）……每一位在本质上都是神（Deity）"。[45]从这条杂记可见，爱德华兹在三一论上从一种观念论的立场出发，提出心理的三一模式，同时也提出将上帝视为一个"爱的团体"的社会三一模式。除此以外，正如托马斯·舍佛尔认为，爱德华兹"对三位一体的理性叙述也来自他对卓越性的沉思"。[46]在"杂记"Nos.117 中，

---

43 WJE21:152.
44 WJE6:396.
45 WJE13:262.
46 Thomas A. Schafer, "Editor's Introduction", Jonathan Edwards, *The Works of Jonathan Edwards, Vol. 13: The "Miscellanies", Entry Nos. a-z, aa-zz, 1-500*, Edited by Thomas A. Schafer, New Haven:Yale University Press, 1994,57.

爱氏从存在的卓越性角度也指出上帝之中的"多数性"。他说，"我们已经表明，一个单独事物不会是卓越的，因为在这一情形中，不存在赞同。因此，如果上帝是卓越的，那么在上帝之中就一定存在多数性或复数性，否则在他之中就没有赞同"。[47]显然，爱德华兹早期奠定三一论诉诸于形而上学思考，即关于存在与卓越的思考。但值得注意的是，三一概念对爱德华兹而言，比形而上学更加基本。正如李桑炫指出，爱氏的三一论"并不是首先诉诸于哲学预设，而是诉诸于圣经正典的信念和基督徒的经验"。[48]就三一论的诠释模式而言，爱氏不同于奥古斯丁奠定的西方传统诠释模式，即一个本质的模式；爱氏以"三个位格"为开端，他大胆地肯定上帝之中的"多数"性，即，他的三一论不是以三位一体的"一"，即"统一性"为开端，而是以三个位格的"三"，即"个体性"为开端。爱德华兹在十八世纪启蒙时代的理性话语体系中对三一重新进行阐释，正如罗伯特·詹森（Robert W. Jenson）所评价的，爱德华兹并"不只是坚持三位一体论，他更新了三一论"。[49]

4.2.2 心理的三一（Psychological Trinity）

爱德华兹的三一论采取基督教思想传统中的两种不同的类比模式，即心理类比模式与社会类比模式。在第一种模式中，上帝仿佛一个理解与爱着自身的"心灵"（a mind），将圣子与圣灵分别作为一位上帝的智慧和爱，因而强调神的统一性（unity）或实质（substance）；而在第二种模式中，将上帝视为一个众多位格构成的"团体"（a society），因而强调上帝多数性（plurality）或位格（persons）。波夫认为，这两种模式在爱德华兹的神学中同等重要。爱德华兹在内在三一论方面对清教徒传统有大胆突破，因改革宗神学的经院学者们大部分都拒斥对三位一体教义采取哲学式的论辩，但爱氏勇敢地采用一种哲学模式来诠释内在三一，发展出思辨的三一神学。

心理的三一是借助于人格中的三个心理功能的譬喻来阐释三一，在基督教思想史上以奥古斯丁为代表。奥氏以心灵、心灵之自知与心灵之自爱比拟

47　WJE13:284.

48　Sang Hyun Lee, "Editor's Introduction", Jonathan Edwards, *The Works of Jonathan Edwards, Vol.21, Writings on the Trinity, Grace, and Faith*. Ed. Sang Hyun Lee. New Haven: Yale University Press, 2002,9.

49　Robert W. Jenson, *America's Theologian: A Recommendation of Jonathan Edwards*, Oxford; New York: Oxford University Press, 1988,91.

上帝中的圣父、圣子与圣灵三个位格，认为心灵、心灵之自知、心灵之自爱（Mens, Notitia sui, Amor sui）"这三者是一个实体，是共实体、平等、互寓的，同时又仍旧有区别的、不混杂的、互相关联的"。[50]十六世纪的学者巴托洛梅乌斯·凯克曼（Bartholomaeus Kechermann）也为三一的心理类比提供了一些思考，爱德华兹在耶鲁学院时使用他的逻辑学课本，对其神学比较熟悉。凯克曼注意到神与心灵（mind）、理解力（understanding）与意志（will）之间的三重统一；也注意到三位一体与太阳、光与热之间的三重统一。爱德华兹遵循奥古斯丁的心理类比轨迹，但二者阐释心理三一的语境不同。奥氏是在古典形而上学语境中，即从古典形而上学引出的实体（substance）、偶性（accident）与关系（relation）的语境中说明内在三一；而爱氏是在唯理论（idealism）的框架语境中来阐释心理的三一。从神学思想史观之，正如波夫指出，爱德华兹的心理三一虽然是迂回地来自奥古斯丁传统，但清教徒科顿·马瑟"或许是一个最近的来源"，[51]后者将圣子视为圣父位格的表达形象。因而，爱德华兹将圣子描绘为上帝的形象，将圣灵视为上帝的爱，是对马瑟等人思想的回响。

爱德华兹主要吸收了洛克的认识论和心理学思想，并将其应用于三一的内在关系。洛克将人的自我分析为心灵、心灵的反省和心灵的意愿三部分，认为心灵借着反省获得关于事物的观念，意志是人"来开始或停止，继续或终结心理方面的某些作用和身体方面的某些运动"[52]的能力。爱德华兹说明了人的灵魂作为神的形象，具有理解力（understanding）与意志（will），以此来比拟三一中的圣子与圣灵两个位格。爱氏将神的理解力定义为理念（idea），他说"虽然我们不能构想神圣理解力的样式，然而如果他是通过我们的言语可以表示的理解力或其它东西，那就是通过理念。虽然神的本质极大地不同于被造之灵，可是我们的灵魂也是以上帝的形象被造：我们有理解力与意志，理念与爱，就像上帝具有这些一样，不同点只是在于完美的程度与样式"。[53]爱德华兹认为，关于"理念"就是一个事物自身的表达，这同圣经教导关于上帝爱和喜悦圣子相契合，上帝的理念就是上帝的形象，这形象是上帝永恒

---

50 奥古斯丁，《论三位一体》，周伟驰译，上海，上海人民出版社，2005，243。

51 Amy Plantinga Pauw, *The Supreme Harmony of All: The Trinitarian Theology of Jonathan Edwards*, Grand Rapids: Eerdmans, 2002, 46.

52 （英）洛克，《人类理解论》（上册），关文运译，北京，商务印书馆，2012，222。

53 WJE21:113.

与无限之爱的对象，并且在这形象中，上帝有完全的喜悦与幸福。爱德华兹以神的理解力或理念来阐释圣子这一位格，是建基于对于洛克所坚持的一个现实的理念正是这一事物的重复这一观点的运用，爱氏将洛克的这一理念延伸至所有精神实体。他提出，如果一个人在所有时候对于同一时刻的每一思想都具有绝对完美的反省的理念，那么，"一个人会实际上是两个人"。[54]而"神的理解力与智慧的总结就在于他具有对自身的一个完全的理念"，[55]这一理念是实体性的，就是神的复制，具有神的本质，就是上帝。爱氏论证，"正如上帝具有完全清晰、丰富与能力去理解自身，看见自己的本质，上帝具有的关于自身的理念绝对地就是自身。神的本质与实质的表现就是神的本质与实质的重复。因此，通过上帝对神性的思考，一定会有神性产生，从而有另一个位格受生；有另一个无限的、永恒的、全能的，与至圣的和同一位上帝，同一个神的本质存在"。[56]爱德华兹从神的理念就是神自身推论出圣子作为神的理念，圣子就是神本身。三一中的第二位格，是唯一受生和被爱的圣子；他是永恒的、必然的、完全的，也是上帝具有的关于自身的实体性的和位格性的理念。[57]由此可见，爱德华兹将圣子作为上帝的知识、理解力或智慧。爱氏称这一位格就是三位一体中第二位格，唯一受生和被爱的圣子。

爱德华兹关于圣灵还是遵循奥古斯丁的论证路径。如果将圣子作为上帝对自我的知识，那么第三位格圣灵就是上帝对自身的爱，如爱氏所论，"在圣父与圣子之间存在一个最纯然的行动，以及无限圣洁和甜蜜的力量：因为他们的爱与喜悦是相互的，彼此相爱与喜悦。彼此相爱，这是神本质的永恒、最完全和本质的行动，在于神朝向一种无限的程度行动并且以最完全的可能方式。神成为所有的行动（act）。神的本质自身流溢出，正如神在爱和喜乐中呼出。因此，神以另一种存在方式出现，三一中的第三位格，圣灵，即在行动中的上帝：因为除了意志的行动，别无其他的行动"。[58]这里，爱德华兹赋予圣灵多个称谓，圣灵被视为上帝的行动、圣洁的力量，也是圣父与圣子之间的相互之爱。值得注意的是，爱氏赋予圣灵以行动的能力，认为圣灵是爱本身的行动，圣灵是三一中一位积极的行为者（agent）。李桑炫认为，在爱氏的

54 WJE21:116.
55 WJE21:114.
56 WJE21:116.
57 WJE21:117.
58 WJE21:121.

圣灵论中，圣灵"不再只是爱的纽带，而是一种积极的能力"，[59]他更强调对后者的解读。那么，爱氏将圣灵理解为"爱的行动"，圣父与圣子的"相互之爱"，"积极的能力"，并非消解了圣灵的"位格性"；恰恰相反，这一认识源于爱氏将圣灵作为一个位格，即"当我们读到上帝之灵，他被理解为意向、性情或神圣心灵的情感"。[60]从基督教思想史观之，关于圣灵论非常重要的问题涉及到其与圣父、圣子的关系，爱德华兹如何看待此关系？首先，爱德华兹坚持了西方教会的传统，即圣灵是从圣父和圣子而出，这是秉持强调将圣灵作为基督之灵，也是圣父之灵。虽然爱氏有时也会说圣灵从父而出，但从整体上而言，他将三一作为既相互区别又同等的位格。其次，关于圣灵与圣父、圣子的关系，李桑炫指出，一方面，爱氏有时将圣灵视为"圣父单单自我交流行动的结果"[61]；同时，爱氏也追随奥古斯丁，将圣灵视为圣父与圣子之间的"相互之爱"（mutual love）。

综上，爱德华兹将圣子视为神的"自我意识"，即神的形象、自我反省；而将圣灵视为自我交流，相互之爱。波夫指出，虽然爱德华兹使用三一的心理模型是不固定的，但是心理三一中所指向上帝的理解力、话语和理念；以及另一方面指向上帝的爱、意志与圣洁和美，"这些形象在爱德华兹整个神学中是完整的"。[62]

在西方基督教的思想传统中，心理类比所导向的理论倾向是强调神的"一"，即神圣本质的"统一性"（Unity），而非"三"，即三个位格的区别。但爱氏的心理三一开创了一种强调三一的位格的"三"。正如爱氏指出，"圣父是首要存在的神，最绝对的样式，非受生，或是直接实存的神；圣子是由上帝的理解力而生出的神，或神自身所具有的一个自身的理念，以理念而存在；圣灵是以行动存在的神，或流出和呼出的神的本质，是神对自身无限的爱与喜悦。我相信，神的整个本质真正地与区别地既在于神圣理念，也在于

---

59 Sang Hyun Lee, "Editor's Introduction", Jonathan Edwards, *The Works of Jonathan Edwards, Vol.21, Writings on the Trinity, Grace, and Faith*. Ed. Sang Hyun Lee. New Haven: Yale University Press, 2002,19.

60 WJE21:122.

61 Sang Hyun Lee, "Editor's Introduction", Jonathan Edwards, *The Works of Jonathan Edwards, Vol.21, Writings on the Trinity, Grace, and Faith*. Ed. Sang Hyun Lee. New Haven: Yale University Press, 2002,16.

62 Amy Plantinga Pauw, *The Supreme Harmony of All: The Trinitarian Theology of Jonathan Edwards*,Grand Rapids: Eerdmans, 2002,46.

神圣的爱，因此他们每位都是不同的位格"。[63]显然，爱氏强调圣父在存在论上的优先性，以及三个位格从心理功能层面的不同，即圣子作为神的知识或理念，圣灵作为神的自爱与喜悦。因而，爱德华兹不同于奥古斯丁，后者在反对一位论（Unitarianism）与三神论（Tritheism）背景下，从论证上帝的"一"开始；而爱氏在论述"三"之后，再论述"一"。关于三一中三个位格的"统一性"，一方面体现于上帝之中的圣子与圣灵皆是对圣父的本质或自我的"复制"，即神的理解力与神的爱是神的"自我理解力"和"自爱"，他们皆出于对神的本质的复制，因而在三一中，达成一种内在统一。正如丹纳赫所言，"统一（unity）对于爱德华兹而言，是指同一性（edentity），而非单一性（simplicity）"。另一方面，爱氏所表达的神的统一性是通过说明三个位格如何在彼此相属中达到"一"，即彼此"分享"。爱德华兹认为，上帝、上帝的理解力即圣子、上帝的爱即圣灵三者之间有一种巧妙的联合，一个位格在另一个位格之中，彼此分享，一个位格拥有另一个位格。"圣父在圣子中，圣子在圣父中，圣灵在圣父中，圣父在圣灵中；圣灵在圣子中，圣子在圣灵中。圣父因圣子而理解，因为圣父在圣子里，圣子是神的理解力。圣父爱，是因为圣灵在他之中。圣子爱也是因为圣灵在他之中，并从他而出。因此，圣灵或存在于神的爱中的神的本质，也具有理解力，因为圣子，神的理念在他之中。理解力会被这爱所预知，因为理解力在客观上和主观上都是爱这一理解力。上帝"爱"理解力，理解力也在爱中流出，因此神的理解力是在神之中，神在爱中"。[64]可见，爱氏认为三个位格彼此内住，上帝的统一性在于三个位格之间的联合与彼此分享，这也折射出爱氏的心理三一中蕴含着高度的和谐性。

4.2.3 社会的三一（Social Trinity）

社会类比（social analogy）源自东方卡帕多西亚（Cappadocian）教父的巴西尔（Basil, 330-379）、尼撒的格列高利（Grcgory of Nyssa, 330-395）等。他们主张将上帝的"三一"构想为三个平等位格的一种关系。因而，社会三一也就是通过将三位一体中三个位格比拟为一个由朋友组成的家庭（family）、团体（society）或一种共享（communion）来强调三位一体中三个位格之间的亲密

---

63 WJE21:131.
64 WJE21:133.

的爱与友谊。西方圣维克多的理查的三一论也使用社会类比，代表了由"三"（threeness）来阐述三一论的思想轨迹，他在详述社会类比时，谨慎地区分了神圣的三个位格与人参与这些位格之间的关系。一般而言，社会的类比在西方三一论的思考中只是发挥了较小的作用。不言而喻，社会类比提供给后世的是一种神圣之爱的典范模型，而人类之爱只能是对神圣之爱的不完美之效法。

爱德华兹提出，"我们可以更清晰地理解到他们中间各个位格的同等性，他们的每个方面在三位构成的团体（society）或家庭（family）中都是平等的，他们同等尊贵……即，他们都是神，但每个位格在团体或家庭中又有个别的尊贵"。[65]爱氏认为，纯然的社会三一强调三个位格的平等与彼此依赖，这以其将上帝视为"交互性的存在"[66]为前提，他甚至认为上帝创世的一般目的是与自身交流。正由于爱氏将上帝作为一种关系性的存在，具有美与卓越性的本质属性，因而，李桑炫认为爱氏使用社会三一是不可避免的。但实际上，在改革宗的神学传统中，特别将神的"单一性"（simplicity）置于神学的中心，极少有人冒险去将人的家庭或团体用于比拟上帝，因改革宗神学传统更强调唯独圣经，而社会类比在圣经中缺乏直接支持。可是，清教徒的社会又非常注重家庭，因而在他们的语言中亦经常以家庭的形象来描绘上帝。波夫认为，爱德华兹使用团体的譬喻来说明三个位格的平等，这在改革宗传统里极为少见，也是冒险的，并不是改革宗框架中的上帝论。

关于爱德华兹的社会三一思想，学者们有不同观点，就如斯蒂夫·斯图特贝克（Steve Studebaker）主张，爱德华兹只是使用了社会性语言，而不是三一的社会模式。[67]罗伯特·考尔德韦尔（Robert W. Caldwell）也否认爱德华兹的社会三一论。因为他认为，在爱德华兹那里，圣灵并非严格意义上的一个位格，而是圣父与圣子之间的"位格性的赞同"（personal consent）。《爱德华兹的神学》一书的作者们则并不认同上述这两位学者的观点，他们认为斯图特贝克的观点很难接受；同时回应考尔德韦尔，指出爱德华兹所阐述的是"三个位格"之间的完美的赞同，并非只有圣父与圣子两个位格，即，"爱德华兹宣称三个位格中每一位格都具有不同的、独一无二的角色，圣父是幸福的准

---

65 WJE21:135.

66 WJE13:410.

67 参 Steve Studebaker, "Jonathan Edwards's Social Augustinian Trinitarianism: An Alternative to a Recent Trend",*Scottish Journal of Theology, Vol.*56（3），2003,268～285.

则，圣子是知识与理解的准则，圣灵是爱的准则"。[68]尤为值得注意的是，爱德华兹三一思想的主要研究学者波夫与丹纳赫阐释爱德华兹的三一思想时，两者都将社会三一与心理三一同等对待，将社会三一视为爱氏三一思想的一部分进行诠释。波夫认为，尽管爱德华兹是受改革宗学者们和清教徒强调神的"单一性"教义影响，但他摒除单一性教义的那些无意义的部分，而"围绕着卓越、和谐与赞同这些观念发展出神的单一性的可选择的概念"。[69]爱氏的社会三一是由于将基督与教会之间关系的"婚姻"譬喻扩大化，而将上帝比拟为"社团"，[70]即爱氏认为如果上帝设计婚姻具有属灵的预表，那么人类社会的状态也可用于属灵的预表。因而，"爱德华兹认为家庭和社团是反映神圣语言的合宜之美的上帝的形象（images）"。[71]爱德华兹使用社会的类比来阐释三一，他所强调的极为不同点在于，他的社会类比是上帝的"爱与团体"透过救赎已经将爱浇灌出去，赐给人。丹纳赫认为，"社会类比提供给爱德华兹一条路径，去描述圣子与圣灵作为上帝三一之爱的证明"。[72]

概而观之，爱德华兹发展出对社会三一的两种论证，这两种论证的立足点概念一个是"善"或"爱"、另一个是"卓越"或"美"。在第一种论证中，爱氏诉诸上帝的善或爱的本质，将上帝理解为意向性（dipositional）的；而第二种论证则基于对上帝的"卓越"或"美"的认识，爱氏将上帝理解为关系性的，他从美学论证推论出上帝一定是"多数"的。

首先，爱德华兹在"杂记"的 Nos.96 与 Nos.97 中提出，"在无限与永恒的本质中，一定存在着一个以上的个体，否则上帝的善就不能完美地发挥"，[73]因完美的善倾向或乐于使他者幸福，就像其自身一样的幸福。因此，善在于分享或交流幸福，而除非与之分享幸福的那一存在者是完全同等的，善才是完美的。因而，与上帝分享或交流善的那一存在者一定不会是有限的存在者，"上

---

68 Michael J. McClymond and Gerald R. McDermott, *The Theology of Jonathan Edwards*, New York: Oxford University Press,2012,198.

69 Amy Plantinga Pauw, *The Supreme Harmony of All: The Trinitarian Theology of Jonathan Edwards*,Grand Rapids: Eerdmans, 2002,69.

70 参见 WJE11:54; Amy Plantinga Pauw, *The Supreme Harmony of All: The Trinitarian Theology of Jonathan Edwards*,Grand Rapids: Eerdmans, 2002,40.

71 Amy Plantinga Pauw, *The Supreme Harmony of All: The Trinitarian Theology of Jonathan Edwards*, Grand Rapids: Eerdmans, 2002,41.

72 William J. Danaher Jr., *The Trinitarian Ethics of Jonathan Edwards*, Louisville: Westminster John Knox Press,2004,7.

73 WJE13:263.

帝一定对他的善有完美的发挥，因此一定有与他自身相等同的一种位格的团契（fellowship）。如果没有团体或共享，有理性的人就不会幸福，不仅是因为他在其他人那会发现自身所没有的东西，而且因为他喜悦与别人交流……因此，我们会得出结论，耶和华的幸福在于共享，人的幸福也如此"。[74]需要指出的是，上述在"杂记"中从上帝至善出发的论证与《论三位一体》中从上帝的爱的本质出发所进行的阐释异曲同工。爱德华兹追随奥古斯丁，认为神的本质是爱，他论述说，"在约翰那里，上帝是爱（约翰一书4：8，16），这表明在神之中，有多个位格：因为这经文表明爱对神而言是本质的与必然的"。[75]那么，爱必然需要爱的对象，在这一三位一体的模式中，爱氏将圣子描绘为圣父所爱的对象，而圣灵就是圣父与圣子的"相互之爱"。爱德华兹得出与奥古斯丁相同的结论，"圣灵是爱，借由这爱上帝爱自身，圣灵就是圣父与圣子之间的爱"。[76]雷兢邺指出，我们必须在爱德华兹的神学背景中诠释"团体"（society）或"家庭"（family）这些术语，在三位一体这一团体中的纽带"并不是三个独立位格之间的相互之爱"。[77]在实践中，爱德华兹比较忽视社会三一中的圣灵，而聚焦于圣父与圣子的亲密联合。显然，爱氏表现出改革宗神学传统中对圣灵角色的矛盾情怀，即一方面全神贯注于圣灵在信仰者之中的同在，另一方面圣灵在三一中的永恒角色又未被阐明。波夫认为，改革宗的神学家们将救赎之约视为圣父与圣子之间的一种"双向的契约"（a two-way convenant），因而，在爱德华兹对三一的沉思中，他否认将圣灵作为神圣赞同的对象。

其次，爱德华兹根据《论心灵》中关于"卓越性"的观念，论证社会三一。在《"一种理性叙述"的纲要》中，爱德华兹将卓越性与三位一体列在一个讨论主题中。李桑炫也认为，爱氏将卓越与三一放在一起来处理，"将存在作为卓越的重新定义对于爱德华兹思考三位一体教义具有深刻的含义"。[78]按照爱德华兹的说法，"没有指涉更多的单独的一个事物，是不能构

---

74 WJE13:264.

75 WJE21:113.

76 Thomas A. Schafer, "Editor's Introduction", Jonathan Edwards, *The Works of Jonathan Edwards, Vol. 13: The "Miscellanies", Entry Nos. a-z, aa-zz, 1-500*, Edited by Thomas A. Schafer, New Haven:Yale University Press, 1994,57.

77 Kin Yip Louie, *The Beauty of the Triune God: The Theological Aesthetics of Jonathan Edwards*, Eugene, OR:Pickwick Pub.,2013,113.

78 Sang Hyun Lee, "Editor's Introduction", Jonathan Edwards,*The Works of Jonathan Edwards, Vol.21, Writings on the Trinity, Grace, and Faith*. Ed. Sang Hyun Lee. New Haven: Yale University Press, 2002,11.

成卓越的……在一个存在者中，绝对地不存在任何多数的话，就不会存在卓越性"，[79]因为这样就不会存在"赞同"。爱德华兹认为上帝作为无限的存在，势必也是无限地卓越，并且是所有卓越性的范本，因而，他说"如果上帝是卓越的，在上帝之中一定是多数的"。[80]并且，爱氏宣称，"圣父与圣子的尊荣在于他们都是无限地卓越，或者无限的卓越从他们而出。但圣灵的尊荣是同等的，因为他是神的卓越性、美本身"。[81]可见，从美学层面而言，如果圣父与圣子构成相互赞同的关系，那么圣灵就是赞同本身。因而，由于上帝的卓越性或美的属性，那么上帝之中一定是"社会性的"（social），上帝的卓越性正体现于上帝之中的三一关系。

综上，虽然心理的三一与社会的三一这两种类比模式各有侧重，心理的三一提供了上帝论中的统一性；社会三一则提供了三个位格的关系性。但是，二者又具有某种内在的彼此依存，社会三一依存于心理三一这种属于更为存在论层面的阐释；而心理三一则依存于社会三一更为扩展性的关系。在西方基督教思想史中，社会三一为心理三一提供了一种透镜，即透过神圣位格之间的关系去理解三一的交互性，以及透过一种关系去理解上帝与人类的交流。虽然奥古斯丁倾向于心理三一，但当他讨论经世三一与人类的关系时，也不可避免地提及三一中的友谊与意志的和谐。[82]因此，可以说，心理三一与社会三一存在着千丝万缕的内在关联。

爱德华兹如何理解心理三一与社会三一的关系？学者们鲜有专门阐释，一般涉及两方面相反的观点，即心理三一与社会三一具有相容性，二者之间也存在张力。首先，关于心理三一与社会三一在爱氏那里被和谐地调和在一起，例如，李桑炫认为，"爱德华兹的心理类比以社会类比为告终，或者至少使这两种类比兼容"。[83]波夫也认为爱德华兹从这两种三一的思想中，"创造了一种折中的综合"。[84]在心理三一中，爱德华兹认为圣子也具有"意志"，

---

79 WJE6:337.

80 WJE13:284.

81 WJE21:135.

82 参见 William J. Danaher Jr., *The Trinitarian Ethics of Jonathan Edwards*, Louisville: Westminster John Knox Press,2004,88.

83 Sang Hyun Lee, "Editor's Introduction", Jonathan Edwards,*The Works of Jonathan Edwards, Vol.21, Writings on the Trinity, Grace, and Faith*. Ed. Sang Hyun Lee. New Haven: Yale University Press, 2002,19.

84 Amy Plantinga Pauw, *The Supreme Harmony of All: The Trinitarian Theology of Jonathan Edwards*,Grand Rapids: Eerdmans, 2002,50.

因为圣灵住在圣子中，圣灵是神的意志，或行动；心理三一中的上帝的倾向于交流的意向性，正是在社会三一中获得实现。无疑，心理三一与社会三一两种类比共同构成爱德华兹的三一论整体，其中，心理三一中作为上帝的"意志"的圣灵，在社会三一中化为圣父与圣子之间的爱和行动。从这一角度观之，可以说心理三一中的上帝的"理念"、"知识"、"意志"、"爱"等在社会三一的交互性关系中最终得到实现。可见，爱氏的三一论证方法开拓了将西方的心理类比与东方的社会类比合二为一的路径。其次，学者们除了讨论心理三一与社会三一具有相容性，还提出这两种模式之间也存在一种张力。就如波夫指出，爱氏的社会三一中的三个位格之间的相互关系、彼此依赖与心理三一中圣父作为原初的根本源头存在张力；另外，社会三一中圣灵的作用通常是比较弱化的，但在心理三一中，圣灵的作用则被极其放大。波夫说，爱德华兹"似乎愿意容忍这两个类比之间的张力"，[85]因为，这两种类比虽然有细节处的张力，但和谐统一于爱德华兹的基督教伦理实践。

4.2.4 三一论的伦理意义

在爱德华兹神学伦理学思想研究领域，学界对于三一论与道德思考之间的关联这一问题，大致存在三种诠释。第一种诠释以罗兰·德莱特为代表，他在其作品《乔纳森·爱德华兹思想中的美与感觉》一书中承认爱氏的道德思想与三位一体论之间存在关联，但他将这一关联的来源诉诸于更广的美的形而上学，以美的形而上学来理解爱氏的道德论与三一思想。第二种诠释则以保罗·拉姆齐为代表，他承认爱德华兹道德思想与其三一论的关联，但只是在分析爱氏神学伦理思想的主要题目时，才偶尔指出这一关联。例如，他在德性论中的一些概念如良心、次要之美等的诠释中转向了三位一体，但他所谈到的大部分道德论的概念，并没有将爱氏的三位一体论与伦理学的关联视为必须。第三种诠释是诺曼·菲林提出的。他认为要理解爱德华兹的"卓越性"以及"存在对存在的赞同"这些观念，最好去理解三位一体的理念。他认为，对于爱氏，三位一体并非一个呆板的信条，而是，"他的整个道德理论在逻辑上唯独是从三位一体推论出来的"。[86]他坚持爱氏对道德心理学的

---

85 Amy Plantinga Pauw, *The Supreme Harmony of All: The Trinitarian Theology of Jonathan Edwards*, Grand Rapids: Eerdmans, 2002,50.

86 Norman Fiering, *Jonathan Edwards's Moral Thought and Its British Context*, Chapel Hill: University of North Carolina Press,1981,82.

一些洞见归功于他对三位一体的理解，虽然爱氏对三位一体的理解可能是在道德思想观念形成之后，但是，"根据在爱德华兹体系中的逻辑次序，三位一体首先出现"。[87]丹纳赫肯定了菲林的观点而反驳了德莱特将三位一体与伦理学建基于美学基础上。爱德华兹以一种综合的方式在三一论中同时使用心理类比与社会类比，就三一论中两种类比模式的伦理意义而言，丹纳赫认为，"心理三一为爱德华兹的神学伦理提供了一种形而上学的框架，社会三一则为其伦理学说提供了动力与重要性的核心"，[88]即，他认为心理类比"对于爱德华兹的神学伦理是根本性的，不仅是因为心理类比提供给爱氏将道德生活的核心性愿景视为神格化的一种生活；而且也因为心理类比对于他的神学人类学与社会伦理学是完整的"；[89]同时他也承认，社会三一在道德生活中也发挥着与众不同的作用，尤其是在教会的视野，以及从爱、美与分享的视角也是如此。可以说，菲林与丹纳赫都洞见到爱德华兹的三一论与道德论之间的密切关联。

　　三一论对于爱氏，不仅是救赎工作的主旨，更是一切伦理、美与爱的基础与原型，爱德华兹的整个基督教伦理学植根于三位一体。从伦理与神学教义的关系看，爱氏将三一论视为伦理学的根源，即三一是思考道德问题的出发点。爱德华兹在神学教义与道德的关联性上秉持"责任建立在教义基础之上"[90]的理念，即他的伦理学思考以教义为前提，而上帝论、三一论则是教义中的核心。"三一"不仅其自身内涵着伦理性意蕴，而且与基督徒的道德生活具有内在关联。如波夫所言，"爱德华兹神学的有机性中心——上帝、救赎、基督徒的生活，皆深深昭示于双重的三一视界"，[91]他认为，爱德华兹的三一论思考"提供了其思想中看似无关的两个方面的一种稳固联系，这两个方面即他的深刻的形而上学沉思与对教会和基督徒生活的热忱"。[92]因而，三一论仿佛一条核心的"暗线"，不仅仅作为一个宣信的教义而已，更是爱德华兹

87　Norman Fiering, *Jonathan Edwards's Moral Thought and Its British Context*, Chapel Hill: University of North Carolina Press,1981,82.

88　William J. Danaher Jr., *The Trinitarian Ethics of Jonathan Edwards*.Louisville: Westminster John Knox Press,2004,69.

89　William J. Danaher Jr., *The Trinitarian Ethics of Jonathan Edwards*.Louisville: Westminster John Knox Press,2004,18.

90　WJE13:416.

91　Amy Plantinga Pauw, *The Supreme Harmony of All: The Trinitarian Theology of Jonathan Edwards*. Grand Rapids: Eerdmans, 2002,50.

92　Amy Plantinga Pauw, *The Supreme Harmony of All: The Trinitarian Theology of Jonathan Edwards*. Grand Rapids: Eerdmans, 2002,3.

理解"道德"、"德性"的出发点。正如丹纳赫所言，"爱德华兹的神学思考深深地预示着他的伦理学思考"。[93]因此，只有对其三位一体理论有明晰的认知，才会充分理解他的神学美学，以及基督教的德性观。

概而言之，爱德华兹的三一论对其基督教德性思想的意义大体有三个方面：

第一，三一论为爱德华兹的德性观开辟了神学美学路径。学界普遍承认，在西方基督教思想史上，爱德华兹在将上帝与美联系在一起这项工作中比任何人都做得更多。在其布道辞与其它论述中不乏"上帝之美"的主题。例如，在早期布道辞《上帝的卓越性》[94]（*God's Excellencies*）中，他论述了上帝的永恒性、伟大、美与爱、力量、智慧、圣洁、良善、仁慈这些品质。在《基督的优美》（*the Excellency of Christ*）这一布道辞中，他叙述了基督的美。此外，爱德华兹也以"美"来描述三位一体中第三位格圣灵，认为，"圣灵作为上帝的爱与喜乐，是他的美与幸福"，[95]他称"圣灵是神的美"。[96]在三一论中，爱德华兹以"美"的维度来诠释三一上帝，同时也将三一视为"美"的绝对范本。他在《论心灵》中提出，"美"指涉一种"关系"，即美在于"存在者对存在者的赞同，或存在者对存在本身的赞同"。[97]他认为"没有指涉更多的单独的一个事物，是不能构成美或卓越的……在一个存在者中，绝对地不存在任何多数的话，就不会存在美"，[98]因为这样就不会存在"赞同"。爱德华兹认为上帝作为无限的存在，势必也是无限的"美"，并且是所有"美"或卓越性的范本，因而，"如果上帝是卓越的，在上帝之中一定是多数的"。[99]可见，从美学角度而言，如果圣父与圣子构成相互赞同的关系，那么圣灵就是赞同本身。因而，由于上帝的卓越性或美的属性，那么上帝之中一定是"社会性的"（social），上帝的美或卓越性正体现于上帝之中的三一关系，"上帝的存在与美是不可分的"。[100]以上，爱氏从"美"这一维度来阐释社会三一。

---

93 William J. Danaher Jr., *The Trinitarian Ethics of Jonathan Edwards.*Louisville: Westminster John Knox Press,2004,10.

94 注：参阅 WJE10:413～435.

95 WJE21:130.

96 WJE21:144.

97 WJE8:336.

98 WJE6:337.

99 WJE13:284.

100 WJE21:96.

　　爱德华兹将美这一诠释路径从上帝论、三一论延伸至世界、道德领域，开辟了其德性观的神学美学路径。他认为"世界的美是与上帝之美的交流，圣灵是造物主的和谐、卓越与美"，[101]正是圣灵使世界、人与上帝保持交流，借着交流，世界与人类被赋予美；因为，"圣灵是神的本质的美与喜乐,因此他是我们最高的完美与幸福"。[102]爱氏以"次要之美"诠释自然道德，以"首要之美"诠释"真德性"。爱氏的神学美学的灵感源头恰恰在于三一；他又将从三一而来的"美"的视角这一思想理路延伸至德性论，使三一论为德性论奠定了神学美学路径的基础。爱德华兹不但从美这一维度诠释社会三一，他在对德性的界定中，指出德性首要地在于与存在本身的联合、赞同；而"神的德性或神圣心灵的德性，一定首要地在于对其自身的爱，或在神之中的几个位格之间永恒且必然地持续的相互之爱与友谊"。[103]

　　第二，就心理三一模式而言，三一的内在生活提供了道德反省与德性生活的神圣参与模型。爱德华兹认为，上帝透过反省获得对自身无限的理解，他在心理三一中将心灵、心灵的理解或理念、心灵的意志或爱比拟三一中的三个位格。按照爱氏的观点，心灵是一种精神实体，而非物质实体；圣子作为神的心灵的理解力具有对神的本质无限和完美的理念，因而是对神圣本质完全的、实在的复制。圣子作为上帝的无限理解与完美理念具有关于上帝的完美知识；圣父无限地爱与无限地喜悦自身的形象；圣灵是神对自身无限的喜悦与爱。"上帝无限的喜悦在于反省自身并观看自身的完美"，[104]这一三一的内在生活模式被应用于道德论，人的道德反省可参照三一的内在生活。爱氏认为，"道德只是一种混合的模式,或者根据人的意志与幸福构成的理念"；[105]人的灵性知识来自心灵中对上帝的理念"虽然神的本质极大地不同于被造之灵，可是我们的灵魂也是以上帝的形象被造：我们有理解与意志、理念与爱，就像上帝具有这些一样，不同点只是在于完美的程度与样式"。[106]

　　另一方面，三一的内在生活的彼此参与提供了德性生活的神圣参与范式。在三一神圣位格的内部，圣子所获得的完美理念与知识具有参与的性质；因

---

101 WJE13:384.
102 WJE24:1011.
103 WJE8:557.
104 WJE13:259.
105 WJE13:200.
106 WJE21:113.

而，人所具有的道德理念也在于参与三一。人之所以具有关于上帝的理念，从根本上在于人分有或参与了三一上帝，由此，爱氏所引出的认识论与存在论之间联系的关键在于"参与的理解力"。综上，心理三一这一类比模式所展现的上帝的内在生命提供了德性的源头与绝对完美的模式，内在三一的动态作为圣徒德性生活的根源。

第三，社会三一提供了德性之爱的模型。如果说心理三一提供了一种自我反省的内在生活模型；那么社会三一则通过上帝自我交流的社会或分享的关系呈现了相互之爱，但这爱并非静态的，而是借着行动的上帝——圣灵实行出来。爱氏将三个位格之间的爱的关系理解为一种"意向性"的关系，建立意志与爱之间的联系，"上帝透过其意志工作，但这一神圣意志必然且内在地爱着"。[107]就道德层面而言，他认为，"没有对上帝超越性的爱并使上帝作为我们超越性的目的，就没有真德性"。[108]在三一论中，圣灵作为上帝的意志，也是爱本身，这保证真正的德性，即爱源自于三一上帝。爱氏从爱的维度诠释社会三一的三个位格之间的彼此相爱正是上帝的卓越性体现，他说"上帝的卓越性在于对自身的爱"，[109]上帝无限之美就是他自身无限地彼此相爱。爱氏在对基督教德性的阐释中，也将德性视为一种"联合"的关系，并且将爱视为"真德性"的总结。这一德性之爱的原型正是三一中的相互之爱。

---

107 Elizabeth Agnew Cochran, *Receptive Human Virtues: A New Reading of Jonathan Edwards's Ethics*, University Park, Pa.: The Pennsylvania State University,2011,31.
108 WJE21:314.
109 WJE6:364.

第 5 章 "真德性"与爱

爱德华兹主要在《爱及其果实》、《上帝创世的目的》(*Concerning the End for Which God Created the World*) 与《真德性的本质》(*On the Nature of True Virtue*) 这些作品中阐释其德性论。其中,《爱及其果实》是爱氏在 1738 年对《哥林多前书》第十三章所做的系列布道,爱德华兹全集的编辑者将其收入在第八卷《伦理学作品集》中,主要基于这一作品是"对基督徒道德生活卓越而系统的论述"。[1]另外两篇论文均为爱氏在 1750 年代的作品,二者之所以集结在一起是因为爱氏"意图将这些论述放在一起出版"。[2]拉姆齐指出,这两篇作品彼此映照、互为镜像,上帝创世的"目的"一定也是德性生活的"目的"。显然,这三篇作品虽然风格迥异,但它们构成爱德华兹对"德性"思考不可分割的整体,正如其哲学无法从神学中分离,他的道德哲学亦无法从神学伦理学中抽离。

爱德华兹所阐释的"真德性"是一种从恩典而来,具有"救赎性"特征的德性,或者说是"注入"的(infused)或参与性的德性,这一德性首先必然是"神的"德性,以基督为完美模型。基督的德性主要藉由救赎的工作体现,因此爱氏所阐发的德性与救赎历史相交织,"救赎历史的故事线索统管着爱德华兹对基督教道德生活的叙述"。[3]爱氏认为,所有德性的总和或总结在于

---

1 Paul Ramsey, "Editor's Introduction", Jonathan Edwards,*The Works of Jonathan Edwards, Vol.8. Ethical Writings*, Ed.Paul Ramsey. New Haven:Yale University Press, 1989,1.

2 Paul Ramsey, "Editor's Introduction", Jonathan Edwards, *The Works of Jonathan Edwards, Vol.8. Ethical Writings*, Ed.Paul Ramsey. New Haven:Yale University Press, 1989,5.

3 WJE8:66.

"爱"，所有德性皆可被视为爱的果实，基督的德性正是"爱"的完美典范。神圣德性之爱的主要内容意指爱上帝（love to God）与爱人（love to human beings）。以基督教思想史观之，奥古斯丁与阿奎那都将"爱"构想为首要或主要德性，但对于奥氏，"爱"联络所有德性或将所有德性统一起来。因此，我们视为德性的每一品质既与爱相区分，同时又作为爱的特殊形式揭示出爱之品格的具体维度。爱德华兹继承了奥古斯丁，将"爱"作为主要德性，而且将其它诸种具体的德性如谦卑、温柔、忍耐、饶恕等品质作为与"爱"紧密相联的爱之果实。因此，那些具体的德性不能脱离"爱"去理解其意义。爱德华兹的德性观首要关注的是神的德性，而人的神圣德性被置于重生的生命模式中看待。因而，神圣德性最突出的特征在于其卓越性，它源自圣灵的恩赐。爱氏从救赎工作历史的视角，将神圣德性的完全同末世论相联系，阐释了天国作为爱的世界、德性达至完美的世界。

5.1 神的德性

爱德华兹对德性的定义显明，人不能独立于上帝去追求德性，上帝与人的道德生活息息相关。这一方面基于上帝自身就是真正的德性；另一方面基于对人性中原罪的承认。因此，在考察人的神圣德性之前，必先考察他对神的德性的阐释。

5.1.1 神的自爱

从本体论层面，爱德华兹没有牺牲基督教的爱与"自我关注"（self-regard）的所有形式，这除了其美学视角的情感外，主要归因于几个方面，其一是得益于其外祖父所罗门·斯托达德清教主义的理智传统所秉持的自我天然趋向于个人幸福。斯托达德将"自爱"区分为三种，即"合理的自爱"、"神圣的自爱"与"有罪的自爱"。[4]斯蒂芬·博斯特（Stephen Post）认为，爱德华兹的思想也可追溯到塞缪尔·威拉德（Samuel Willard,1640-1707）的影响，这位哈佛毕业的牧师做过关于"爱与幸福"的关系的讲座，并批评过"过度顺从"。其二，这归因于大觉醒时期北安普敦所发生的自杀事件，它导致

---

4 注：参看 Norman Fiering, *Jonathan Edwards's Moral Thought and Its British Context*, Chapel Hill: University of North Carolina Press,1981,153.

爱氏反省"过度顺从"（excessive resignation）。爱氏对清教传统中"自我否定"的必须性存有怀疑，这主要基于大觉醒经验。其三，这涉及爱德华兹经验主义的立场，即"意志总是寻求行动者的幸福（happiness of the agent），这样，不考虑自我的爱这一观念，就是同实在的人类经验相分离的一种抽象"。[5]其四，爱氏相信《圣经》承诺"幸福与奖赏"。因此，爱氏在具体展开对基督教德性之爱的论述时，从积极的意义与宽广的角度分析"自爱"。他首先言明"圣爱"是以更为宽泛意义上的"自爱"为前提的，从本体论层面而非道德论层面，"圣爱"与"自我"，"自爱"并不冲突。爱德华兹将"自爱"分为几个层面，一是神的自爱；二是创造论层面的以自我为对象的"白爱"，这在道德论层面并非具有消极意义；三是堕落后的自爱，爱氏宣称退化为自私的自爱是由于堕落使人的灵魂丧失高贵与广博的原则，沦为在自爱的辖管之下；[6]四是基督教德性中的自爱，涉及人性获得某种复原后的自爱。

爱德华兹以新柏拉图主义作为其思考德性问题的哲学框架，他认为神的自爱是一切爱的原型，基督徒的神圣之爱在于对神之爱的参与。因此，神的自爱是一切神圣之爱与自然之爱的源头，神的幸福关乎人的幸福。

爱德华兹在《真德性的本质》中提出，神的德性首先在于自爱，即神的德性"一定首要地在于爱其自身，或在于上帝之中三个位格之间永恒地、必然地存在的相互之爱与友谊……上帝对被造物的良善与爱源于并屈从于他对自身的爱"。[7]爱氏在《上帝创世的目的》中说明上帝创世以自身为终极目的时更明确重申了神的德性最根本地在于"神的自爱"。爱氏认为，如果最高意义上的普遍仁爱（universal benevolence）同对神圣存在（Divine Being）的爱是一回事，那么，对德性的爱之所以是美德，无非在于或源于对神圣存在的爱。随之而来，上帝对德性的爱等于爱自身，他对德性的爱之所以是美德，无非在于对自己的爱；神的德性的性情，表现在受造者身上，无非是对圣洁的爱，但在他身上，就是对自身的爱。[8]因此，神"以德性为目的（end），即以自身为目的"。[9]

5　Stephen Post, Disinterested Benevolence: An American Debate Over the Nature of Christian Love, *The Journal of Religious Ethics*, Vol, 14（2），1986,356～368.

6　WJE8:253.

7　WJE8:557.

8　WJE8:456.

9　WJE8:456.

从爱氏的这些论述可见，他关于神的德性在于神的自爱，也是从德性在于"对一般存在的爱"这一德性的定义推论而来。爱氏将神作为道德的本体，即使神自己的道德，也在于对自身的爱。爱氏认为，从圣经与理性看，神显然是永恒地、无限地、独立地具有荣耀和喜乐，他不从受造者那里受益，也不从其他存在者那里受损。"神道德上的正直，必须是在乎他对那应受道德尊重之事，即对具有道德行为与道德关系的有理性者，表示适当的尊重，因而主要地是对那最值得重视者予以适当的尊重；而那最值得无量尊重的，乃是神。"[10]因此，爱氏认为神的荣耀与其丰富的本性使得上帝创世的目的并非是受造物，而是以其自身为终极目的。神的自爱是一切德性的根源，神的自爱是神的德性之源头；从此出发，衍生出神对万物与人类的爱，以及人对神圣之爱的参与。因此，爱氏将神的"自爱"作为一种完美幸福的标本，祂与圣徒分享自身的幸福。

5.1.2 基督的德性：救赎的视角

爱德华兹的基督论是在救赎工作的历史这一旨趣与框架中发展出来的，詹森肯定这点，他称促使爱氏基督论形成的关切点是救世论的（soteriological）。[11]救赎历史中最大的事件就是基督的赎罪（satisfaction），这是爱氏基督论的首要关切点。这一关切与当时自然神论的攻击有关，自然神论对传统的赎罪教义至少提出三项指控，一是公义可以通过人的诚挚努力来弥补；二是上帝并非责无旁贷地去完成救赎；三是一个人的功劳不能被植入另一个人身上。针对自然神论者以上帝完美、仁慈的名义而取消基督的中保身份与赎罪的必要性，爱氏护卫三位一体的教义，也必然护卫传统基督论，或者说他的基督论必然以护卫三一论出发。因此，基督的德性固然包含基督的道德品质，例如"谦卑"、"顺服"、"温柔"等；但更重要的是他在救赎历史中的工作，即道成肉身（incarnation）与赎罪（atonement）。他的德性必然同其"身份"、"权能"与"工作"紧密相联。科克伦承认，对于爱氏而言，基督的德性在人类救赎中发挥关键的作用，也正是在救世学的背景下，爱氏详述人类德性的意义。基督具有神性也具有人性，从人性角度看，基督的德性也就是在救赎历史中展开的"爱"。

---

10 爱德华兹，《爱德华兹选集》，谢秉德译，北京，宗教文化出版社，2015，175。

11 Robert W.Jenson, Christology, *The Princeton Companion to Jonathan Edwards*, edited by Sang Hyun Lee,Princeton, N.J.; Oxford: Princeton University Press, 2005,73.

爱德华兹最为明确论到"基督的德性"这一术语是在《救赎工作的历史》一书中,这一作品是爱氏在 1739 年 3 月至 8 月之间在北安普敦的系列布道编辑而成。"基督的德性"是爱氏 1739 年 6 月对《以赛亚书》51:8 进行的布道辞。爱氏认为,基督的德性是完美无瑕的,因为所有的德性都是以他没有罪为前提的。[12]基督在其工作中所发挥出的德性分为三种,即直接关涉到上帝的德性、关涉到基督自身的德性与关涉到人的德性。

首先,爱德华兹认为,在基督中最直接地与上帝相关的德性表现在救赎工作中。基督作为上帝的永恒之子,具有无限尊荣,但他承担起中保职任,又穿上人的本质。他的德性在于向上帝表明了一种奇妙、惊人的爱。与众天使和众圣徒相较,没有谁像基督所行给予出爱上帝的如此证明,没有谁像基督曾承受如此重负,为爱上帝而遭受深刻苦楚,他"表现出对上帝意志的最为惊人的顺服(submission)"。[13]并且,基督的德性相较他人,在对上帝的神圣敬畏和崇敬方面,经过更大的试验。[14]

其次,基督在其救赎工作中表现出更直接地关涉到自身的德性,具体而言,如谦卑(humility)、忍耐(patience)和被世界藐视。在这一层面的德性中,基督的身份与其救赎工作中的卑微之间呈现出一种强烈的对比画面,给人以比例伦理学的冲击。就身份而言,基督比任何人都卓越和值得尊崇,他知道上帝指定他作天上、地上、一切天使和人类的王;他知道自身是具有无限尊荣的人,作为父上帝之国的继承者,配得无限的尊荣。然而,就他的救赎工作而言,他表现出极大的谦卑,即道成肉身与献祭。基督被降低到卑微的和邪恶的环境中,变得比所有生物都更加卑微,他的屈尊达到无限的高度与深度。他知道自己比地上的最高王子或天使要尊贵千万倍,但当他作为被咒诅的罪犯,被人唾弃和戏弄时、被戴上荆棘冠冕时,像一个奴隶或罪犯那样被钉在十字架上时,他并不考虑他的无限尊贵。[15]因此,就面对自身而言,基督表明了极大的谦卑。同时,就他所面对的可怕苦难而言,他也表现出极大的忍耐。当他被讥讽、嘲弄时,他并不开口,像待宰的羔羊那样自始至终安静地忍受所有的苦难。他情愿选择被藐视、卑微与受苦,而非佩戴尘世暂时的王冠。

---

12 WJE9:320.
13 WJE9:321.
14 WJE9:320.
15 WJE9:322.

再次，爱氏指出，基督在救赎工作中呈现出的关涉面对他人的德性，主要总结为两种，即温柔（meekness）和爱（love）。基督的温柔表现为一种灵魂层面的能力，即在各种刺激、挑拨下保持的"精神"或"灵"（spirit）的谦卑的平静。[16]从未有人面对基督所承受的如此巨大刺激，这在于两重：一是与他相对立、反对的程度极为巨大；二是那些反对与对立的不合理的程度极为巨大。基督遭受最恶毒之人的仇恨与辱骂，而这些恶意与藐视是多么没有理由和不合情理。因他不该被如此对待，反而应当被爱、被尊荣与善待。[17]基督在这一环境中表现出远离混乱、激动的一种镇静与温柔的力量。同时，他表现出对人们的爱。尤其是他承受挂在木头上生命最后的极度痛苦，在将生命与灵魂交付出去的过程中表现出最伟大的爱的行动。他没有一个仇恨的"灵"，相反，他拥有饶恕的精神，当那些人以恶毒攻击他，他却为之祈祷，请求圣父饶恕他们。

爱德华兹认为基督不同寻常的谦卑与受苦贯穿于他的一生、他个人生命的每一阶段以及公共生活的每个场合。他所有的德性在十字架上最后生命的火一般试验中最为突出地表明出来。他对上帝的爱，对人类的爱，对世界的爱；他对上帝律法的遵行、顺服与轻看世界都达到极致。爱氏认为，基督为救赎工作所做的每件事主要体现于此，他的德性一方面树立了一种榜样使人去跟随，另一方面，他的德性主要地涉及为罪人而牺牲。[18]

5.2 基督徒的德性：接受性的爱

5.2.1 "爱"（charity）是所有德性的总结

关于基督教的"爱"，最为人所熟知的便是虞格仁（Anders Nygren）关于"Agape"与"Eros"之间的区分。他在其名著《基督教爱观研究》（*Agape and Eros*）一书中将"Agape"即圣爱定义为："'爱佳泊'的爱，是神自我的施予。它是由上降下的恩典，是神白白赐下的礼物。它是不求自己益处的无私之爱，是以神的生命为生命，是神本身白白的赐予与牺牲。它是神自身之爱；神即'爱佳泊'，'爱佳泊'就是神自己。它是自主的、是独立的；

---

16 WJE9:322.
17 WJE9:323.
18 WJE9:324.

同样赐予好人与歹人的。神爱是自发的,是神将自己的爱赐给那些不配领受之人的。'爱佳泊'是首先施予,并在其客体中创造价值。"[19]与"Agape"相对的是"Eros",虞格仁认为"'爱乐实'是人为自身利益谋求的欲望。它是人走向神之路,是人自己提升的努力,是人自己完成救恩的企图。它是人自许为至高至贵的自我中心之爱,是寻求获得神的人格生命,是以需要为立足点的一种占有的意图。'爱乐实'主要为人爱,神只是'爱乐实'的客体。'爱乐实'是以人为对象,以其本质之美好与价值为转移,故非自发的,而是有缘由的,并因其对象之价值而决定。'爱乐实'要先证实客体的价值,才去爱他。"[20]斯蒂芬·博斯特与爱德华·瓦西克(Edward Vacek)认为,虞格仁在"爱佳泊"与"爱乐实"之间所做的二分造成道德生活中情感被边缘化。[21]丹纳赫认为爱德华兹关于爱的讨论展现了不同的终点或界标,追随不同的路径。爱氏并未追随使用希腊语和拉丁术语来表达"爱",他几乎没有使用"Agape"一词。他的德性之爱涵盖了对上帝之爱、自爱与爱邻舍的各种形式的爱,他提供了对"仁爱"(benevolence)的叙述,这种仁爱超越来自自然本能与情感的爱。这是对虞格仁的绝对主义所描绘的"Agape"的一种替代。[22]

爱德华兹在《宗教情感》一书中阐明,爱的情感是一切情感的源头,基督徒的爱更是一切恩典情感的源头。他认为借着爱,我们最契合天国,最远离地狱和魔鬼。在《爱及其果实》中爱氏开宗明义指出,"爱(charity)是所有德性的总结(sum)"。爱氏对基督教德性的阐释体现于他的基督教爱观。他使用"charity"来表达基督教的"爱",这一术语含有"仁爱"、"友谊"之意。这继承了奥古斯丁对古希腊抽象的"圣爱"(agape)爱观的范式转变。同时必然地,爱氏的"爱观"同十八世纪化约主义的伦理立场格格不入,后者将宗教的本质化约为"道德",而道德又被化约为抽象的"仁爱"。

---

19 虞格仁,《基督教爱观研究》,翻译小组译,台北:台北市基督教中华文字差传协会,2012,16。

20 虞格仁,《基督教爱观研究》,翻译小组译,台北:台北市基督教中华文字差传协会,2012,16。

21 William J. Danaher Jr., *The Trinitarian Ethics of Jonathan Edwards.* Louisville: Westminster John Knox Press, 2004, 221.

22 William J. Danaher Jr., *The Trinitarian Ethics of Jonathan Edwards.* Louisville: Westminster John Knox Press, 2004, 223.

爱德华兹认为，"爱是圣灵最大的恩典，是真宗教的生命、本质和总结"。[23]基督教的"爱"之所以被称为"圣爱"，因它具有神圣源头，来自创造与救赎的神圣三一位格。爱氏在"天国是爱的世界"这一布道辞中说明了"上帝的心就是爱（love）的发源地或爱的主体"，[24]上帝并非是从他人那里接受爱再发出去，并不是反射其它星球的光，爱在上帝之中，就像光在太阳内一样，上帝就是爱的源头，爱最初从他发出，从圣父而来的爱首先的接受者就是圣子。爱德华兹身处十八世纪道德哲学语境，诚如在《真德性的本质》一文中，爱氏从哲学层面将"德性之爱"定义为两种意涵，即"仁爱之爱"（love of benevolence）与"欣赏之爱"（love of complacence）。其实，早在1730年代爱氏讨论"圣爱"（charity）时，就已使用这两个术语诠释圣爱。这两种爱的意涵都来自"三一"。首先，"仁爱"意味着喜悦他者得到益处的性情或倾向，它关涉到的"益处"（the good），是由被爱者所享受（enjoyed）。[25]爱氏认为，"仁爱之爱"是基督教之爱主要的东西，也是"最为本质的东西"。[26]这一仁爱源自上帝本质中所具有的"对善的绝对倾向（absolute inclination to goodness）"，[27]因此，上帝以仁爱去爱各种受造物，并非由于它们自身在自然层面或道德层面的完美。人所具有的"仁爱之爱"是效法上帝永恒之爱并来自上帝的恩典，以及效法基督出于仁爱和良善意志的舍命之爱（dying love）。[28]因此，基督教的爱在于一种"良善的意志"（good will），即寻求爱的对象之益处。以上是爱氏对仁爱之爱及其源泉的诠释。基督教德性之爱从本质上讲具有超越性，以神的本质，圣父、圣子之间的爱以及基督舍命之爱为模型和源头，这种爱并非理性，而是一种"性情"。

其次，爱氏也论述了德性之爱的另一种意涵，即"欣赏之爱"。"欣赏之爱"是因看到被爱对象之美而生发的爱，它关涉到的"好处"是由爱的主体去享受被爱者。爱氏同样将基督教的"欣赏之爱"归因于上帝这一源头，主要关涉到上帝与美。一方面，欣赏之爱最初体现于圣父与圣子的关系。在《基督的优美》一文中，爱氏将基督作为无限圣洁、谦卑与尊贵的榜样，正是这

---

23 乔纳森·爱德华兹，《宗教情感》，杨基译，北京，三联书店，2013，46。
24 WJE8:373.
25 WJE8:212.
26 WJE8:213.
27 WJE13:395.
28 WJE8:213.

样一位上帝之子作为圣父倾倒无限之爱的对象。圣父对圣子的无限之爱中包含着"享受"与"欣赏"。另一方面,"欣赏之爱"体现于上帝同被造物的关系。在"杂记"Nos.92 中,爱氏在"创造的目的"这一条目下提出,上帝享受与被造物交流的幸福,他创造一切是为了这一"欣赏"。[29]在"杂记"Nos.314"白白的恩典"(free grace)这一条目下,爱氏更为详细地说明上帝对造物有种欣赏之爱源于"上帝优美地行作万事"[30]这一特征。上帝传递善,赋予造物以美、圣洁;上帝也实在地与之交流并欣赏这一切。

爱德华兹对基督教"爱"的思考又与"自爱"和"幸福"难以分离,可以说,他的圣爱观是以理解并阐明"自爱"为前提和立场的。爱氏在《爱及其果实》的第七篇布道辞《爱反对自私之灵》(*charity contrary to a selfish spirit*)中声称,"基督徒的精神或灵性并不与所有的自爱对立,一个人应该爱自己并不与基督教相对立。基督教并不倾向于毁坏一个人对自身幸福的爱……基督教并不毁坏人性(humanity)。一个人对自身幸福的爱就其本性而言,是必然的,这诚如意志的一种能力(faculty),这一能力只有通过毁坏人的存在方式才可能被毁坏,……圣徒与天使爱他们自身的幸福"。[31]可见,爱氏并未将基督教的爱与"自我"、"自爱"相割裂,而牺牲两者之间的关系。相反,他认为基督教并不反对自爱与追求幸福,因为他将对自身幸福的爱视为人的本性,意志的能力。因此,否认"自爱",意味着否认意志的一种爱的能力,这除非否定人的存在。

5.2.2 爱上帝

5.2.2.1 爱上帝的品质:圣洁 为基督受苦

爱德华兹分别从创造论或本体论意义上和救赎论方面阐明"爱上帝"作为真德性首要内容的原因。首先,他在《真德性的本质》中指出,"真德性一定主要地在于爱上帝,他是存在的存在,一切存在的无穷至伟大者与无穷至善"。[32]将上帝作为德性之爱的首要对象,从第一个客观基础讲,上帝作为存在本身;从第二个爱的基础讲,即美或道德的卓越性讲,他是无限的至善。

---

29 WJE13:256.
30 WJE13:395.
31 WJE8:254.
32 WJE8:550.

因此，那具有对一般存在的仁爱（benevolence to Being in general）以及对道德之美欣赏的真德性者，必然对上帝有最高的爱（supreme love to God），即对上帝具有仁爱和欣赏。所有的真德性最为根本地在于此。爱氏从上帝与世界、人类的关系这一创造论意义上，说明上帝不仅是至伟大至善者，而且作为所有实存体系的元首、所有存在与美的根基与源头。爱德华兹批评有些道德论者虽然并未将爱神完全排除于道德系统外，但只是将其作为真道德的从属部分。[33]他坚持，若敬爱神作为真德性一部分，那么一定是主要部分。若真德性教人不只对受造者，而且对造物主有敬爱之心，那么，无疑它必然要求首先敬爱神。因此，"爱上帝对于真德性是最本质性的"。[34]

其次，从救赎性意义讲，"爱上帝"是蒙上帝恩宠或蒙救赎的记号。爱德华兹在《宗教情感》中指出，爱上帝是福音所赋予的参与到上帝之本质的表现。他区分了两种心灵状态，一个是"奴仆之心"，一个是"儿女之心"，前者出于惧怕的灵，后者则是"爱心"。他认为，"爱心让我们到上帝面前做上帝的儿女；爱心给我们证据，证明我们与上帝联合，是他的儿女，由此消除恐惧感"。[35]因此，具有上帝儿女的气质与性情就在于表现出对上帝的挚爱。这一爱心，即对上帝谦卑的爱、感恩之心，当它强烈而活跃地运行时，能清楚地证明灵魂与上帝的关系。

爱德华兹辨析了爱上帝的属灵情感，并非基于道德性的"自爱"。他反驳有些人认为所有的爱都源自自爱，因而爱上帝、渴慕上帝的荣耀不过是因这些事有利于己，以此为自己的幸福罢了。爱德华兹认为这颠倒了因果，他认为不能因一个人首先爱了上帝，然后渴慕上帝的荣耀与喜乐，并以此为自己的幸福就断言他爱上帝是因渴望自己获得幸福，他爱上帝出于道德性的"自爱"。[36]爱氏坚持，爱上帝的首要基础是上帝自身的美好，他神性的至美至善。而导致人爱上帝的原因或许是与自爱完全不同的东西，即一个人内心好恶与思想情感发生根本变化，使他能够领会到"上帝神性本身的美好、荣耀和至高的良善。或许这才是首先令他仰慕上帝的东西，并使他的心与上帝联合"。[37]因此，对于爱氏，爱上帝并非是自然的人源自本性的"自爱"原则，而是基

---

33 WJE8:552.

34 WJE8:554.

35 乔纳森·爱德华兹，《宗教情感》，杨基译，北京，三联书店，2013，121。

36 乔纳森·爱德华兹，《宗教情感》，杨基译，北京，三联书店，2013，124。

37 乔纳森·爱德华兹，《宗教情感》，杨基译，北京，三联书店，2013，124。

于恩典赋予的一种新生命的机制或模式，使人心灵的感觉发生变化，可以感知到神圣之美，这是爱上帝的基础。

那么爱上帝通过哪些具体品质来表达？爱德华兹认为，有真德性的心灵，以爱上帝为主，首先在于"寻求上帝的荣耀，并使之成为最高和终极目的"。[38]具体而言包含：以适当的果效表达神的完美，向有理智的世人表明神的荣耀，将神无穷的丰富传授给世人；以最高的敬爱来爱上帝，以上帝为乐，并将这些适当地表现出来。同时，以对受造物仁爱之心来操练真德性，寻求受造者的益处，叫他们认识上帝的荣耀与美，与上帝联合，尊崇他、顺服他、敬爱神并以他为乐。

按照爱德华兹将德性理解为性情或倾向，在对基督教德性的叙述中，他视"圣洁"与"为基督受苦"是"爱上帝"的具体品质。

第一、爱氏探究何为真宗教、真敬虔的本质，尤其重视将圣洁的情感作为真宗教情感的标志。他认为，"正如神性之美首先在于上帝的圣洁，一切神圣事物之美也首先在于它们的圣洁。圣徒之美在于他们是圣洁之人，他们的美在于他们反映了上帝的道德形象，就是他们的圣洁"。[39]关于圣洁的品质，爱氏也是以柏拉图主义为框架，以神的圣洁为始点，向下延伸至人的圣洁。首先，爱氏认为，圣洁是上帝道德属性的概括。上帝的道德属性是上帝作为道德行为主体所拥有的属性，这些属性诸如上帝的"正义、真理、信实、良善"，爱氏称这些属性"一言以蔽之：这是上帝的圣洁"。[40]爱氏肯定，上帝的神圣之美首先在于上帝的圣洁，一切神圣事物之美也首先在于它们的圣洁。无论天使的美好，或圣道的美，还是基督的美好首先都在于圣洁，甚至福音的荣耀，天堂的荣耀都首先在于圣洁的特性。其次，人的圣洁品质从上帝而来，上帝赋予重生者一种新的感官，使之具有属灵的品味，可以感知到圣洁之美。他们看见上帝的律法具有圣洁之本质。[41]圣徒对上帝的圣洁之爱的表现就是，以因上帝的圣洁而生发的爱作为所有情感的基础与核心，爱氏称"对上帝的真爱由此开始"。[42]圣徒喜悦默想上帝的自然属性，包括他

---

38 WJE8:559.

39 乔纳森·爱德华兹，《宗教情感》，杨基译，北京，三联书店，2013，139。

40 乔纳森·爱德华兹，《宗教情感》，杨基译，北京，三联书店，2013，136。

41 乔纳森·爱德华兹，《宗教情感》，杨基译，北京，三联书店，2013，140~141。

42 乔纳森·爱德华兹，《宗教情感》，杨基译，北京，三联书店，2013，137。

的无限伟大、能力、知识与威严；并因上帝的道德属性之美而爱上帝。因此，真正的德性"就是圣洁；除了真实的圣洁以外，没有真美德。圣洁包含好人的一切真美德，他对上帝的爱、对他人的恩典、正义感、乐善好施、怜悯心肠、慈爱以及基督徒的所有真美德，都是圣洁品格的一部分"。[43]可见，圣洁是爱上帝的首要德性，爱德华兹将"圣洁"作为与上帝相联合的生命模式最为显著的道德特质；圣洁的生命模式或原则包含并带出一系列其它的道德品质。

第二、爱德华兹在《爱及其果实》的第十一篇布道辞"忍受苦难是对基督的一种责任"（*Undergoing Sufferings A Duty To Christ*）中对保罗的叙述进行诠释，指出"为基督受苦"是爱上帝的重要品质，称真德性的此种品质体现出一种新生命模式的道德所具有的超越性。"为基督受苦"表明一种生命的归属，爱氏认为保罗所阐发的《哥林多前书》13：7中"凡事包容忍耐"并非意指忍耐他人的伤害，而是另一种本质的事物，即为信仰的缘故而受苦，这属于爱上帝的果实，而非处理与邻人的关系。爱氏提出，承受恩宠的人具有一种为基督的缘故而忍受一切苦难的灵性，他们将此视为责任。[44]"为基督受苦"意味着并非在宗教事务中履行一些事务或做一些口头宣称，这局限于对现世的兴趣。为基督受苦是一种灵性，即为基督的缘故忍受责骂、藐视，并将基督的荣耀置于自身之上；忍受邪恶的意志和人们的恨恶，忍受今生损失。具有此品质的人仿佛在熔炉中被火试炼的金子，忍受所有程度的苦难。[45]爱氏将这一爱上帝德性的品质视为一种生命归属的记号，即为基督受苦表明他们将自身的主权投归于上帝。信徒之所以具有此种德性，因为他们具有永恒的视野，在信心里看见他们拥有的产业即上帝和基督的卓越；因为他们惧怕上帝的愤怒超过惧怕今生的苦楚；也因为他们领受了上帝的命令。为基督受苦这一德性体现了基督教自奥古斯丁开始所阐明的两个世界的观念；也体现了清教徒所诠释的"否定自己"的基督教伦理信条。爱德华兹勉励信众，将为基督受苦的灵性作为试验恩典的真实性记号，即为基督忍受苦难作为救赎的一种表征（token），上帝荣耀的恩赐。因此，爱氏将为基督受苦这一德性同永恒的幸福与蒙受上帝恩宠和祝福联系起来。

---

43 乔纳森·爱德华兹，《宗教情感》，杨基译，北京，三联书店，2013，136。
44 WJE8:314.
45 WJE8:316.

5.2.2.2 爱德与信德、望德的关系

在基督教传统中，爱德被视为首要的德性，爱德同信德与望德被列为基督教的三种超性德性。[46]爱德华兹在《爱及其果实》的第十二篇布道辞中，阐释了这三个超性德性之间的关系。对于爱氏，保罗所讲论的"如今长存的有信、有望、有爱"（哥林多前书 13：1），并非针对邻舍，而是以上帝、基督作为主要、直接对象；这三个超性德性是福音带来的三个伟大、主要的恩典。[47]爱氏仍然在救赎论叙事中将信、望、爱作为救赎性恩赐。因此，就作为福音的恩典而言，信与望、爱同列，并无高下之分。但爱是最伟大的，它是所有恩典的总和（sum），是信与望中最本质的成分。

爱德华兹认为基督教的众多恩典彼此联接，构成一个统一的链条，一个环节联接另一个环节。关于爱与信、望的关系，爱氏认为三者彼此联结。首先，三者彼此协调，哪里有一个恩典，那里就有所有的恩典。因此，哪里有对上帝的信心，那里就有对上帝的爱和盼望；哪里有爱，那里也有信与望。其次，信、望、爱之间不仅彼此联结，而且彼此依赖，相互促进。信心提升爱，爱是救赎性的信心里最重要的部分；爱也促进和蕴含信心。[48]信心使人看见并相信上帝的应许，因此，信心生发出盼望。盼望又推动信心的行动，恩典性的盼望极大地推动爱的发挥。第三，爱德华兹指出，基督教的众多恩典彼此隐含，信、望、爱之间在本质上是一个，彼此包含。信心借由爱发生功效，爱显明出于恩典的信心。因此，信、望、爱并非灵魂的三种不同的能力，三者之所以彼此联结，在于它们来自同一个基督之灵，三者是同一个圣灵运行下救赎性恩典发挥的不同层面的德性。因此，三者具有同一根基和源头，具有相同的规则，即上帝的律法；同时具有相同的目的，即上帝的荣耀与人的幸福。信、望、爱三者包含在同一个新的本质中，即重生所给予的新本质。[49]这是它们彼此联结的原由。

5.2.3 爱邻人

爱德华兹对德性的论述有一种等级性，即德性首先在于神的德性，神的

---

46 （德）卡尔·白舍客，《基督宗教伦理学》（第二卷），静也 常宏等译，雷立柏校，上海，三联书店，2002，19。

47 WJE8:327.

48 WJE8:329.

49 WJE8:332.

德性首要地在于神对自身的爱，即三位一体中三个位格之间永恒的爱，无限而强烈的友谊。神的德性在历史中透过基督的德性表达出来。人的真德性既然以救赎、恩典和圣灵内住为前提，就是一种接受性的德性。人的真德性以爱上帝为首要的根基，即真正的德性之爱以上帝为直接对象；然后才涉及爱世人，即爱邻人。那么，"爱上帝"与"爱邻人"之间具有怎样的关系？一方面，爱氏认为，"在受造者之间的德性之爱，源自并依赖于对上帝的爱"。[50]另一方面，对上帝有真正的爱势必趋向爱那些具有上帝形象的人。[51]并且，爱上帝与爱邻人在爱氏那里并不是两件事，而是彼此渗透，二者实质上是一件事。对人具有爱与和平的灵性蕴含着爱上帝的精神；或者爱上帝的形象即怀有对那形象之源头的爱。[52]

"爱邻人"在爱德华兹那里并非是指单纯道德层面的德性，而是一种"灵性"。因此，他对基督徒德性的阐释是在圣经伦理的视野中展开。具体而言，爱氏主要将爱邻人的德性阐发为"忍耐"、"谦卑"与"和平"。

5.2.3.1 恩慈地忍耐

《爱及其果实》中的第四篇布道辞至第十篇布道辞主要关涉以人为对象的爱的德性。其中，第四篇布道辞"恒久忍耐与恩慈"（*Long-Suffering And Kindness*）是对保罗的《哥林多前书》13：4 的诠释。"忍耐"这一德性，爱氏认为它通常意指基督徒对从他人那里获得的伤害所表现的一种仁慈的性情、倾向。这些伤害或恶的（ill）东西包括不公正的待遇、被欺骗、诽谤中伤、不是出于爱的彼此论断、以权力压制他人，或由于自私而将自身置于他人之上，或者顽固地执行自己的意愿等等。有些伤害是借着精神上的反对、敌对，即由于内心彼此没有爱，不喜悦他人受到尊荣与喜悦。[53]爱德华兹对这些"伤害"分析后指出"恒久忍耐"的德性意味着什么。首先，忍耐是一种责任，因此忍耐意味着一种积极的品质，它并非消极地承受。其次，忍耐意味着不做任何报复性的事情。爱氏所谓的"报复"是指，当人们被冒犯后而采取相同的行动来使自身的苦毒怨恨得以发泄。他认为，当人们准备报复时，便不再忍耐。再次，忍耐的心态是温柔与仁慈，即忍耐是内心存有持续的爱，而

50　WJE8:557.
51　WJE8:330.
52　WJE8:330.
53　WJE8:186～188.

非基于毁灭性的激情。爱氏主张，可以责备邻舍，以理性和争辩的力量，但不是由于愤怒和敌对。忍耐的动机是寻求他者的益处，而不是伤害他人。因此，忍耐必然同"恩慈"相伴随。这种恩慈使得忍耐的主体内心以积极、乐意的情感，平静、温柔地面对他人的伤害。最后，这一忍耐是一种"恒久的忍耐"，因为基督徒不仅忍耐小的伤害，也要忍受大的伤害；不仅忍受少的伤害，也忍受许多的伤害。"恒久忍耐"意味着长久温柔地忍耐，甚至到生命的尽头。[54]

爱德华兹将"恒久忍耐"这一爱人的德性视为爱上帝的结果。首先，爱上帝会导致人去效法上帝。"长久忍耐"是上帝的一个特质，上帝长久地忍耐罪人对他的背叛，他喜悦去饶恕，向他的敌人施以怜悯。[55]一个爱上帝之人一定会效法他的天父。其次，爱上帝导致人以忍耐去感恩。基督徒会意识到上帝对他们给予奇妙的忍耐，他们赞同并感恩上帝的恒久忍耐。因而，在实践上会通过操练对邻人的忍耐来表达这一感恩。再次，爱氏从上帝的主权层面说明"爱上帝"导向忍耐的德性。"爱上帝"之人会将所遭遇到的伤害不去从他人的行为角度审视，而是注目上帝之手，承认上帝作为掌管者，对每件事拥有主权。爱氏从心理分析角度，认为爱上帝会使人朝向上帝，以温柔的心肠、平静的顺服心态去面对遭遇，以此作为上帝公义的吩咐。因此，不仅注目上帝的主权使人忍耐伤害，而且"爱"使基督徒具有一种超越的、胜利的心，以至于他们不将伤害视为伤害。

除了爱上帝，爱德华兹还提供了长久忍耐这一德性的其它动机或动力。首先，忍耐的德性以基督为榜样。基督长久地忍耐他人的敌视、污蔑、顶撞、拒绝和厌弃。他虽然具有上帝一般的荣耀，却被指责为魔鬼，他温柔地忍耐所有伤害。他以安静的灵性经历这一切，没有任何苦毒，他思想的平静从未受到扰乱，并且，他以爱的祈祷来求他人的益处。其次，爱氏分析了世界和人性的性质，以此说明忍耐的必要。爱氏认为，我们并非居于无罪的爱的世界，而是居住在堕落、痛苦和被罪统辖的世界。神圣之爱的原则在这一世界中受到压制，即使在基督徒中也非常不完美；而倾向于邪恶的这一通常的力量原则非常兴旺。此外，世界中充满非理智的人，他们受到任性、顽固的贪欲驱使，而非在正义法则的管辖下。因此，一个智慧人不能期望任何，而只能为忍耐和受苦做好预备，以安静的灵性来面对。

---

54 WJE8:192.
55 WJE8:193.

总之，爱德华兹将仁慈地忍耐这一德性视为一种高贵、勇敢与卓越的德性。仿佛太阳高过暴风雨，不受其扰；月亮行在自己光明的轨道中，不为世界的犬吠所动。[56]

5.2.3.2 谦卑

如同加尔文欣赏奥古斯丁关于基督教的精义所在给出的答案，即第一是"谦卑"，第二是"谦卑"，第三还是"谦卑"[57]一样，爱德华兹也将谦卑问题视为"真正的基督教所关注的核心问题"。[58]他认为，真基督徒的爱，不论是爱上帝还是爱人，都是出于谦卑的心；圣徒的渴慕，都是谦卑的渴慕；他们的盼望是谦卑的盼望；他们的喜乐也是谦卑的喜乐。[59]爱氏将谦卑视为基督教的重要德性、神圣之爱必然的果实。爱氏主要在《宗教情感》与《爱及其果实》的第六篇布道辞《基督教的灵性是一种谦卑的灵性》(*A Christian Spirit Is a Humble Spirit*)对谦卑进行详细阐述。

爱德华兹对谦卑这一德性涵义的理解主要体现于两个方面，一是将谦卑视为"骄傲"的对立面，二是将谦卑界定为"自我否定"。首先，爱氏将谦卑视为"骄傲"的对立面，这同基督教传统相一致。爱氏认为，骄傲是"首先进入到世界的罪"，[60]甚至魔鬼的品格在于骄傲。[61]因此，他提出，只有真正的谦卑才能救我们脱离罪。[62]在《基督教的灵性是一种谦卑的灵性》中，爱氏指出，基督徒爱的灵性与骄傲的行为相反，[63]如果他们处于他人之下，基督徒的爱会使其不去嫉妒在他们之上的人；如果他们高于他人，这爱会使他们不因其优越性而骄傲。爱氏认为，从消极意义讲，谦卑在于阻挡骄傲。比如，谦卑趋向于阻挡傲慢或僭越行为；谦卑趋向于阻挡夸耀、高高在上的行为。[64]其次，谦卑更为根本的含义在于"自我否定"。爱德华兹认为，谦卑"可以被定义为同上帝或他人相较时，我们自身比较卑下(comparative meanness)的一种

56 WJE8:200.

57 加尔文,《基督教要义》,钱耀诚等译,孙毅 游冠辉修订,北京,三联书店,2010,247。

58 乔纳森·爱德华兹,《宗教情感》,杨基译,北京,三联书店,2013,188。

59 乔纳森·爱德华兹,《宗教情感》,杨基译,北京,三联书店,2013,209。

60 WJE4:415.

61 WJE4:258.

62 WJE22:531.

63 WJE8:233.

64 WJE8:239～240.

意识"，[65]并在行为上倾向于此。爱氏称，谦卑部分地在于理解力；部分地在于意志；部分地在于性情。因而，这一卑下的意识不仅在理解力层面，也在性情或行为中显现。谦卑是一种"相对卑下"的意识，圣徒和天使在天国里的谦卑的德性是卓越的，也是完全的，他们是全然圣洁、荣耀的存有；但他们在上帝面前有一种相对卑下的意识。

爱德华兹对基督教诸种德性的理解均置于基督这一道德模型中，他亦以基督模型为参照来理解谦卑，视谦卑为基督的卓越性之一。需要指出，由于基督不仅具有神性，也具有人性，因此，谦卑是作为人的基督所具有的品质，谦卑并非是神本质的属性。虽然上帝的本质是无限地与骄傲相反，尽管基督无限地屈尊，但谦卑作为神的属性是不恰当的。[66]爱氏将基督的道成肉身和牺牲作为谦卑的极度完美榜样，即虽然基督比一切造物更加卓越，但他更加具有对自身的相对卑微意识。[67]沿着基督的谦卑模型，爱氏在《宗教情感》中生动地描绘了基督徒真谦卑的性情，将具有谦卑德性之人比拟为"灵里贫穷"的人，他同意马斯特里赫特称谦卑为"圣洁的胆怯"。爱氏对这种谦卑的德性描绘为：他感到自己里面空虚贫乏，一无所有。他的心态是穷人的心态，"他会屈服，因为他知道自己比别人卑微；他不顽固，不一意孤行；他忍难忍之事；除了被鄙视，他没有指望得到别的待遇，并坦然加以接受；他不会在心里暗自不服，他不会觉得自己被小看不受尊重；他可以安守末位；他愿意尊重上级；他静静地接受批评；他尊重那些在他上面的人；他愿意受教，不自夸聪明；他既不过分热情，也不喜怒无常，他的心对强暴的事情没有兴趣；他不自以为是，也不看重别人如何待他，而是自然而然愿意顺服别人。"[68]这些描绘淋漓尽致地说明谦卑是拦阻骄傲和自我否定的性情，谦卑的德性包含对上帝的认识、自我本性的认知与道德责任意识。

那么谦卑这一基督教德性的泉源与基础在于什么？爱德华兹视德性的本质与"存在本身"密切相关，谦卑这一德性的源头势必追溯到上帝，进而，谦卑同救赎之路交织在一起。爱氏通过区分律法的谦卑与福音的谦卑来说明此点。他提出，堕落的人之中的谦卑意味着在上帝面前的双重卑下感，即自然层面的卑下与道德层面的卑下。"自然的卑下"即上帝的存在在其伟大、

---

65 WJE8:233.

66 WJE8:234.

67 WJE8:234.

68 乔纳森·爱德华兹，《宗教情感》，杨基译，北京，三联书店，2013，207。

力量、智慧、尊贵等自然完美性上无限优越于人；"道德的卑下"则是不仅看到上帝的伟大，而且在卓越与圣洁等道德属性方面，上帝无限地高于人，以及看到自身在神圣上帝面前极度败坏与道德不洁的意识。"律法的谦卑"只是具有自然层面的相对卑下感；而"福音的谦卑"或真正的谦卑是双重意义的卑下感。[69]爱氏主张，单单具有上帝无限地高于我们的意识，即他与我们之间无限的距离感是不能产生谦卑的。除非我们意识到在"美好"（loveliness）方面，上帝与我们之间存在无限距离。[70]他认为，有些存在者对上帝的伟大具有强烈意识，这来自律法，例如魔鬼，意识到上帝无限地高于他们，但却没有谦卑，因他们未看见上帝的可爱与美好。关于"律法的谦卑"，爱氏指出它是由于律法主义的灵，"只要一个人还没有完全倒空自己，仍然倚靠自己的义和自己的善，不管以什么形式，他内心就有律法主义的灵。人倚靠自己的义、道德、圣洁、情感、体验、信心、谦卑或任何良善，这种骄傲就是律法主义的灵"。[71]因此，律法主义的谦卑在本质上并非真正的卑下意识，而是投靠于"自己的义"的一种骄傲。

另一方面，福音的谦卑是圣爱的果实，包含对罪本身的认识，因上帝向圣徒启示圣洁之美和他的道德属性，从而他能够认识罪本身的可憎。[72]属灵之光使他眼界开阔，看见自己离本应有的圣洁样式相去甚远。[73]真正的谦卑会"弃绝属血气的自高自大，放弃自己的尊严和荣耀，从而能够心甘情愿并由衷地放弃自己，忘记自己。而这才是福音的谦卑。"[74]因此，具有真正谦卑德性之人会聚焦于自身的责任上，将尽责作为目标，他的灵魂挣扎于这些追求上，他能够轻易分辨并注意到自己的骄傲，却从来看不见自身的谦卑。[75]他不像假谦卑者，挑剔他人，高估并喜欢炫耀自己的谦卑，真谦卑者轻看自己的属灵成就。

爱德华兹对律法的谦卑与福音的谦卑二者的剖析，昭示了对真假信仰的区分，以及对两种救赎之路即道德主义同完全依赖于基督之义两条路径的区

---

69 WJE8:235.
70 WJE8:244.
71 乔纳森·爱德华兹，《宗教情感》，杨基译，北京，三联书店，2013，190。
72 乔纳森·爱德华兹，《宗教情感》，杨基译，北京，三联书店，2013，185。
73 乔纳森·爱德华兹，《宗教情感》，杨基译，北京，三联书店，2013，195。
74 乔纳森·爱德华兹，《宗教情感》，杨基译，北京，三联书店，2013，188。
75 乔纳森·爱德华兹，《宗教情感》，杨基译，北京，三联书店，2013，205。

分。正由于谦卑德性同救赎之间的密切关系，爱氏对谦卑这一德性进行深刻的内省式审查，他一再地鼓励基督徒对自身的宗教经验和道德经验进行审视，例如，当人认为"没有人比我更坏了"的时候，他要省察内心，是否因对自己评价如此低而感到比别人更好，因而觉得自己谦卑？如果答案是"我并不高看自己的谦卑，我和魔鬼一样骄傲"，爱氏劝勉基督徒要继续省察，是否因这一回答而感到自满？[76] 总之，对于爱氏，谦卑是作为一种灵性，是基督徒参与到上帝之灵在道德层面所体现出的品质。

5.2.3.3 和平

爱德华兹并非直接地阐释"和平"这一德性，而是借由基督徒具有"温柔的灵"（tenderness of spirit）[77]，以及反对怒气与挑剔的灵性（A censorious spirit）这些主题来说明。爱氏以心理学的笔触细致地剖析了圣徒在恩典的情感下所具有的温柔，以及圣爱如何消解怒气与挑剔之灵。借此，基督徒的德性生动而丰满地体现为"和平"。

第一，和平的德性来自一颗被恩典软化的温柔心灵。爱德华兹认为，虚假的宗教情感导致人的心灵刚硬（harden the heart），[78]使人听不见良心的声音，越来越不认识自己所犯的罪。而恩典的情感、圣洁的爱与盼望使人心柔软，恨恶罪恶，保持谨慎、敏感和自律，其效果远胜过奴性的恐惧感。[79]他提出，真基督徒具有温柔的心，这是一种重生之人的心灵，仿佛"小孩子"，容易感动、受教和顺服。但这种温柔同神圣的勇敢并非矛盾，而是具有一致性。爱氏主要从面对"罪"的态度来说明温柔的心灵，他认为真正的恩典情感必然伴随温柔心，因为恩典促使其良心被唤醒去悔罪。当圣徒拥有悔改、喜乐、和平后，恩典会使其停止犯罪，但不会使其停止认罪。反而，他们的良心会更加敏感、更加迅速和充分地分辨罪恶，能够更快更深地认识罪，从而更相信自己是一个罪人。[80]因此，对于爱氏而言，和平的德性首先在于重生的心灵在恩典作用下对罪恶的敏锐，这就是温柔的心灵。

---

76 乔纳森·爱德华兹，《宗教情感》，杨基译，北京，三联书店，2013，206。
77 WJE2:357.
78 WJE2:358.
79 乔纳森·爱德华兹，《宗教情感》，杨基译，北京，三联书店，2013，228。
80 乔纳森·爱德华兹，《宗教情感》，杨基译，北京，三联书店，2013，231。

第二，和平体现于胜过"怒气"的势力。在《爱及其果实》的第八篇《爱反对怒气之灵》（*Charity Contrary To An Angry Spirit*）的布道中，爱氏深入剖析了圣爱如何同怒气相反。爱氏提出，基督教并不反对所有怒气，而是反对不适宜的（undue or unsuitable）怒气。[81]他分别从愤怒的性质、场合、目的与方式四个方面分析了不合宜的怒气。首先，爱氏将怒气定义为灵性上对他人实在之恶或假设之恶的反对。从这一定义出发，爱氏分析怒气的要素主要涉及三方面：一，所谓灵性上的反对，即怒气并不在于思想、判断上的反对，而是心灵或意志层面的反对。按照爱氏将情感作为人性的中心，怒气属于激情或情感的一种。[82]二，并非所有心灵上的反对都被称为怒气，例如人对自身遭受到的自然之恶在心灵上的反对就不是怒气。怒气是对实在的或假设的道德之恶的反对。三，爱氏说明也存在着善良意志的愤怒，但基督教所反对的愤怒，其本质在于复仇的渴望与邪恶的意志。其次，爱氏从"场合"角度分析愤怒的不合宜性。在场合方面不合宜地发怒主要指因琐屑小事发怒或发怒的对象并没有过错，人的灵性被挑动失去镇静而向上帝或他人发怒。再次，怒气在其目的性方面是不合宜的。爱氏认为，当人并没有在理性管理下，而是草率地没有任何目的便发怒，或者并非由于为着上帝的荣耀与他人益处而发怒，都是不合宜的。最后，爱氏指出，怒气在其手段方式上可能是不适当的、有罪的。当激情占据上风，剥夺掉理性的发挥，人们的激情又如此高傲，怒气处于无节制的程度中，此时，怒气在方式上是不合宜的。

在对怒气剖析后，爱德华兹继续论到基督徒的灵性总结为爱，这直接同怒气相反，圣爱的果实也同怒气反对。首先，基督徒的灵性反对怒气，这是由于爱的本质是良善的意志，基督徒的爱趋向阻止人不合理地发怒，爱趋向将人们易怒的激情保持在顺服里，因此，理性与爱会成为他们的规范，阻止人无节制和持续地发怒。[83]其次，爱的果实同怒气相反。爱氏指出，爱的果实同骄傲与自私反对，人易于发怒主要是由于骄傲与自私，为了提升自身的益处。爱氏呼吁人们运用良心反省对邻人的怒气，人们的良心可以教导人是否具有上述所论的愤怒性情，心灵是否充满邪恶意志。他主张，在社会性的关系中，和平与爱是最大的责任。[84]

81　WJE8:272.
82　WJE8:273.
83　WJE8:278.
84　WJE8:280.

第三，爱德华兹在《爱及其果实》的第九篇布道辞《爱反对挑剔的灵性》（*Charity Contrary To A Censorious Spirit*）中诠释保罗的"爱是不计算人的恶"（哥林多前书 13：5）所阐发的也是一种和平的德性。爱氏认为，基督教所指的爱是基督的爱、神圣的爱，而顾及他人最大的益处则是作为爱的果实。从消极意义而言，爱的表达是通过否定爱的反向果实，例如，否定挑剔。

那么，一种挑剔的灵性有何种表现？爱氏指出，其一，它是一种热心于邪恶地判断他人的状态，即倾向于从所观察到的小事出发而确定他人的信仰是否敬虔等状况。[85]爱氏认为，这是一种"罪"，因其僭越了上帝作为心灵的唯一调查者的主权。其二，挑剔的灵性也表现于忽视他人的好品质而倾向于放大他人的恶，并判断他人的品质为邪恶。有些人因对邻人存有偏见而将其视为具有比实际更多的骄傲与邪恶。其三，挑剔的灵性表现为对他人行为包括语言进行"妄疑"和出于批判的态度进行坏的解释。爱氏主张，基督教的爱诚然不是建立在毁坏理性的基础上，因这两者具有甜蜜的和谐。基督教的爱也并非面对清晰的证据证明他人有可责的邪恶而回避和不作判断，但基督教的爱反对"挑剔的邪恶的判断"。[86]

爱德华兹认为，挑剔的灵性有悖于基督教的灵性。原因有二，其一，挑剔的灵同爱邻人相反。挑剔的灵性迟缓地判断自身的恶，延伸到迟缓地判断所爱之人的恶；并且，挑剔的灵性体现为对他人的敌视与仇恨之偏见占了上风。其二，一种挑剔的灵性被证明是一种骄傲的灵性，这同基督教的精神相悖。基督教倡导一种不寻求自身益处与不张狂的爱，并声称看见他人"眼中有刺"，要想到自己眼中的"梁木"（马太福音 7：3-5）。

总之，爱德华兹肯定和平的德性是基督教圣爱的果实，是在尘世人际关系中实践爱邻人所体现的具体德性。

5.3 神圣德性的卓越及成全

5.3.1 圣灵恩赐与德性的卓越性

"圣爱"是基督教伦理的核心，爱德华兹在《爱是所有德性的总结》（*Love the Sum of All Virtue*）一文中提出圣爱同救赎的关联。一方面，爱是"救

---

85 WJE8:284.
86 WJE8:286～287.

赎工作"表明的主要东西。爱氏称，救赎工作是所看见、想到的至荣耀和至奇妙的爱的工作：就福音的施行者而言，救赎显示了圣父与圣子之间的爱。基督是圣父的爱子，圣父差遣他作世界之主；圣子为了圣父的公义、权能和律法以顺服之爱承担这一使命。因而，救赎工作表明圣父与圣子在爱中何等地合一。[87]就上帝与被救赎者之间的关系而言，救赎表明了上帝对可怜罪人的奇妙之爱。福音教导给人上帝永恒的拣选之爱，即上帝在世界被建立以先如何借由基督爱那些人，将圣子赐予他们，圣子爱他们如同圣父爱他们一样。基督不仅在尘世爱他们，且爱他们到底；并且，这爱是在人行各样罪恶与基督为仇敌之时就已经开始。因此，救赎工作的光与荣耀尤其体现为爱的荣耀。[88]另一方面，圣爱必然具有救赎性。爱氏从宗教经验出发，认为，福音赐予人动机去爱，当人们经历救赎的工作，经历真正的信仰，必然伴随着爱，因爱是救赎工作的必然结果。既然所有的德性总结为在基督里的爱或神圣之爱，这爱是救赎性的，[89]那么，"爱正是一个基督徒的性情与精神，爱是基督教的总结"。[90]

关于圣灵，一般而言，在三一论中常被忽略。尽管在历史的某些时候，圣灵被强调，就如二世纪的孟他努主义者，以及十六世纪激进的新教徒，近代早期的一些敬虔运动以及二十世纪五旬节灵恩运动等。在爱德华兹时代，圣公会人士同约翰·欧文进行过关于圣灵的争论，欧文的一些观点被爱氏所继承。爱氏在其"个人叙述"中承认自己许多时候具有三位一体中第三位格的荣耀感觉，即圣灵显现为神圣荣耀与甜蜜的无限源泉，同灵魂进行交流。[91]爱氏相信，基督新教神学并未给予圣灵足够的重视，在救赎工作上，对圣灵与圣父和圣子的关注并不同等，因为传统基督新教强调圣子基督献出自己，付出无限的赎价，而圣父是这一"献祭"的接受者。那么，圣灵仿佛只是一个旁观者。爱氏提出，圣灵自身就是上帝子民所有的益处，是福音所应许的；由于圣灵就是倾倒在圣徒心中的上帝之爱，借此同圣父与圣子联结。因此，在基督的赎罪中，圣灵就是"被买回的被圣徒所拥有和继承的东西"。[92]因而，按照爱氏，圣灵的工作同基督之死在圣徒中具有同等价值。

---

87 WJE8:144.
88 WJE8:145.
89 WJE8:131.
90 WJE8:147.
91 WJE16:801.
92 WJE21:137.

爱德华兹指出，神的神圣（holiness）与幸福就在于爱；所有被造物的神圣本质在于爱上帝与爱其他被造物。上帝的神圣尤其在于圣父与圣子之间的完美、亲密的联合和爱。而圣灵恰恰就是神圣之爱，他是圣父与圣子之间联合的纽带，是上帝与被造物以及被造物彼此之间所有神圣联合的纽带。[93]因此，爱德华兹的圣灵思想研究学者罗伯特·考尔德韦尔认为，圣灵对于爱氏而言，不仅作为上帝之中联合的纽带，而且是所有神圣联合的模型与手段。[94]

爱德华兹肯定"爱"源自圣灵。"圣爱"是一种新的生命原则，具有超越的本质、卓越的优美，这是因为它从一个神圣原则而来，即圣灵。他承认"神圣之爱皆从同一位圣灵对心灵的影响而来，基督教的爱正是从同一圣灵的呼吸而发出……上帝的灵是一个爱的灵。所以，当上帝之灵进入人的灵魂时，爱便来到；当上帝之灵住在一个人里面，爱就住在他里面了。圣灵的本质是爱，圣徒通过与之交流，心灵被爱允满"。[95]

在《爱比圣灵的特别恩赐更为卓越》（*Love More Excellent than Extraordinary Gifts of the Spirit*》中，爱德华兹继续论述"爱"的卓越性。他提及神学家们习惯于将圣灵的恩赐与发挥做双重区分，即普遍恩赐（common gift）和救赎恩赐（saving gift）；普通恩赐（ordinary gift）和特别恩赐（extraordinary gift）。[96]"普遍恩赐"意味着圣灵对所有人（施与的对象既包括信神者，也包括无神的自然人）具有一种普遍影响或光照，就如普遍的宗教情感、承认罪恶、感恩心等。"救赎恩赐"是圣灵只赐予信徒的一种特殊的救赎性恩典。第二重划分中的"特别恩赐"即一种超常的神迹性礼物，就如"方言"、"先知讲道"以及行神迹等。"普通恩赐"是圣灵在所有时代持续赐予教会的恩赐，就如使信徒承认罪、归信、成圣等。爱氏认为，特别恩赐诚然显示极大的特权，但圣灵可能并不传递其自身。而上帝之灵施与的救赎恩赐、普通恩赐比特别恩赐更多地将自身传递给人，在人的灵魂里产生果效，即圣灵将其神圣本质传递给人，成为灵魂里内住的有活力的一种原则。[97]因此，"救赎性的信心、救赎性的希望与爱是圣灵的普通恩赐"，[98]其果实比特别恩赐的果实更为卓越，因

---

93 WJE21:186.
94 Michael J. McClymond and Gerald R. McDermott, *The Theology of Jonathan Edwards*, New York: Oxford University Press,2012,265.
95 WJE8:132.
96 WJE8:152.
97 WJE8:158.
98 WJE8:153.

为"爱"是圣灵的普通恩赐所结出的果实。若没有爱，那些超常恩赐的价值便不值一提；唯有圣爱持续至永恒，它是恩典的总结。

综上，爱德华兹视基督教德性的核心——"爱"并非孤立，并非从自然生命原则而来，而是同救赎、福音、恩典、圣灵相联，因而，"圣爱"获得一种超越性。爱氏对于"爱"的理解同清教加尔文主义对于恩典与善工的观念难以分离。清教徒坚持"白白的非赚取的恩典"（free unearned grace），[99]即上帝并非由于人的任何善工而赐予人救赎恩典。因此，基督教德性之爱必然与出于上帝预定的救赎工作的恩典有关，它来自圣灵，具有一种神圣的卓越性。

5.3.2 天国是爱的世界

"天国"这一条目在爱德华兹的"杂记"中记录不少于六十条，他所想往的天国"是一个圣洁的天国，是同上帝在一起，并与基督在神圣团契中，在神圣之爱中度过永世"。[100]可见，爱氏所谓的"天国"既是上帝的居住所在，又是圣徒获得永恒奖赏的极乐状态。天国被赋予了深刻的道德属性，同圣洁、上帝、爱、荣耀、末世、善对恶的胜利相联。爱德华兹将基督教德性同救赎工作相交织来理解，视德性之爱的最终成全是救赎工作彻底完成的"天国"状态。他在《爱及其果实》的最后一篇布道"天国是爱的世界"中阐释了圣爱的成全。爱氏以《哥林多前书》中"爱是永不止息"（13：8）与"如今长存的有信，有望，有爱；这三样，其中最大的是爱"（13：13）为指导，将"爱"而非"信"与"望"作为天国叙述的核心。透过天国这一主题，创造论与末世论达成统一，上帝中心同人类中心的图景也不再彼此竞争，而是相辅相成。因为，爱氏将上帝的荣耀视为创世目的，而在天国中，上帝的荣耀获得最终成就。在天国中，上帝的爱、美与幸福并非相异于圣徒的爱、美与幸福，二者获得完美的统一。

圣爱在天国达至完美，爱德华兹主要通过几个方面来说明此点：

首先，作为爱之源头的上帝，在天国中以绝对和无限的完美完全地彰显自身。爱氏认为，在天国中，神圣三一在完全的荣耀里透过爱的光辉彰显自

---

99 Ronald. Story,*Jonathan Edwards and the Gospel of Love*,Amherst: University of Massachusetts Press,2012,51.
100 WJE13:795.

身，他敞开自己，使之可以毫无拦阻地被接近。[101]圣子以不同于地上的情形，他完全彰显自身；圣灵上帝被完美地倾倒在圣徒心中。上帝是爱的源头，他是无限的存在，也是爱的"不变和永恒的源头"。[102]这一位上帝住在天国，多过在宇宙其它地方临在，从他那里流出圣洁之爱的溪流。因而，天国成为爱的世界。

其次，爱德华兹从"罪"的缺乏角度论述爱的对象、爱的本质与程度在天国中达至完美。爱氏以比较的视角，说明天国之中，爱的对象是完美的。每个人、每个事物不再有畸形、瑕疵或污染；没有自然或道德的缺陷，没有罪恶、软弱和愚蠢。就爱的性质而言，天国中的爱同尘世之爱相较，不是世俗的，而是灵性的；不是来自堕落的原则、自私的动机、邪恶的目的，而是纯净的。圣徒出于上帝自身缘故，因爱上帝而爱上帝；出于爱上帝而彼此相爱。[103]就爱的程度而言，尘世之爱如芥菜种或星星之火一样渺小，而天国之爱由于没有任何罪恶的拦阻和反对，"完全的爱主宰着每颗心灵，毫无杂质，毫无其它辖制，毫无干扰。天国离恶意、轻视、仇恨、嫉妒、自私的距离就像天国与尘世、地狱那么遥远"。[104]因而，无论是"仁爱之爱"，还是"欣赏之爱"都达至完美的程度。"仁爱之爱"不仅具有真诚的意志，而且以完全良善的意志对待他人，这种完美之善使人极大地喜悦被爱者获得昌盛。同时，"欣赏之爱"也因见到被爱者的美而喜悦，这也达到完美程度。

再次，在天国中，相互之间爱的表达与交流是完美的。首先，圣徒与上帝的爱是相互的。天国中的圣徒看见地上永远无法看见的爱之源头，他们知道上帝在永恒中爱他们，永远爱着他们；他们以无法想象的热诚之爱，尽力爱上帝。值得注意的是，爱德华兹将天国视为不断"进步"的，圣徒们对上帝的知识和对上帝作为的认识越是不断增加，就越看见上帝的优美；越看见上帝的优美，他们就越发爱他；越爱上帝，他们就越感到喜悦和幸福。[105]关于圣徒之间的爱，爱氏追随奥古斯丁与阿奎那的释经传统，认为天国中存在不同程度的荣耀，这不同于路德和加尔文的观念，后者认为天国中废止了圣徒们的头衔和级别。爱氏认为，天国中的圣徒、天使存在着荣耀的不同等级，

---

101 WJE8:370.
102 WJE8:369.
103 WJE8:374.
104 WJE8:376.
105 WJE13:275～276.

但由于完全的满足，不会为骄傲与嫉妒所困扰。那些具有更高等级的天使或圣徒越发谦卑地更加爱那些荣耀程度低的天使与圣徒。天国中的圣徒彼此相爱，完全地满足。他们对爱的表达不受任何拦阻。相较在地上时，他们心中虽然有爱，但常常无力；因爱而想要赞美，但口唇却不顺从；心中火热，却无法组织语言，缺乏能力去表达，有时只能靠圣灵说不出的叹息。[106]爱氏认为，在天国中，爱的情感、爱的表达形式、爱的施行与交流都达至完美。

爱德华兹视人的自爱为不可避免，这塑造了他的天国观。因为，在天国中，圣徒们彼此有种同上帝相联结下的相属关系，因而对自身幸福的爱成为对他人幸福的爱。爱氏将天国描绘为爱的世界，将天国视为爱的完美实现，其意图并非在于终极性的哲学沉思，而在于"救赎工作"，即指导基督信徒在通向天国的道路中穿越一切困难，活出爱的生活。[107]也有学者就爱氏的阐释提出疑问，例如拉姆齐认为爱德华兹关于"天国是爱的世界"提出如何理解神圣之爱的交流问题。他提出，如何构想完美中诸种德性的统一是一个问题；而且，如果只有爱持续到永恒，那么信与望如何处理？因此，他提出，一元性的统一不会是爱氏的意思，因为按照爱氏，单一并不能构成美。[108]

---

106 WJE8:379.

107 WJE8:395 ~ 396.

108 WJE8:96.

第6章 自然道德

自然道德在爱德华兹对"真德性"的本质讨论中属于更加"经验主义"的部分，是与"爱氏时代自然主义的道德哲学家们之间的辩论有关的批判伦理学"。[1]爱德华兹通过对自然德性或自然道德的四个原则进行分析，在同"真德性"的本质相比较的意义上辩驳"道德感"哲学家，澄清自然道德并非"真德性"。

6.1 自然道德的四种原则

爱德华兹对"自然道德"或"普遍道德"的分析是其道德论中非常精彩的部分，但相较其神圣参与的"真德性"之洞见，"自然道德"刚刚引起学界有限的注意。保罗·拉姆齐将"次要之美"（secondary beauty）、"自爱"（self-love）、"良心"（conscience）与"本能情感"（instinctual kind affection）四者并列，归为"自然道德"的原则，视这四者为自然道德的来源。约翰·史密斯在《基督教德性与普遍道德》[2]（Christian Virtue and Common Morality）一文中引用了此理路。但是，《爱德华兹的神学》的作者麦克利蒙德与麦克德莫特也并未将"次要之美"纳入为"自然道德"的内容，而是将"自爱"、

1　Norman Fiering, *Jonathan Edwards's Moral Thought and Its British Context*, Chapel Hill: University of North Carolina Press,1981,322.

2　注: John E. Smith, Christian "Virtue and Common Morality", *The Princeton Companion to Jonathan Edwards*, edited by Sang Hyun Lee, Princeton, N.J.; Oxford:Princeton University Press,2005,147～166.

"良心"、"正义"与"自然本能"并列。本文按照爱德华兹对自然道德阐释的逻辑顺序，同意拉姆齐的划分。

6.1.1 次要之美（Secondary beauty）

在自然道德这一主题中，爱德华兹首先阐发"次要之美"的原则，这充分体现了其道德观的美学路径。德性具有"美"这一观念植根于古代柏拉图主义者，流行于十七世纪的哲学家中间。诺曼·菲林提到，剑桥柏拉图主义者亨利·摩尔与十七世纪的清教文学都具有强烈的"美"的意识。摩尔认为，德性"在它们的程度与对象上极大部分地就是一种纯粹的热情（passions）的匀称性（symmetry）"。[3]十八世纪典型的对德性之美的分析，力图在一种抽象的"善"的品格和德性的行为中去寻找那些匀称、比例与和谐的美的品质，比如前文中提及的哈奇森。菲林认为，哈奇森关于"美"在于各种事物的匀称的观念，爱德华兹并没有拒绝，但他将哈奇森这一"美"的观念归入到他更为广阔的"赞同"或契合的规则中，即同"存在"本身的契合。显然，"次要之美"的概念，自然之美的意识，显示了爱德华兹对这些美与道德的文化遗产的继承，也说明他受到十八世纪开始独立于神学与伦理学的心理学一般趋势的影响。

在《真德性的本质》中，爱德华兹以"美"的进路界定"德性"的本质，称德性为"首要之美"，之后转向"次要之美"。他指出，"但还有其它的品质，其它的情操，心灵的性情和情感，行动的准则，经常得美德之称"。[4]爱氏提出，次要之美"并非精神性存在者（spiritual beings）所特有，甚至在无生命事物中也可被寻到。次要之美在于不同事物在形式、姿态、数量和可见目的或设计方面的一种相互赞同和一致，它具有规律、秩序、统一、均匀、适宜以及和谐的各种称谓"。[5]也就是说，"次要之美"并非限于精神现象，它来自物质世界（包括有生命物与无生命物）中某些形式之间的相互赞同关系。"次要之美"这一称谓相对于"首要之美"，在爱氏看来，事物之间彼此有两种契合或赞同，第一种是灵性的和道德存在者之间心灵上的一种契合，这称为"首要之美"，也称其为热忱的、道德的、灵性的、神圣的以及原初的美。第二种是一种自然的联合和契合，它是首要之美的形象，它与心灵的意

3　转引自 Norman Fiering, *Jonathan Edwards's Moral Thought and Its British Context*, Chapel Hill: University of North Carolina Press,1981,110.
4　WJE8:561.
5　WJE8:561.

志、性情和情感无关，只是在性质、形态、数量等方面的契合与赞同，因而爱氏也称其为"自然之美"。

爱德华兹认为"次要之美"是"首要之美"的形象，这一类似于柏拉图主义立场的观点与"预表论"（Typology）有密切关联。他认为，上帝在其工作中喜欢按"类比"（analogy）行事，"尤其喜欢以较次一级事物与更高一级事物相类比"，[6]即以物质、自然世界预表道德、精神与理智世界。这一"预表论"与"次要之美"的意义紧密相联。爱氏认为，"次要之美"的作用主要在于两方面，一是"次要之美"被用来激发人内在的对"灵性之美"的感觉或意识，即"尤其与首要之美具有最大相似性的那些次要之美，就如声音的和谐、自然之美等具有一种趋势去帮助那些心灵在真正的德性性情影响下的人们，使之倾向于操练神圣之爱，并使他们的灵性之美的意识活跃起来"。[7]

"次要之美"第二方面的作用在于，使人的良心在没有"特殊恩典"情况下依然会对与德性之美相一致的属性有所反应，以此达到保守社会道德秩序的目的。爱氏认为，天然人在次要之美作用下具有对上帝的伟大设计、创造秩序之美的感知能力，这美使得人类社会秩序得以保持。

爱德华兹讨论"次要之美"之于道德论的目的主要在于，一、揭示"次要之美"（发生在有形事物中与无形事物中）是"自然道德"的本质或基础，如约翰·史密斯所言，在爱氏那里，"次等美是普遍道德（common morality）的主要来源，后者使得城邦社会秩序成为可能"。[8]二、指出"次要之美"完全不同于真德性的美，换言之，自然道德并非真德性，以此否认"道德感"哲学家们的主张。

首先，爱氏认为"次要之美"只是一种自然律，是上帝安置于人心中的本能。"次要之美"之所以使人愉悦，在于事物在尺度、形式等方面的比例与彼此契合。比如，一个人因一首优美的曲调中音符的和谐而感到愉悦，但他并不知按照自然律配合在一起的音符的比例。无论对于有形事物还是无形事物，爱德华兹认为社会中各个组成分子按照个人才能各司其职，井然的秩序之美无异于一座大厦的整齐之美，因而社会秩序也属于次要之美。

6　WJE8:564.

7　WJE8:565.

8　John E. Smith, Christian "Virtue and Common Morality", *The Princeton Companion to Jonathan Edwards*, edited by Sang Hyun Lee, Princeton, N.J.; Oxford:Princeton University Press, 2005,158.

其次，爱氏认为，"次要之美"与"首要之美"具有迥然不同的本质，后者是一种灵性的联合与契合，即首要之美之所以使人感到愉悦，在于感知到"联合"自身。而对"次要之美"的感知虽然是对道德之美的一种精确引导，"这一感知没有理解到其真正的道德基础"。[9]爱德华兹认为，人们欣赏"次要之美"，不过是因为这些事物中包含了整齐与均衡，只是出于理智上的认同，并非情感、意志、性情上具有道德倾向。他说，"谁敢说，人欣赏优美音乐的和谐，或者欣赏正方形、等边三角形的美，即是等于真有圣洁或仁德之心呢"？[10]爱德华兹认为，人们欣赏这些有形与无形之美时，只是出于理智认同其中所包含的美，而非出于意志、性情上的道德。次要之美虽然会引导道德判断，但其本身并非"真德性"之美。

6.1.2 自爱（Self-Love）

"自爱"这一主题大约从十七世纪中期开始走向道德哲学讨论的舞台中心，这在世俗哲学领域是由于霍布斯的思想影响，在宗教领域则主要地由于詹森主义者（Jansenists）；至十八世纪末，人们对"自爱"的讨论兴趣走向衰落。爱氏对"自爱"的探究，是基于宗教维度的关切。首先，爱氏借由"自爱"的阐发，意图回应十八世纪盛行的乐观主义，这一思潮将人性中"自私"的普遍性与效能减为最小。其次，在宗教层面上，爱氏意图借由"自爱"的检视，将"自爱"与救赎相关联，使"自爱"作为检验爱上帝、爱邻舍的信心体尝的确实性参考。概而言之，爱德华兹对"自爱"的阐释是以一种宏阔的基督教神学为背景框架，自然道德领域的"自爱"原则作为一个"区分"性的主题构成其整个道德理论的一部分。在《论原罪》与《宗教情感》中，爱氏通常将"自爱"与人的自然原则相联。这一立场是以"原罪"与"自爱"具有密切关联为背景的。例如，在"杂记"Nos.301 的"罪与原罪"这一条目下，爱氏指出，他所遇到的关于原罪最好的哲学就是，"人单单在自爱的统辖下，并没有超越的原则去规定它"。[11]他认为，"自爱"是在缺乏"原义"、缺乏"爱上帝"的形象情况下，"天然地"且"必然地"关切自身利益的倾向。因

---

9 Norman Fiering, *Jonathan Edwards's Moral Thought and Its British Context*, Chapel Hill: University of North Carolina Press,1981,116.

10 WJE8:573.

11 WJE13:387.

而，对于爱氏，"自爱"也可以说，"是人类动机中一种不可迁移与可接受的基础"。[12]

那么何为"自爱"？当代的伦理学家谈及"自爱"，经常在文法上分出两种意义，即"自爱"（love of self）一方面意指单单对"自我"（这一自我可延伸为社会性的自我）的爱；另一方面则意指，对凡是自身所爱的事物的爱，无论对象是上帝或邻舍或自己。这是在主体与客体的属格之间做区分。爱德华兹根据所谓"模糊的指代"给出类似的分析。他在早期 1730 年代初"杂记"Nos.530 的"爱上帝，自爱"（Love To God ; Self-Love）这一条目中对"自爱"进行界定。他提出，"自爱是一个人对其快乐与幸福的爱，对其痛苦的恨恶；更精确地说，自爱只是一种享受快乐或感受苦楚的能力"，[13] "自爱是一个人对其自身利益的爱"。[14]爱氏认为，就自爱涉及的"自身的益处"而言，"自爱"具有两种意义。第一，爱氏将其称为"简单的自爱"（simple self-love），即是由于单单地且必然地来自于具有"知觉的意愿性的存在者"，自爱便是一个人爱他自身的恰当、单纯的利益。自爱的这一意义的基础是从"主体"层面考量，人是作为有感知和意愿的存在者，即如罗伯特·詹森所言，"这一自爱只是自我意识，关涉如同感觉一样的知觉方面"。[15]因而，无论一个人以任何方式享有任何的利益，那都是"他自身的利益"，也就是当他或者以自身的快乐或尊荣为乐，还是以他人的快乐为乐，那都是他"自身的快乐"。正由于此，从"自爱"只是一种"自我意识"这种意义上，"爱上帝"并不优越于它。第二，爱德华兹将"自爱"的第二种意义称为"混合的自爱"（compounded self-love）。爱氏声称，"自爱"的这种意义是来自一种混合性原则，即如果"自爱"的第一种意义直接地来自"自身的存在"就是其利益，那么"自爱"的第二种意义的原则来自，将人与"其他存在"相联结的原则，他人的利益成为自身的利益。因而，这是从自爱的"客体"或"对象"层面考量，即"自爱"是有感知力、有意愿的人对自身益处的爱，这爱的对象或者是以自身为乐，或者以他人之乐为乐。从这一层面的意义讲，爱

---

12 Norman Fiering, *Jonathan Edwards's Moral Thought and Its British Context*, Chapel Hill: University of North Carolina Press,1981,152.

13 WJE18:73.

14 WJE18:74.

15 Robert W. Jenson, *America's Theologian: A Recommendation of Jonathan Edwards*. New York: Oxford University Press,1988,81.

氏认为，自爱的第二种意义并不完全不同于"爱上帝"，但"爱上帝"是优越于它的。

爱德华兹在《论真德性的本质》中对"自爱"的界定与早期一脉相承，他提出，自爱通常被定义为，一个人对其自身幸福的爱，但这一定义有些模糊，因为"自身的幸福"是模棱两可的，既可理解为"普遍的幸福"，也可理解为"私人的益处"。从第一种意义讲，自爱可以说"等同于对凡使自身愉快之事物的爱"，[16]而使其愉快的事物或者是他自身的个别幸福，或者是他人的幸福。既然自爱是爱其所乐，恨其所恶，那么"自爱"（self-love）便是人所具有的爱与恨的普遍能力，即人所具有的意志的能力。实际上，爱德华兹早期在"杂记"Nos.530 中所论述的"自爱"相当于他在《论真德性的本质》中所阐发的普遍意义上的"自爱"。从第二种意义讲，"自爱"则通常意指一个人对其"私利"（private interest）的爱。爱氏所指的"私利"，"最直接地在于那些个人的切肤之快乐或痛苦"。[17]有一些愉快或痛苦起初在他人身上，之后借助"参与"、心灵的联合而成为自身的；但还有一些属于自身的喜忧，源于本性中根深蒂固的"个人倾向"，就如人因受敬爱而愉快，因受藐视而不安等。这些归因于心灵按照本性的自然律，即作为快乐与痛苦的外部感觉而做出的直接决定。爱氏认为这是纯粹的"自爱"。人会爱那些爱他之人，恨那些恨他之人，这些不过是"自爱"的表达或后果。

爱德华兹在《论真德性的本质》中对"自爱"的分析与早期相较，他更是从世俗哲学与心理学视角来阐释。借"自爱"这一主题，他意图反驳"道德感"哲学家哈奇森、乔治·特恩布尔与休谟的观点。哈奇森主张，人与生俱来具有普遍"道德感"，道德行为由从"仁爱"情感出发的动机决定；"自爱"与"仁爱"是对立的情感，前者追求个人利益，后者追求公共利益，一切德性出于"仁爱"，并非"自爱"。特恩布尔认为，愤恨就如感激一样，是对道德善或道德恶的一种反应。休谟沿袭道德感哲学家们的思维，认为"同理心"会限制人的"利己"情感，而使人跳出"自我"的小圈子，扩展仁爱情感，转向利他。

爱德华兹在分析"自爱"的涵义后，转向对"道德感"思想家们的批驳。他指出，"有人说在自爱之外，存在其它激发感激与愤怒的原则，即道德感"，

16　WJE8:575.
17　WJE8:578.

¹⁸ "他们说，我们对人而不是对无生命物发生感激和愤怒之情，乃是由于道德感，这种道德感是来自爱他人或公共之爱的仁爱原则，这种爱心是在全人类心中自然而然产生的"。¹⁹爱氏主张，自然的"感激"与"愤怒"这些与公共有关的社会性的爱，并非源自公共情感的仁爱，即道德感，而往往出于"自爱"。他从如下两个方面加以论证：

第一，从"公共"性角度入手，如果感激与愤怒出于对"公共"的爱心，那么人应该对凡有益于大众者感激，而对有害于大众者愤恨。但经验告诉人，人对不同对象，在态度上存在巨大差异，即人对那些有理智、意志而造福或加害于人的对象，同对无生命之物，就如太阳、河流等对人类的造福与加害，态度截然不同。因此，他认为，人本性中与生俱来的"自爱"之自然律使人对这些不同对象产生绝然相异的情感。爱氏以两个例证说明，感激与愤怒之情并不一定出于"仁爱"。例如一群盗匪，在被官府计划抓捕前，由于一个官吏通风报信而免于被擒。群匪对这一官吏怀感激之情，这并非由于对公共的"仁爱"，而是"自爱"。

第二，爱氏从"赏罚感"与"道德感"相悖来论证。"感激"与"愤恨"之情中之所以具有道德感，是因具有一种"赏罚感"（a sense of desert），即一种"公道"感。人爱那些爱他们之人；恨恶那些恶待他们之人，就是按照"赏罚感"行事。但这只是一种追求自然的整齐与比例之美的"次等道德感，完全不同于真德性原初本质上的美感"。²⁰因而，由"赏罚感"所致的感激与愤怒不一定是真正的德性。爱德华兹阐明其论证的结论，"并非所有的愤怒，或恨那些恨我们之人的愤怒；以及并非所有的感激，或爱那些爱我们之人的爱都来自心灵的真正德性的仁爱"，²¹许多时候，那只是"自爱"。

实际上，爱氏对"道德感"思想家们上述的回应与早期"杂记"中所论述的"混合的自爱"一脉相承，爱氏的"混合之爱"仍然坚持，那被其他人称为单独与依赖性原则的社会之爱或仁爱，仍然是属于自爱。关于爱氏的自然道德中的"自爱"理论，值得注意的是，在其从存在论与伦理学连为一体的思想框架里，"自爱"也是属于"上帝中心主义"世界观衍生出的伦理观，因而，"甚至爱德华兹的简单的或排他性的自爱都依赖上帝的能力（agency），

18　WEJ8:579.
19　WJE8:580.
20　WJE8:582.
21　WJE8:584.

因为爱是一个连续统一体（continuum）"。[22]

6.1.3 良心（Conscience）

爱德华兹早期对"良心"的思考既在"三一论"思考框架延伸的一种"理念论"层面，也在神学美学路径中进行。就前者而论，比如，在1723年的"杂记"Nos.94"三位一体"这一条目下，爱氏称，正如圣子是圣父的"形象"、"智慧"与"理念"，在我们之中也有这一"形象"，"一个人仿佛变成两个人……一个人与自身进行对话，即他与自己的理念（idea）有一种对话……恶人指控自己，与他们自己斗争，仿佛他们是两个人"。[23]他认为，一个人只有当这"两个人"彼此赞同时，才感到真正的愉快与满足。在1720年代的《关于心灵》（The Mind）的笔记中，爱氏对"良心"的阐释则体现了一种美学路径。在No.39"良心"（consciece）这一条目中，爱氏称，"除了所谓意志（will）与判断（judgment）这两种心灵的赞同外，还有第三种，它来自对事物的普遍美与和谐的感觉，称为良心"。[24]爱氏认为，意志与良心的赞同确实具有一个普遍对象，那就是卓越性（excellency），这种一般的卓越性就是与整个众多存在者整体的关系中的和谐，即美。

在晚期的《论真德性的本质》中，爱氏将"理念论"、"心理学"层面对良心的理解同"神学美学"路径下对良心的理解这两者融合起来，进而展开论述。爱氏首先区分了两种"联合"，即"自我联合"（self-union）与"同一般存在的联合"（united with Being in general）。前者即"自爱"原则，出于自然律；后者则是一种神圣原则，即心灵与伟大的系统，万有主宰的上帝相契合与联合。这两种联合的原则，在爱氏看来，并非水火不容，反而二者都导向道德，甚至仁爱。因而，爱氏的自然良心理论并不意图贬抑源自"自爱"与"自我联合"的良心，而是阐明其本质与功能，在回应世俗道德理论的同时，反省自然良心，形成与基督教德性的比照，重建道德生活的基础。

爱德华兹提出，良心是"人因觉与自身相矛盾而有的不安倾向，即感到自己的行动与自身相悖"。[25]这里主要涉及两个关键点，一是"自我矛盾"，

---

22 Norman Fiering, *Jonathan Edwards's Moral Thought and Its British Context*, Chapel Hill: University of North Carolina Press,1981,161.

23 WJE13:260.

24 WJE6:356.

25 WJE8:589.

一是"不安"。从"自我矛盾"这点讲，爱氏将良心理解为具有理智、意愿性的人与"自我"进行的对话，这一对话体现着"自爱"原则，"自爱"意味着在感觉和行动上与自己结合，即"自我联合"。按照自然律，人不能坚持一件事而又拒绝它；当人的心灵与自身不相一致或发生相反时，人与自我便爆发一场内部战争，由此便产生不安。"不安"出现在良心的定义中并不意味爱氏在良心这一主题中强调心理学层面的东西；而是爱氏晚期对良心的阐释更突出"与自我的自相矛盾"，突出将"良心"作为一种"关系"（relation）来理解，即良心是对"自我一致性"（self-consistency）的检验。从这一意义上讲，爱氏更看重美学视角。"自我矛盾"与"不安"的反面即是"一致"、"赞同"、"契合"与"和谐"这些状态，即良心反省活动中，自我与自我相一致的"平安"（peace）状况。关于爱氏对良心的这一理解，菲林承认，爱氏含蓄地接受了由他之前的理查德·坎伯兰（Richard Cumberland）、塞缪尔·克拉克等人已不同程度地阐明良心是自我矛盾而产生的不安的表现。从上述可见，良心的定义中折射着"美"的原则。爱氏将良心视为"次要之美"的范畴，是"首要之美"的形象。正如拉姆齐的解读，对于爱氏，"在良心中，存在首要之美的某种形象，这一首要之美以圣父与圣子之间的联合与赞同为范例"。[26]

"良心"犹如一条道德黄金律，按照爱氏，其功能的发挥主要是借由"互易处境"与"赏罚感"（sense of desert）。

首先，"互易处境"是一种"同理心"或设身处地，拉姆齐称为"可逆性"（reversibility）。爱氏称良心发挥功能时，"人们想到他人，就设身处地，他们这样做是如此地习惯成自然、不假思索"，[27]人们无法解释，本能地进行这一活动。他认为，我们赞许自己对他人所行，正是由于设身处地，意识到自身所行正是期待他人对待自己的方式，因而良心获得安适。但假若一个人做了"己所不欲"之事，想到若他人如此对待自身，一定会发怒；他便觉不安。爱氏认为，一个人在对待另一个人待他人与自身的道德行为上所具有的爱恨、褒贬与赏罚，"必然地由设身处地（put himself in his stead）而来"。[28]爱氏也

---

26 Paul Ramsey, "Introduction", Jonathan Edwards, *The Works of Jonathan Edwards, Vol.8. Ethical Writings*, Ed.Paul Ramsey. New Haven:Yale University Press, 1989,42.
27 WJE8:592.
28 WJE8:592.

将人的这种"换位"的"同理心"能力置于末日审判时与上帝交换位置来检验道德公正性。菲林考察了爱氏的"换位"同理心时，提出爱氏可能受到休谟的"同情"观念影响。在十八世纪，从亨利·摩尔时代到亚当·斯密时代，"同情"这一观念及其在道德生活中的作用已经受到日益上升的重视。菲林称，爱德华兹可能在1754年或1755年阅读休谟的《道德原则研究》（*Enquiry Concerning the Principles of Morals*）时获得启发。

其次，关于赏罚感，爱氏认为，"赏罚感"是一种公正感，即在恶意与伤害、愤恨与惩罚、爱与被爱、善意与报偿之间，有一种自然的融洽与比例均衡。菲林认为，"赏罚感"是由自我矛盾引起的"不安"的基础，良心"不安"并非来自作为"同理心"的心理因素，而是人所面对的赏罚感，它是良心发挥功能的道德律根源。但在"互易处境"的"同理心"与"赏罚感"这二者中，前者为先决条件，因"只有透过同情，我们才能将赏罚感由一个处境传递给另一个处境"。[29]也有学者从良心的功能角度来理解爱氏所阐释的良心功能发挥的这两个基本方面。例如，科克伦提出，爱氏所理解的良心主要具有两种功能，一是"帮助我们认识公正的比例之美；二是，引导我们寻求与自身一致"。[30]另一位学者丹纳赫则从"重生者"与"未重生者"比照的角度，指出在爱氏那里，对于重生者与未重生者的道德生活，"良心是自我反省的一种力量（power）"。[31]

爱德华兹从良心的"同理心"与"赏罚感"过渡到讨论良心与德性，良心与"道德感"的关系。

首先，他意识到，自然良心与上帝律法，自然良心与德性之间某种程度上具有"一致性"。"如果人的理解力得到启蒙，错误与蒙昧的成见被摒除，那么自然良心就会与上帝的律法相符合"。[32]并且，自然良心会扩展范围，在某些方面延伸至"真德性"（true virtue），引导人爱人与爱上帝。虽然良心并未品尝到真德性的首要之美，但人类普遍具有的自然良心，会因着公义感而赞同德性，即"有洞悉力的良心，会赞同真德性"。[33]

---

29 Norman Fiering, *Jonathan Edwards's Moral Thought and Its British Context*, Chapel Hill: University of North Carolina Press,1981,143.

30 Elizabeth Agnew Cochran, *Receptive Human Virtues: A New Reading of Jonathan Edwards's Ethics*, University Park, Pa.: The Pennsylvania State University,2011,158.

31 William J. Danaher Jr., *The Trinitarian Ethics of Jonathan Edwards,* Louisville: Westminster John Knox Press,2004,135.

32 WJE8:594.

33 WJE8:595.

其次，关于"良心"与"道德感"的关系，爱德华兹将二者视为等同，以此澄清并反驳道德家们所坚持的"超越利害关系的道德感"（a disinterested moral sense）。他提出，"人类与生俱来的道德感……等同于已经描述过的良心。人借由自然良心所具有的善恶道德感与赞同德性、反对邪恶的性情，正是近来许多作品中所坚持的道德感"。[34]爱氏揭示，许多道德感思想家们误解此点，因而主张人具有"超越利害关系的道德感"，人的心灵天然地具有根深蒂固的仁爱性情。爱德华兹认为，道德感思想家们诚然证明了普遍存在于人之中与"自爱"有别的"道德感"，可是，许多证明比较混乱，要么例证不恰切，明明源于自爱，却被归于中立的道德感；有些例子则确实说明人天然具有分辨善恶的道德感。但爱氏主张，这一"道德感"可归入"良心"，即归入"自然良心首先赞同的，赏罚感与……公正感"。[35]爱氏主张，他所理解的良心，即人心灵中自发地具有平安与不安的反省，这可称为"道德感"。他进一步指出，自然良心并非真德性，自然良心虽然也会为德性作证，在理性上"同意"仁爱的道德，但并非出于爱真正的"仁爱之美"。需要指出的是，正如前面谈及，爱氏将良心理解为"关系"，而非一种"直觉"，因而与哈奇森谈的"道德感"有所区别。总之，爱德华兹得出结论，"道德感"是良心的发挥，并非出于真德性的本质，并非来自心灵的德性之仁爱；尽管如此，但爱氏肯定，自然道德依然是相当美好、绚丽的事物。

爱氏对"自然良心"的阐释，不仅体现了"良心"与三一论思考的密切联系，而且综合了十八世纪情感主义者（sentimentalist）与理性主义者（intellectualist）的观念，前者如哈奇森、休谟，他们认识到"同情"的重要性；后者如克拉克与沃拉斯顿（Wollaston），则强调"赏罚感"。同时，爱氏之所以将"自我不相契合"（self-disagreement），即"自我矛盾"作为"不安"的基础，同他从信仰而来的信念息息相关，这一信念即认为"天然的人（natural man）首要地是自我中心与快乐主义的"。[36]这里"天然的人"即丹纳赫在分析爱氏的良心观时所指的"未重生者"（the unregenerater）。

---

34 WJE8:596.

35 WJE8:596～597.

36 Norman Fiering, *Jonathan Edwards's Moral Thought and Its British Context*, Chapel Hill: University of North Carolina Press,1981,144.

6.1.4 本能的慈爱情感（Instinctual kind affection）

爱德华兹在"类似德性的主要自然本能"这一章，首先指出对"本能"（instinct）这一概念的理解，"本能"即"由于某些自然律，人天然具有的一种性情和倾向，使他们对某些个别对象产生的某些情感和行动"。[37]爱氏将"本能"进行几种划分，将其分为"个人性本能"（personal instinct）与"社会性本能"（social instinct）；"外在感官的本能"（external and sensitive instinct）与"内在心智的本能"（internal and mental instinct）；"慈爱情感"（kind affection）与"忿怒情感"（angry affection）。爱氏与莎夫茨伯利不同，后者将这些自然情感分类归入为"社会性的情感"，而爱氏从与神圣情感相对照的视野，注重剖析"本能情感"的自然特质。尽管存在诸多种本能，但爱氏的讨论兴趣与中心是围绕"慈爱情感"（kind affection）展开。他的意图在于阐明，"自然情感属于自然本能，并且来自自爱"，[38]依靠自然律；因而，爱氏虽然承认这些自然情感的存在，但它们并非真德性，与真德性的仁爱并无关联。

爱德华兹主要论述了人类具有的两种主要的"慈爱情感"，即"家庭的慈爱情感"（familial kind affection）与"怜悯"（pity）。其中，家庭的慈爱情感又包含亲子间的慈爱情感与两性中的慈爱情感。

爱氏从两个方面阐释"家庭的慈爱情感"并非真德性。他认为，造物主将家庭的慈爱情感植于人性，其功能在于保存人类与为了人类的福祉。爱氏提出，父母之爱这一情感不具有真德性的本质，在于两点。首先，亲子之爱并不具有真德性的原则。道德感思想家们认为德性的原则在于博爱，即一种"普遍仁爱或公共情感"，但爱氏认为德性在于同"一般存在"的联合，而天伦之爱并非源自这一德性原则，天伦之爱的情感来自自爱。其次，亲子之爱这一私人之爱，并不倾向于博爱。爱氏认为，亲子之间的慈爱既然并不源于博爱，它的发挥与其说倾向博爱，不如说"与一般存在相对立"，因而，亲子之爱在实际后果上"并不趋向于真德性"。[39]

关于两性之间的慈爱情感，爱氏指出，他"同意哈奇森与休谟的观点，即两性之间的慈爱情感有一种自然基础，这与肉体快乐的所有倾向有别"，

---

37 WJE8:600.
38 WJE8:601.
39 WJE8:602.

[40]即两性之间有一种彼此仁爱与相互欣赏、满足的倾向，这并非必然与感官的欲望有关联。两性之间的情感在哈奇森的作品《论激情和感情的本性与表现，以及对道德感官的阐明》中较少提及。拉姆齐指出，爱氏虽然同意哈奇森所提供的数据，但拒斥他的解释。休谟在《人性论》中指出，两性之爱这种情感在自然状态下，由三种不同的情感结合而发生，即"美感、肉体欲望和慈爱"。[41]休谟将两性间的慈爱视为灵魂中最细致的情感，肉体欲望为最粗俗的情感，而美感处于两者之间。爱氏虽然承认哈奇森与休谟关于两性间的慈爱情感与肉体快乐有别，但指出，这一慈爱的情感依然来自特别的本能，因此，并非具有"真德性"的本质。

　　第二种慈爱的自然情感是"怜悯"。爱德华兹认为，那出于本能的怜悯情感，并不源自"普遍仁爱"，也不具有"仁爱"的本质，它归于一种特殊本能。因而，怜悯这一情感表明，它不仅仅与真德性相区别，而是完全与其相脱离。爱氏首先阐明，若看见他人遭受苦难而不安的所谓怜悯心是出于"仁爱"的话，那么这一怜悯心应见到他人缺乏幸福便产生一定程度的不安，趋向于怜悯；因为"仁爱"或"良心意志"的最直接发挥就是欲求他人的幸福。可是，爱氏认为，通常的怜悯心并非如此。例如，许多人知道他人死去，快乐终止，并不感到不安；但若看见他人处于极大痛苦中，就会对这同一个人产生怜悯。按照"仁爱"原则，人以他人的幸福为乐，但怜悯情感在发挥时对人的"积极快乐"漠不关心，人们只是"会极大地怜悯那些处于极度痛苦中的人"。[42]其次，爱氏进一步说明为何怜悯的情感是出于本能，并非仁爱与德性。因为，"怜悯不但可以没有仁爱在其中，而且还可以包含真正的恶意（malevolence），或者带着恶的意志（ill will），使人不仅不愿他人获得幸福，甚至愿他人遭祸"。[43]只是，当那人遭受的痛苦程度超过心中恶意所愿望的程度时，人便会怜悯那人，这是由于"自然本能开始活动，因为恶意不会克服掉怜悯那遭受极大苦难之人的自然本能倾向"。[44]由此可见，怜悯的情感与德性的仁爱完全迥异。

---

40 WJE8:604.

41 休谟，《人性论》（下册），关文运译，北京，商务印书馆，1980，429。

42 WJE8:606.

43 WJE8:606.

44 WJE8:607.

爱德华兹论证了本能的慈爱情感来自"自爱"的自然律,并非源于同"一般存在"的联合,并不具有一般仁爱的趋向,因而,并不具有真德性的本质。拉姆齐认为,爱氏的"在本能的慈爱情感中,不存在真德性"这一论点站得住脚。[45]

综上,爱德华兹通过分析自然道德的次要之美、自爱、良心、本能情感等自然道德原则,驳斥了哈奇森等伦理学家们的"道德感"理论。但爱氏并非意欲否定普遍的自然道德,而是将自然道德置于"绝对"或超验意义上的神圣德性之下,并将自然道德视为神圣德性的"形象",这凸显了其伦理学的新柏拉图主义与加尔文主义立场的融合。

6.2 误以自然道德为"真德性"的原因

爱德华兹在阐释了四种自然道德的原则后,继续分析人之所以误将自然道德作为"真德性"的原因。他主要从如下几个方面进行阐释:

首先,爱氏认为,虽然自然道德并不具有"真德性"特有的、区别性的本质与精华,但这些自然道德"具有属于德性的一般本质的某些东西,这种一般本质就是爱"。[46]这爱表现为仁爱与欣赏之爱,前者是主要的,后者为次要。他指出,一些自然情感部分地具有仁爱的趋向与果效;另一些自然情感具有某种仁爱,虽然这一仁爱的本质与对象在许多方面缺乏"真德性"之仁爱的广度,只是一种"私人性仁爱"(private benevolence)。比如见他人处灾难痛苦中便觉不安的"怜悯"这一自然情感,虽然并不源自"真德性"的爱,但同仁爱具有相同的影响。又如"感激"这一自然情感,会对爱他们之人产生一种仁爱之爱。因此,爱氏主张,这些情感具有德性的一般本质的某些东西,就是爱。这些情感并非来自对一般存在的仁爱之性情,只是来自"自爱",但在其自身私人范围内表现为美。

其次,爱氏指出,人误将私人情感作为"真德性"的原因在于,他们"眼光的狭隘性",即,人们将"神圣存在"(Dinine Being)置之度外,不将其作为实在的存在,只是作为一种影子与想象性的存在罢了。因此,人们分别美丑,心灵里赞同与反对某事物时,并不将其置于同"神"具有联系或以"神"

---

45 Paul Ramsey, "Introduction", Jonathan Edwards, *The Works of Jonathan Edwards, Vol.8. Ethical Writings*, Ed.Paul Ramsey. New Haven:Yale University Press,1989,52.
46 WJE8:609.

为首的关系这一系统中考虑。爱氏认为，由此，人们倾向于透过狭隘的眼光，"在判断情感与行动的美时，将我们的思考只是局限于被造系统的一小部分"。[47]并且，这私人系统的范围越大，人就越倾向于误以为那是真德性，"因这私人系统看似具有更多的一般系统之形象"。[48]例如，人将爱扩展至党派或国家，似乎它们就是"一切"，罗马人将"爱他们的国家"视为最高美德，而实际上那是对其他人类世界的毁灭。爱氏称，正由于此，无人将"自爱"视为真德性，虽然自爱具有德性的一些一般本质的东西，但其对象如此狭隘。

第三，爱德华兹认为，误将自然道德视为"真德性"的另一原因在于，在自然道德中"确实存在一种真正的消极的道德善（negative moral goodness）"。[49]所谓"消极的道德善"，是指"真正道德恶的缺乏"，即"缺乏那更高程度的邪恶，这邪恶引起良心的极大麻木与迟钝"。[50]爱氏认为，"罪"不仅使人违反德性的灵性与神圣意识，而且使人抵挡自然良心中的道德律令，所有的罪来自自私或自爱，以及对存在本身的不服从。那么，自然道德仿佛一条最低防线，一旦被攻破，人就陷入更高恶。因此，从这种意义上讲，自然道德是一种"消极的道德善"。爱氏以良心的"赏罚感"为例，这一赏罚感在于罪恶与受痛苦之间的自然和谐。但当人将"自我"视为一切，他就对所有人置之不理，恶有恶报的意识也会消退；当人惯于犯罪而没有得到眼见的惩罚，他关于罪与罚相联的意识就越来越淡漠。相反，良心觉醒就是意识到"神"的愤怒，对罪的惩罚感。因此，爱氏认为，良心同一般仁爱迥然不同，良心同真德性的仁爱的满足感不同，只是一种"消极的道德善"。

第四，爱德华兹认为，自然原则与自然情感被误以为真德性，是由于二者在一些方面具有相同的果效，这主要体现于两方面。第一，大部分自然原则倾向于人类世界的福祉与益处，就如自然怜悯、感激与亲情等，这是同一般仁爱的趋向相契合的。但爱氏认为，这并不证明自然原则具有"真德性"的本质，比如"自爱"原则虽然极其必要与有益，人的各种欲望如食欲也如此，但无人将后者视为具有"真德性"的本质。第二，自然原则同真德性具有相同的果效在于二者都在许多方面限制邪恶。就如怜悯心防止人残忍，自然良心约束一般罪恶。但爱氏始终坚持，这并不证明二者具有"真德性"的

47　WJE8:611.
48　WJE8:611.
49　WJE8:613.
50　WJE8:614.

本质。他认为，上帝将"自爱"安置于人心，在许多方面限制真正邪恶的行为，不仅如此，"自爱"甚至使人寻求真德性。然而，"自爱"自身并非真德性，而是所有邪恶的源头。

最后，爱德华兹指出，这些次要的情感（inferior affections），尤其是其中几种被视为美德，是由于有些情感同"真德性"情感具有相同的名称（same denomination）。爱氏列举了诸如怜悯、感激、公正与赏罚感，称这些情感也可以并不由于"自爱"，而是在"纯粹的仁爱"（pure benevolence），或一种"超越的原则、非功利性的普遍仁爱"[51]的激发下，发挥同情、感激、公正与报偿感。这一发挥可能在"本能"被排除这一范围的情况下，一般仁爱或纯粹的仁爱激发人同情那遭受苦难之人；也可能在"本能"延伸其中的情况下，"一般仁爱将其影响同自然原则混合，指导并规定着仁爱心的发挥"。[52]爱德华兹称，甚至家庭情感、亲子之爱与两性之爱的情感，如果在"一般仁爱"的影响下发挥，也称为"有德性的"（virtuous）。因此，自然情感的本能会同德性相混合或联合，后者支配着前者的发挥，"引导其契合于真德性的伟大目的"。[53]

51　WJE8:617.
52　WJE8:617.
53　WJE8:618.

第 7 章　德性与人性

　　爱德华兹对神圣德性与自然德性的阐释建基于他的人性观，"原罪论"
与"宗教情感"构成其人性观的主要内容。十八世纪人性论受启蒙文化影响，
持乐观主义人性论倾向；基督教传统人性观在自然神论与"道德感"理论滥
觞的背景下，受到严重挑战。爱氏在人性论上一方面坚持基督教传统的原罪
论，拒斥启蒙时代盛行的思潮观点，说明人性的本质具有与生俱来的"罪"，
它对人的自然德性具有影响。另一方面，爱氏又从经验主义立场提出"宗教
情感"理论，说明"情感"作为人性中心；"宗教情感"提供了新生者实践
神圣德性的关键转折点。

7.1　原罪

7.1.1　堕落作为灵魂的本质

　　十八世纪伊始，基督教传统教义"原罪论"已经失去活力。这一方面源
于社会文化环境从外部侵蚀原罪论的基础；另一方面则在于基督教自身暴露
出种种妥协。最早期的马萨诸塞牧师们在教导"盟约"神学时就从传统发展
出一些新的观点，这导致原罪论的松动。他们为了解决"罪人"与"公义的
上帝"之间的张力，提出上帝愿意与新世界中的清教徒立约，人虽然是"罪
人"，但亚当的堕落并没有完全剥夺走他恰当地运用理性的能力，也没有剥
夺掉人与生俱来的某种对德性的倾向。[1]上帝对亚当的惩罚只是作为一种法律

1　ClydeA. Holbrook, "Editor's Introduction", Jonathan Edwards, *The Works of Jonathan
Edwards, Vol. 3: Original Sin*, Edited by Clyde A. Holbrook, New Haven:Yale
University Press, 1970,5.

责任传递给后代，而非是一种"内在的疾病"（inherent disease）。新英格兰牧师埃克斯佩恩斯·梅休（Experience Mayhew, 1673-1758）作为将严苛的加尔文主义同阿米尼乌主义原则调和起来的代表人物，提出人类借着盟约在亚当里都是作为"罪人"（sinners）来到世界，但他同时又承认，来到世界的人们处于一种"可救"状态，人受到鼓励而努力将自身置于救赎之路中。[2]爱德华兹同时代的波士顿牧师乔纳森·梅休（Jonathan Mayhew）已经背离加尔文主义，他认为人的善工在某种程度上对于上帝而言是可接受的，人虽然由于堕落受到某种程度侵蚀，但人的理性并未堕落。从严格意义讲，人直到违背上帝的律法才可称为"罪人"。这样，梅休铺设了通向对"罪"进行道德性定义的道路，而否认了人本性的天然堕落（native coruption）。[3]尤其约翰·泰勒（John Taylor）1740 年出版了《原罪的圣经教义》（*The Scripture-Doctrine of Original Sin*），这部著作在新英格兰流行起来并产生深刻影响。泰勒"不仅成功地破坏了加尔文主义体系；而且破坏掉整个救赎事件"。[4]爱德华兹熟知泰勒的作品，[5]并且针对泰勒的一些观点提出批驳。

爱德华兹对于人性的认知最基本地是承认并护卫"原罪论"，这是在驳斥自然神论和阿米尼乌主义的背景下展开的。早在青年时期的笔记《论心灵》中，他就提醒自己要写人本质的堕落方面的作品，[6]在积累了三十年笔记后，他终于在 1756 年夏开始写作并于 1757 年完成《论原罪》，次年此书正式出版。

爱德华兹对罪的本质进行考察，他假设"一个稳定的结果推出一个稳定的原因"，[7]因此，如果罪稳定地表现于所有人之中，那便意味着一个清晰的

---

2 Clyde A. Holbrook, "Editor's Introduction", Jonathan Edwards, *The Works of Jonathan Edwards, Vol. 3: Original Sin*, Edited by Clyde A. Holbrook, New Haven: Yale University Press, 1970, 8.

3 Clyde A. Holbrook, "Editor's Introduction", Jonathan Edwards, *The Works of Jonathan Edwards, Vol. 3: Original Sin*, Edited by Clyde A. Holbrook, New Haven: Yale University Press, 1970, 12.

4 Clyde A. Holbrook, "Editor's Introduction", Jonathan Edwards, *The Works of Jonathan Edwards, Vol. 3: Original Sin*, Edited by Clyde A. Holbrook, New Haven: Yale University Press, 1970, 17.

5 注：参看 WJE3:18，根据爱德华兹的笔记，至少在 1743 年 12 月前，他已经熟知泰勒。爱氏在 1748 年写给约翰·厄斯金（John Erskine）的信中，他感谢厄斯金送给他的两本书，其中一本就是泰勒的《原罪论》。

6 Clyde A. Holbrook, "Editor's Introduction", Jonathan Edwards, *The Works of Jonathan Edwards, Vol. 3: Original Sin*, Edited by Clyde A. Holbrook, New Haven: Yale University Press, 1970, 17.

7 WJE3:121.

原因：心灵内在的堕落。爱氏在《论原罪》开篇便对"原罪"进行定义，即"原罪"不仅是人与生俱来的内在本质的堕落（depravity），而且也是亚当最初犯罪的"归罪"或"归算"（imputation）。[8]爱氏也正是从这两方面为原罪论辩护。从方法上讲，爱氏从《圣经》和经验主义两个层面考察和证明人的原罪本性。

首先，爱德华兹肯定人性堕落（depravity）的本质与程度。爱氏提出罪内在于人的本质中，对于所有国家、所有风俗环境、所有年龄段的人，皆是如此。[9]并且，罪是日益增多的，若无恩典介入，犯罪仿佛一个自由落体一样呈加速度发展。而人最严重的罪就是对偶像的崇拜趋向以及对永恒事务的漠视。因此，爱氏认为，以一个人的善行与恶行数量的比例来决定人的本质是愚蠢的。这仿佛说行驶在大西洋的一艘船，虽然在下沉，但在沉落前已经行驶了多个小时，因此，这艘船是好的。[10]爱氏就罪内在于人的本性，回答了两种观点，即罪是一种理性的选择和犯罪是由于坏榜样。第一，泰勒认为，"罪"的确来自个体，并不是由于某种天然的堕落状态，而是由于人的自由选择，即人通过选择跟从卑下的嗜好与欲望，误用了上帝赋予的天然倾向。当初亚当与夏娃由于将理性出卖给欲望，而误入歧途。[11]这样，泰勒将罪并不归于人的天然本性，而是归于人的自由选择。爱德华兹认为原初的罪是一种性情（disposition）或倾向（tendency），罪源自人类自我（human self）。爱氏认为，罪不只是人类严重的不道德；罪是人无法拥有对神圣事物的享受，而这一"享受"构成"真德性"的对存在本身的赞同。爱氏认为，罪并非被解释为人类品格的出于中立立场的一连串邪恶行为。真正的罪（genuine sin）同"真德性"一样，都居住在"自我"（self）的核心（core），[12]因此，若绕开这一事实而对人的品格做肤浅的解读是否定罪的本质。爱氏认为，亚当最初的人性是完美的，不具有犯罪倾向，但具有吃"禁果"这一选择堕落的意志自由。第二，

8　WJE3:107.

9　WJE3:123～124.

10　WJE3:129.

11　ClydeA. Holbrook, "Editor's Introduction", Jonathan Edwards, *The Works of Jonathan Edwards, Vol. 3: Original Sin*, Edited by Clyde A. Holbrook, New Haven:Yale University Press,1970,43.

12　ClydeA. Holbrook, "Editor's Introduction", Jonathan Edwards, *The Works of Jonathan Edwards, Vol. 3: Original Sin*, Edited by Clyde A. Holbrook, New Haven:Yale University Press, 1970,37.

泰勒将恶归于普遍存在的坏榜样，爱氏以"好树为何结出坏果子"提出疑问。爱氏诉诸于旧约历史，上帝也曾在历史中播撒下好的葡萄树，就如挪亚、亚伯拉罕，以及和约书亚进入迦南的第一代以色列人。但为什么好的葡萄树却结出坏果子呢？[13]如果罪与恶不是根植于人的本性中，人在本性上是善的，人也就足以借由自身力量将自我从罪与痛苦中释放出来。那么，"基督之死便是徒然；上帝的恩典就是无益的。"[14]

爱德华兹除了从圣经历史层面肯定罪是人性本质中的倾向；也从经验层面进行回应和论证。第一，对有学者以儿童所具有的谦卑、温顺与天真的表现为证据否认原罪，爱氏指出，这些道德表现并不产生积极德性（positive virtue），小孩子具有一种"消极德性"（negative virtue）与天真，并不证明他们里面没有堕落的本性。在上帝看来，婴儿并非被视为无罪，而是从本质上是"可怒之子"。[15]第二，关于死亡这一主题，爱德华兹从罪与罚的关系角度说明人的罪恶本性。泰勒认为，死亡是亚当失败的后果，死亡是物理性身体的终止，是作为喜剧性的，是邪恶的缓和剂。因此，泰勒将死亡视为对人类的一个巨大益处。[16]这表明上帝的救赎是无意义的，基督的救赎不过是一场闹剧。爱德华兹则坚持，死亡是对罪的"惩罚"，也是后果。他诉诸圣经理解死亡，认为死亡与"生命"相对照，"生命"包含多个组成部分，即身体的生命、灵魂同身体相联合的生命。因而，死亡不仅意味物理身体死亡，也是灵魂的永远灭亡。这样，死亡不仅是对存在的限制，而是"可怕的灾难"，是对罪的惩罚。[17]从另一方面讲，从死亡便可看出罪的可憎本质。爱氏转向安瑟伦关于罪的经典定义，罪的可恶在于它本应对无限的存在者给予无限的尊敬，但罪就在于人并未如此。因此，罪的这一过失是无限的，罪的内在品质是无限的，因为罪是反对一位无限的存在者。因此，罪受到无限的惩罚是合理的，而死亡就是对罪的惩罚。

13　WJE3:196～197.

14　WJE3:357.

15　WJE3:215.

16　ClydeA. Holbrook, "Editor's Introduction", Jonathan Edwards, *The Works of Jonathan Edwards, Vol. 3: Original Sin*, Edited by Clyde A. Holbrook, New Haven:Yale University Press, 1970,32.

17　ClydeA. Holbrook, "Editor's Introduction", Jonathan Edwards, *The Works of Jonathan Edwards, Vol. 3: Original Sin*, Edited by Clyde A. Holbrook, New Haven:Yale University Press, 1970,31,33.

其次，爱德华兹就原罪论所进行的第二方面的论证是关于人类本性的罪来自"亚当之罪"的"归算"。泰勒认为亚当和夏娃犯罪只涉及自身，其他人并不在亚当和夏娃的罪中。同时代的自然神论者们也认为将亚当之罪归算给全人类是超级不公义、不合理。如果上帝如此行，他便不值得任何具有自由之光的生灵去敬拜。爱德华兹将加尔文主义的"代表性"教义传统与近代洛克哲学统一起来对"归算"这一教条进行辩护。他认为，"如果我们发现审判包括亚当的后世子孙，那么我们会肯定地指出……亚当作为公众的头和他后世子孙的代表"。[18]在爱氏看来，泰勒不理解"归算"的涵义，因为他没有抓住"人格同一性"（personal identity）这一概念的意义。亚当与其子孙是"同一的"，因此被上帝视为"一"（one）。[19]爱氏指出，一个成年人在某些方面同其婴儿时期具有极多区别，但仍被视为同一个人。那么，在每个人之间一定也存在一种上帝建立的统一性原则，是由亚当与其子孙被视为一体这一原则所规定的。正如洛克所指出的，人格的同一性在于人格中存在的意识的同一与连续性。[20]虽然爱氏依赖于洛克这方面的理论，但他并不将人格同一性单单置于记忆这一基础。他提及特恩布尔从牛顿那里引用的自然法则，即心灵的意志作为第一因，给予其他所有法则（laws）以存在和效力。意识的同一性也依赖于自然法则，爱氏认为这就是上帝的能力与主权。他得出结论，人格同一性依赖于上帝的主权构造。[21]上帝的意志使得事物成为其所是。所有的人格同一性、个体生命中过去行为的所有意识、人与自然实体的所有品质和关系都建基于"神圣构造"（dinine constitution）。以上爱氏以形而上学的方法进行了论证。因此，爱德华兹认为，上帝的创造能力与意志所赋予的"同一性"使得亚当与其子孙是一体的，虽然背叛的罪并不是其子孙亲身所犯，只是由于上帝将其"归算"给他们；但背叛的罪又的的确确是他们所犯，也是基于上帝将其"归算"给他们。[22]

---

18 WJE3:247.

19 ClydeA. Holbrook, "Editor's Introduction", Jonathan Edwards, *The Works of Jonathan Edwards, Vol. 3: Original Sin*, Edited by Clyde A. Holbrook, New Haven:Yale University Press, 1970,55.

20 WJE3:398.

21 WJE3:399.

22 WJE3:408.

7.1.2 原罪对人性、道德的影响

爱德华兹通过原罪论阐释了原罪根植于人性，作为灵魂的本质。这一理论同德性论紧密相联。爱氏的原罪论基于这样的假设，即我们对上帝所负有的责任总结为爱上帝，对上帝的爱首要地应在于因上帝自身的卓越性，并非由于提升我们的利益而爱上帝。如果我们因爱他物而对上帝置之不理，那么我们就具有邪恶的情感。其次，由于上帝无限地配得尊重，人对上帝的爱这一责任就是无限的。如果我们不能给予上帝这种爱，那么，这一失败是一种无限的邪恶。亚当及其子孙的堕落就在于失去对存在本身或上帝的爱，因而，人随着原罪失去了最初所具有的真正卓越的德性。

首先，爱德华兹从原罪论出发继续解释了人性中所具有的原则，这构成理解其德性论的人性论基础。爱氏提出，上帝起初创造人时，将两种"原则"（principles）置于人之中，一种是属于次等的（inferior）"自然性"原则，例如自然欲望、激情的自爱，即人对自身的自由、尊荣、快乐的爱。另一种原则是超越性原则（superior principles），它是灵性的、圣洁的和神圣的，总结为圣爱（divine love），它在于上帝的灵性形象，即人的正义、真实的圣洁。[23]超越性原则是人的本质中具有的高贵、生命、幸福和荣耀，它们直接地依赖于与上帝的联合、交往。但"堕落"使人打破了上帝的"约"，所有超越性的神圣原则都停止发挥，仿佛在一个房间中的蜡烛被拿走，光在房间消失一样。因此，人处于黑暗的状态，失去了"灵"（spirit），只有"肉体"（flesh）。[24]从前人对自我尊荣和私人幸福的爱服从于"爱上帝"这一超越性原则，但原罪导致次等的自爱原则与自然欲望成为人性中统治性的原则，成为心灵的绝对主人。而这些次等原则仿佛像"火"一样，它们是好仆人，却是坏主人。当亚当的本质堕落后，他后裔的本质也是如此，因为上帝将亚当与其后裔视为一体。

爱德华兹在《爱及其果实》的第七篇布道辞中，也同样说明了"堕落"对人性的影响，堕落对人德性的影响。爱氏认为"堕落带给人灵魂的毁坏很大程度上在于，人失去那些高贵和广阔的原则，并且完全在自爱的统治下。人在本质上降低而变得渺小和卑贱。堕落使人的思想立刻从起初的伟大和宽阔性上收缩，变得低下和狭窄"。[25]因此，原罪对人性的影响是巨大的，它使

---

23 WJE3:381.
24 WJE3:382.
25 WJE8:252~253.

自我失去同上帝的"交往"、赞同的关系，而被狭隘、自私的原则所统治。正是从"原罪"意义上诠释和理解人性，爱氏对"恶"的解释首先是存在论层面的，而非道德论层面。

失去"超越性"原则的人，一方面持续地奔向道德恶；另一方面表现为努力提升美德，但收效甚微。人既达不到道德律，也达不到为上帝自身缘故而持续地享受上帝的荣耀。因此，神圣德性只能依靠上帝的恩典。

其次，爱德华兹基于原罪论，结合创造论与恩典观，将道德以及道德的来源区分为两种。爱氏对道德问题的思考就本体论层面而言，是以三一上帝、存在与美为始点并不断回归这一始点，因而从广泛的层面讲，他将一切道德均视为上帝的恩赐；而就单纯道德领域而言，他则基于一种区分的思想线索，将人的道德分为两种，一是普遍道德（common morality）或自然道德（natural morality），二是基督教或基督徒的道德（christian morality），他称前者为次要之美，后者为首要之美。自然道德源自人的自然本性、或称为自然原则；基督教的道德以圣爱为基础，来自上帝的恩典，因此这一道德也称为恩典的道德。在爱德华兹的许多作品中都对这一区分进行发挥，例如《宗教情感》一书区分了出自恩典情感的记号与自然人的道德情感记号。这种区分的线索贯穿爱氏整个道德主题的思考，无论是拉姆齐还是约翰·史密斯都指出这一区分。比如史密斯说，"爱德华兹长久地坚持在自然道德或自然正义与真德性之间做显明的区分"。[26]正因着有对自然道德与恩典道德的区分，爱氏才可能论述二者的相似，辩证二者的关系。

关于自然本性这一来源，爱氏采取一种非常平衡的立场，一方面基于"创造伦理"，他对自然道德以及自然道德的来源表示赞赏和肯定，认为非重生的人所具有的天然良善和道德理解力足以作为公民应有的道德，尽管在一个堕落的世界，因受原罪打击，但非重生者也带有一些上帝赐予的良善。另一方面，自然本性则以"原罪"为大前提。爱氏认为，"所有的道德品质、所有原则，无论善恶，都在于心灵的倾向（disposition），如果我们有见识，就会想到，人的心灵天然地具有堕落和邪恶的倾向"，"所有人类在各年龄段，毫无例外地持续奔向道德的恶"。[27]因而，所有人类都在犯罪的趋向作用下，灵魂

26 Clyde A. Holbrook, "Editor's Introduction", Jonathan Edwards, *The Works of Jonathan Edwards, Vol.3: Original Sin*, Edited by Clyde A. Holbrook, New Haven:Yale University Press, 1970,36.
27 WJE3:107.

在本质上是堕落的。这一与生俱来的堕落显示出虽然在世界中充满多种多样的手段用于遏制罪恶、提升德性，但收效甚微；而这些都证明人具有原罪。堕落事件对人的天然本性的道德影响，就在于人的灵魂的格局由宽阔变得收缩与狭隘，使人失去了"更加高贵与宽阔的原则，完全在自爱的管辖下"，[28] 不再具有卓越性。爱氏指出，这一堕落的人性具有两种自认为"优越"的东西，就是知识和行动的表现，而堕落后的自爱表现为过度地准备去相信自己的知识和看重自身的行为表现。

爱德华兹认为道德的另一来源是恩典或神圣之爱（divine love）。首先，他将恩典区分为"普遍恩典"（commom grace）与"特殊恩典"（special grace），他认为二者是"上帝的圣灵对人的心灵施加的不同种类的影响，或影响的不同果效"。[29] 前者意指上帝将宗教与道德的影响普遍地施与圣徒和罪人（sinners），圣灵借由普遍恩典影响天然人或圣徒，这一普遍恩典是一种"普遍的光照"，"这种光照对敬虔者（the godly）和不敬虔者（the ungodly）都是普遍的（common）"。[30] 而"特殊恩典"也称为救赎恩典（saving grace），是上帝之灵的影响在程度上和类别上特有的发挥，救赎行动与果效确实地在敬虔者里面出现。因而，普遍恩典与特殊恩典的差异并非体现在程度上，而是体现于本质上。《爱德华兹的神学》的作者们认为，爱氏将一种假设作为始点，即"我们经验到和享受到的每个东西都来自上帝的一种恩赐，所有的道德德性也是如此"。[31] 因而，爱德华兹认为，未重生者的道德动力出于圣灵的普遍恩典，借助于自然原则；而当特殊恩典影响一个人时，"圣灵成为一种在灵魂里内住的有活力的原则"，换言之，人便参与了圣灵，因此，爱氏称这"恩典是圣灵的圣洁本性传递给灵魂"。[32] 在三一论中，爱氏阐释了三个位格的交互关系，将上帝视为"意向"的、行动的上帝，并且在上帝的意志与上帝本质的善之间建立一种联系。科克伦指出，这"必然保证上帝的意志与上帝的行动二者本质上是爱"。[33] 爱氏将圣灵作为爱本身，特殊恩典使人参与进

28 WJE8:252.

29 WJE21:153.

30 WJE8:152.

31 Michael J. McClymond and Gerald R. McDermott, *The Theology of Jonathan Edwards*, New York: Oxford University Press,2012,358.

32 WJE8:158.

33 Elizabeth Agnew Cochran, *Receptive Human Virtues: A New Reading of Jonathan Edwards's Ethics*, University Park, Pa.: The Pennsylvania State University,2011,31.

圣灵、圣爱；所以，爱氏称"基督教的德性与其它德性的区别在于基督里的爱或神圣之爱"，[34]正是救赎工作赐予这一爱的动力。

7.2 情感、宗教情感与神圣德性

爱德华兹的基督教德性观以其情感主义的人性论为根基，"宗教情感"不仅是"真宗教"与"假宗教"的关键分殊点，更提供了神圣德性实践的内在动力与动机。因此，只有理解其情感主义人性论，才可理解德性如何运行于人的实践中。

7.2.1 情感作为人性的中心

爱德华兹的情感主义人性论主要在大觉醒运动期间的作品《宗教情感》一书中获得阐释。他对宗教复兴现象进行反思，回应"旧光派"和"新光派"时，提出对人性的分析，指出"情感"构成人性的大部分。

爱德华兹认为上帝赋予人心两种能力，一种是"理解力"（understanding），即领悟和思考的能力，它的功能在于分辨、观察与判断事物。另一种是一种态度，即看待事物不是作为旁观者，而是自身或喜欢或不喜欢，或赞成或反对的倾向。它有时称为"意向"（inclination）；"当强调它控制人的行动时被称为意志（will）；当心智运用这种能力时，被称为意愿（hcart）"。[35]爱德华兹将情感分为两种，"一种让内心接近、追求某个对象，另一种让内心逃避、反对它。前一种是爱、喜欢、盼望、喜乐、感激、满足。后一种是恨、恐惧、愤怒、悲伤，等等"。[36]人面对任何一个对象时，要么偏向于喜欢、赞赏；要么偏向于反对、拒绝。人的"情感"就是"人心中意向和意志较活跃而明显的活动"，[37]即后一种能力的运行。爱氏使用"情感"（affection）这一术语，是指心灵与其对象之间互动所生发的情感，在爱氏看来，情感"不仅从属于人类本性，而且构成人性的大部分"。[38]情感作为人性的中心，决定着人的行动，它是人一切行动的根源与动力。因为人本质上是消极的，除非被情感（喜

---

34 WJE8:131.

35 乔纳森·爱德华兹，《宗教情感》，杨基译，北京，三联书店，2013，4-5。

36 乔纳森·爱德华兹，《宗教情感》，杨基译，北京，三联书店，2013，6。

37 乔纳森·爱德华兹，《宗教情感》，杨基译，北京，三联书店，2013，4。

38 乔纳森·爱德华兹，《宗教情感》，杨基译，北京，三联书店，2013，8。

爱、仇恨、欲求、希望、恐惧等）所感动，否则人不会采取行动。爱氏称这就是"人的本性"。

理解爱德华兹情感主义人性论的阐述，首先需要澄清两方面的问题：第一，关于情感的主体。爱氏认为，"人的心灵"而非人的身体才是情感的主体和居所，尽管他承认身心一致的规律，即身体的构造和体液的运行也促进情感的运行，但人的身体不是情感的主体。第二，爱氏所阐发的"情感"，是基于"自我的完整性"，尽管他区分了情感与理解力、意向、意志等术语，但他是诉诸一种经验性理性的分析，而非致力于将"完整的自我"进行分割，分为不同的"能力"（faculties）。正如《爱德华兹的神学》一书的作者指出，"爱德华兹确信一种人格上的统一，他拒绝在十九、二十世纪人的心理学讨论意义上将人性作思想、意志和情感三重区分，而是返回到柏拉图"。[39]因此，爱氏将情感看做构成人性的大部分，是从人的整体性来定义情感。

要理解爱德华兹所阐发的"情感"，还需进一步说明"情感"与"激情"、"情感"与"理性"、"情感"与"意志"的区分。首先，爱氏肯定"情感"并非"激情"，前者的范围更宽泛，是意志或意向的一切活跃的运行；而"激情"则是意志或意向突发性的运行，会对身体产生猛烈的效果。爱氏作此区分是针对宗教复兴运动中对各种现象的观察。其次，关于"情感"与"理性"，爱氏将"情感"作为人性的中心，并不排斥理性；他所谓的"情感"并非等同于"狂热"，"情感"既然是内在心灵稳定的、活跃的运行，就包含了理性的内容，并非失去理性判断。爱德华兹在对宗教本质的规定中，谈到"理智"与"情感"的关系。他用"光"与"热"的比喻来说明二者的关系。他认为，虽然"情感"对于真宗教如此重要，没有"情感"就没有真宗教，但只有情感也构不成真宗教，"真宗教中必然有理性之光和情感之热"。[40] 可见，爱德华兹在为大觉醒期间宗教复兴带来的炽热情感表达给予辩护的同时，也继承新教传统对理智、教义的强调，使得"理智"与"情感"在一个位格性"整全的人"的意义上获得统一。再次，关于"情感"与"意志"，爱德华兹对情感的定义是从意志角度界定，将情感与意志置于同一层

---

39 Michael J. McClymond and Gerald R. McDermott, *The Theology of Jonathan Edwards*, New York: Oxford University Press,2012,314.

40 乔纳森·爱德华兹，《宗教情感》，杨基译，北京，三联书店，2013，25。

面。虽然他区分了"意向"、"意志"与"意愿"的微妙差别；也就情感与意志二者间给予某种程度和倾向的区分，但这种区分，是分析性的，并不是实际上二者存在着质的区别。在爱氏看来，情感与意志没有本质上的区别，二者并非两种完全不同的能力。爱氏称"情感与意志及意向其实没有任何差异，如果内心没有被感动，那意志根本不会运行"。[41]它们之间的区别仅仅在于运行的活跃程度不同，情感就是意愿这种能力活跃而明显的运行。

7.2.2 宗教情感与神圣德性实践

爱德华兹在十八世纪启蒙时代谈"宗教情感"具有一种划时代意义。检视基督教思想史，"理性"与"意志"是阐释基督教核心要旨时广泛被关注的视阈。例如安瑟伦与阿奎那借助理性探讨"上帝存在的证明"问题；而司各脱则尤其重视意志问题。在近代改教家那里，也是凸显从"理智"与"意志"的层面来探讨基督教的相关议题，与理智相联的是基督教的认识论问题；与意志相联的则是预定、神义论等伦理问题。直到十九世纪，现代神学奠基者施莱尔马赫以"绝对的依赖感"使神学范式发生一次变革，实现主体性转向，"情感"才越来越进入神学探讨的视野。然而，韦恩·普劳德弗特（Wayne Proudfoot）指出，施莱尔马赫以及二十世纪的威廉·詹姆斯谈宗教情感与宗教经验是在一种防止宗教与科学冲突的"道歉"（apologetic）的心态下进行的。因此，宗教的本质沦为现象性描述，失去了丰富精细的深度。他同时指出，爱德华兹在传统基督教意义上谈宗教情感，爱氏"提供的厚重的描述更具有吸引力"。[42]

爱德华兹的"宗教情感"思想来自圣经、剑桥柏拉图主义者与洛克经验哲学的影响。"宗教情感"这一议题是在启蒙时代自然神论盛行这一大背景下展开的，自然神论者们将宗教化约为理性上的论证，而剔除掉宗教的神秘性。这导致宗教热情只能诉诸于非理性的情感。而爱德华兹提出，"真宗教大部分在于情感"[43]这一命题，不同于自然神论的反神秘的理性主义立场，也

---

41 乔纳森·爱德华兹，《宗教情感》，杨基译，北京，三联书店，2013，5。

42 Wayne Proudfoot, From Theology to a Science of Religions: Jonathan Edwards and William James onReligious Affections, *The Harvard Theological Review*,Vol.82（2）1989,149~168.

43 乔纳森·爱德华兹:《宗教情感》，杨基译，北京，三联书店，2013，7。

与传统的清教主义的理智主义立场有别。[44]同时，爱氏的"宗教情感"议题直接地以新英格兰的"大觉醒"为背景，他对"宗教情感"进行真伪辨析，基于反思和维护复兴运动。那么，"宗教情感"与神圣德性具有怎样的关联？二者又是如何产生关联？要说明"宗教情感"与神圣德性的关系，首先需阐明何为"宗教情感"，其次基于"宗教情感"与宗教的本质的关系，说明"宗教情感"的实践同神圣德性实践是同一过程，二者具有统一性或一致性。

首先，爱德华兹如何阐释"宗教情感"？爱氏提出人性的大部分在于情感，认为情感属于心灵，不属于身体范畴。心灵的情感不仅存在着前面所提及的积极情感（赞同、喜欢）与消极情感（逃避，反对）的划分；也存在着"普通情感"和"属灵情感"的区分。这种"属灵情感"，即他所关注的"宗教情感"。爱氏提出，"真宗教很大部分在于情感"。[45]他提出反问"谁不承认真宗教很大部分在于内心情感的强烈运行？谁敢断言上帝所要求和接纳的宗教只是种种虚弱、呆滞、死气沉沉，让我们心灵仍旧保持麻木状态的许愿和祈求而已？"[46]爱氏认为宗教既然非同小可，如果人的意向运行不够强烈，那么就与宗教的本质与重要性不相称。真宗教所具有的澎湃力量，一定首先表现在信仰的居所——人的心灵。因此，在宗教生活中，人各种活动的源泉很大部分上在于宗教情感，因此"如果一个人只有教义知识和理论却没有宗教情感，那么他就还没有真正参与宗教生活"。[47]爱氏从圣经文本考察中，不仅列举了一些宗教情感，例如敬畏、盼望、爱、恨、渴慕、忧伤、感恩、怜悯和热心等，而且指出在宗教礼仪如祈祷、圣餐礼以及圣道宣讲和赞美中所激发的宗教情感等，这些都说明真宗教很大部分在于"情感"。他将"宗教情感"作为"真宗教"的标志，即宗教情感与"真宗教"的本质彼此规定，指出"一切真宗教的本质在于圣洁的爱，整个宗教都在于这种神圣的情感以及爱的气质，加上真理之光（作为爱的基础），再加上这种情感结出的许多果实"。[48]爱德华兹之所以强调宗教的本质在于宗教情感，这是对"旧光派"人物波士顿牧师查尔斯·昌西的一种回应。后者鄙视宗教情感，"将情感看作主

---

44 Douglas J. Elwood, *The Philosophical Theology of Jonathan Edwards*, New York: Colubia University Press, 1960,113.

45 乔纳森·爱德华兹，《宗教情感》，杨基译，北京，三联书店，2013，7。

46 乔纳森·爱德华兹，《宗教情感》，杨基译，北京，三联书店，2013，7。

47 乔纳森·爱德华兹，《宗教情感》，杨基译，北京，三联书店，2013，9。

48 乔纳森·爱德华兹，《宗教情感》，杨基译，北京，三联书店，2013，14。

要是与低级动物激情相关联的"。[49]而爱氏将"宗教情感"与真宗教的本质联系在一起，他一方面将"宗教情感"界定为对神圣事物的热爱；另一方面将真宗教的本质很大部分规定为这种"神圣之爱"的情感。从上述宗教情感与宗教的本质阐释，爱氏将"爱"作为诸多情感之首。[50]正如他在《爱及其果实》的布道辞中也将"爱"视为真德性的总结。可见，宗教情感同神圣德性在内容上具有重叠性。

其次，"宗教情感"与神圣德性具有统一性。爱德华兹在《宗教情感》这部著作开篇就提出"何为真宗教之本质？上帝所悦纳的真美德有哪些明显的特征？"[51]在他看来，"宗教情感"同"真宗教"的本质、神圣德性具有内在的紧密关联。"宗教情感"不仅作为宗教的本质，它也赋予了神圣德性实践的真正动机、动力，二者是同一过程。其实，除前述的宗教情感同神圣德性在内容上重叠外，关于二者的内在关联性，具体而言，第一，宗教情感的产生与神圣德性的产生是同一过程；第二，宗教情感的检验标准就是神圣德性实践。

第一，宗教情感的产生与神圣德性的产生二者是同一过程。爱德华兹认为无论是宗教情感还是神圣德性皆源自圣灵。他称真宗教情感为出于恩典的情感，具有"属灵"的性质，它来自于外界而非人性自身，无论宗教情感有多少层面的表现，就来源而论，只有一个，就是圣灵。爱氏认为，借助于"圣灵的光照"，人获得超自然的理解力、圣徒独有的能力，对神圣事物的热爱。那么具体而言这一情感如何获得？爱氏认为上帝将一种"新的生命原则"赐给人，以至于人性里具有一种新的性情、新的原则，即"圣灵感动他们的心，成为他们新性情的原则和神圣的、超自然的生命和动力源泉"。[52]爱氏称"宗教情感"来自上帝赐予重生者的新感官，这个新感官超越各种自然感官，它是一种"内心的感官"（sense of heart），"人借以感受神圣事物的圣洁之美或神圣事物的道德属性。"[53]爱德华兹认为，这是一种全新的属灵感官，它不是一种感受力，而是一种新的"原则"、"基本机制"；它是人的行为基础，

49 （美）乔治·马斯登，《复兴神学家爱德华兹》，董江阳译，游冠辉校，北京，中国社会科学出版社，2012，347。

50 乔纳森·爱德华兹，《宗教情感》，杨基译，北京，三联书店，2013，14。

51 乔纳森·爱德华兹，《宗教情感》，杨基译，北京，三联书店，2013，1。

52 乔纳森·爱德华兹，《宗教情感》，杨基译，北京，三联书店，2013，92。

53 乔纳森·爱德华兹，《宗教情感》，杨基译，北京，三联书店，2013，150。

灵魂因为它而奠定了全新方向。同样，在阐释基督教神圣之爱的作品《爱及其果实》的布道辞中，爱氏也多次将神圣德性称为一种"新的原则"，这种"新的原则"的源头同样是圣灵。他指出，"当上帝之灵进入灵魂时，爱便来到"，[54]圣灵赋予人对神圣事物的热爱，这一热爱同看见神圣事物的道德之美是同一起点。由此，人开始具有属灵的理解力。这一热爱是具有属灵知识的热爱，即心灵不仅看见，而且对所看见的事物产生某种倾向，感觉到愉悦；这一包含属灵知识的热爱是经验性的，是亲自"尝过蜂蜜的人"对蜂蜜的认知。

第二，真宗教情感的唯一检验标准是神圣德性实践，而神圣德性实践的基础就在于真实的"宗教情感"。大觉醒运动在1742年发生突然裂变，出现"被爱德华兹视为欺骗性狂热"[55]的现象，觉醒运动因这种过度行为而渐渐消退。爱氏针对这些宗教复兴中的宗教情感现象进行反思，一方面承认真宗教大部分在于情感，同时又指出不应该赞成一切情感，以为任何情感都出自恩典。因此，他提出"分辨宗教情感的真伪"，[56]进而总结出十二种无法证明是否出于恩典的宗教情感。其中包括：宗教情感热烈、身体的生理反应强烈、善于谈论宗教、情感源于外界、情感伴随经文进入头脑、情感包含爱意、多种情感交织、宗教情感按照某种宗教体验顺序出现、参加宗教活动、开口赞美上帝、确信自己得救以及人际关系良好。爱德华兹认为这些宗教现象都不能证明其宗教情感是出于恩典。韦恩·普劳德弗特指出爱氏是更为机敏的心理学家，能够"集中理智力量论述虚伪、自欺"，[57]在神学意义上为牧区提供宗教情感的具体说明与标准；他的论证要比詹姆斯在一般性人类经验意义上引述他人宗教经验精细而深刻得多。

回溯基督教思想史，宗教情感在奥古斯丁那里就已经蕴含和附着于宣信的忏悔中；宗教改革后，随着教义的系统化，新教经院主义形成，宗教情感问题受到极大忽视。虽然在德国敬虔主义运动中情感被重新发现，但爱德华

---

54 WJE8:132.

55 （美）乔治·马斯登，《复兴神学家爱德华兹》，董江阳译，游冠辉校，北京，中国社会科学出版社，2012，346。

56 乔纳森·爱德华兹，《宗教情感》，杨基译，北京，三联书店，2013，30。

57 Wayne Proudfoot, From Theology to a Science of Religions: Jonathan Edwards and William James onReligious Affections, *The Harvard Theological Review*,Vol.82（2）1989,149～168.

兹在《宗教情感》中深入而细致地分析宗教情感的欺骗性，是后宗教改革时代基督教神学的巨大贡献。爱德华兹以分辨恩典的情感为目的，最后列出恩典情感与圣洁情感的十二种标志，其中不乏神圣道德的实践，例如谦卑、具有基督的性情、温柔和平的心灵、追求圣洁等等，这些都是神圣德性的品质。因而，真宗教情感的标志可以说就是神圣德性的实践，而神圣德性品质的动力正是包含着神圣美感的神圣之爱的情感。这一实践也是所谓的"圣化"过程，同宗教内省不可分。内省也可被看作是"内在活动"，即内省也可被看作是实践的一部分。阿瓦·张伯伦（Ava Chamberlain）认为爱德华兹强调内省与神圣实践，后者与传统清教教条的"圣化"（sanctification）具有一致性。[58]清教传统也通过圣化来识别信仰是否归正，而圣化的主要表现就是实践中的美德。爱德华兹常以圣经中树与果子的类比来说明，恩典的运行是树根，圣洁行为是果子。爱德华兹认为只有一生追求圣洁的宗教实践才是衡量真宗教情感的最高证据。

---

58 Ava Chamberlain, Self-Deception as a Theological Problem in Jonathan Edwards's "Treatise concerning Religious Affection", *Church History*, Vol.63（4），1994,541~556.

第 8 章 结语：爱德华兹德性观的特征与意义

8.1 爱德华兹德性观的特征

8.1.1 基督教传统与启蒙时代伦理理论的张力

关于美国与启蒙，罗伯特·詹森认为，启蒙运动动摇和改变了西方国家与西方教会，十八世纪末所有西方基督教的历史很大程度上就是应对启蒙运动对权威的拒绝以及对历史偶然性的强调；但美国教会是被启蒙所创造的，在特定程度上，启蒙是美国基督教的命运，因为英格兰与苏格兰加尔文主义者是占支配性地位的基督教群体，而他们同时也是启蒙的先驱。[1]爱德华兹从青年期就试图在敬虔与新科学之间寻求平衡与融合，他与启蒙的关系略显复杂。这一复杂关系使得学者们对爱氏的精神肖像，以及他与美国的现代性确立之间的关系评估会出现南辕北辙的观点，例如帕灵顿将爱氏称为一个时代错误（an anachrinism），认为爱氏的主要影响是延误了现代美国的出现，[2]而佩里·米勒却视爱德华兹为第一个现代的美国人。

---

1 Robert W. Jenson, *America's Theologian: A Recommendation of Jonathan Edwards.* New York: Oxford University Press,1988,4.
2 Vernon L. Parrington, "Jonathan Edwards Was an Anachronism", *Jonathan Edwards and The Enlightenment*, Edited by John Opie, Raytheon Education Company Press, 1969,89.

无疑，启蒙运动是对传统权威的反叛，因其倡导"自律"，将人的理性、良知作为真理的仲裁者，不接受任何没有合理证据作为保证的信念。这些新观念对基督教的上帝观、人观、道德、历史等领域传统价值观带来极大挑战和侵蚀，因而，启蒙思潮与基督教传统价值观的交锋不可避免。爱德华兹一方面秉承清教加尔文主义传统，另一方面则张开怀抱吸收启蒙时代新思想、新方法，在传统与现代意识的张力下，对上帝的意义、原罪问题、人自身的结构、圣经、理性与经验的光照、恩典与自由的意义、上帝在历史中的护理等主题重新思考，试图以启蒙语境的语言重塑基督教传统观念。就"道德"这一主题而言，十八世纪上半叶见证了启蒙时代的思想家建立一种新的道德理论的企图，他们基于乐观主义人性论，即强调人的独立性、人的自主，以及人能够建立自身目的的观念，探究离开上帝的知识，提出人的天然本性具有区分善恶的能力。爱德华兹的德性观呈现了基督教传统与启蒙时代道德理论的张力，这主要表现在：

第一，道德是否与上帝相关。启蒙时代的道德感理论将道德与上帝相剥离，上帝既不再作为道德的源头，也不再承担道德评价的权威，这同基督教传统尤其是爱德华兹所处的强调上帝主权、预定的加尔文主义传统具有极大的张力。从根本上来说，爱氏对代表乐观主义伦理的"道德感"理论持拒斥态度。他的德性观并非以"人"本身为始点，而是依赖于上帝的行动，其德性观同上帝的"创世目的"、"救赎工作的历史"以及对三一上帝的神圣参与息息相关。从这一意义上，爱氏是以创造论、救赎论与终末论的视野来安置道德的本质这一问题。其中，《创世的目的》是作为伦理学作品，与《真德性的本质》一文不可拆分。爱德华兹认为，神圣丰富的流溢（emanation）作为创造世界的结果，上帝将德性与圣洁传递给受造物。[3]因而，世界具有的伦理性来自创造世界的上帝的德性，真正的德性来自存在本身的品质与行动，真德性首先是上帝的德性。那么人所具有的"真德性"建基于对存在本身的爱，主要在于爱上帝。可见，真正的德性与"存在"本身密切相关，是与存在本身的联合或赞同，正是"爱上帝"使得受造的存在者"离虚无最远"。[4]爱氏的德性也是以基督在历史中的德性为完美范本，但并非将

---

3 WJE8:442.

4 Paul Ramsey, "Editor's Introduction", Jonathan Edwards, *The Works of Jonathan Edwards, Vol.8. Ethical Writings*, Ed.Paul Ramsey. New Haven: Yale University Press, 1989:22.

基督仅仅作为道德榜样，而是将救赎历史同德性相交织，以末世论的视野看待历史中的德性。因而，爱德华兹所阐释的德性源于三一上帝，建基于上帝的属性。爱氏思想的研究学者称爱氏"可能比任何西方神学家都更坚持真正的爱——他称其为所有美德的总结——是对上帝自身生命的参与"。[5] 爱氏的德性观不同于启蒙所开启的路径，他所谓的德性是一种依赖上帝的关系型伦理，正如科克伦所论证，爱德华兹的德性具有"接受性"（receptive）的本质。[6]

　　第二，德性基于人的理性还是"性情"。启蒙时代，理性获得空前的价值与地位，按照理性生活即合乎自然去生活，理性主义的伦理思想对基督教道德理论家形成极大影响。十七世纪中后期剑桥柏拉图主义学派中一些人表现出强烈的唯理主义倾向，虽然一方面维护宗教道德，但同时又极力强调理性。其中，亨利·摩尔认为，伦理学是获得幸福的知识的学问，包含关于幸福的知识与使生活幸福的技艺。[7]他强调理性对人的道德、德性的作用，认为人的心灵本质是理性的，因而，德性是一种理智的能力，而非习性。另一位剑桥柏拉图主义者拉尔夫·库德沃斯深受笛卡尔理性主义的影响，认为人的道德观念和道德判断并非来自外部世界和感性经验，而是来自心灵的内在理性。爱德华兹的思想形成受到剑桥柏拉图主义者诸多影响，但在德性观问题上，并没有继承他们的理性主义倾向。爱氏对德性本质的探究主要针对"道德感"理论，虽然哈奇森是作为情感主义伦理学家，但他也将"道德感"理解为自然法。从某种意义上，爱氏也将自然道德归为自然律的一部分，但他对德性的理解并不局限于此。他同哈奇森的分歧在于他视德性为生命的一种模式，指出哈奇森的"道德感"只是一种理智层面的能力，并不能使人产生道德行动，并非"真德性"。虽然爱氏也同意苏格兰启蒙学者的"所有动机来自情感"，但否认对道德感的感知会必然产生德性的行为。从根本上，爱德华兹视德性为性情，这一认识基于将上帝视为具有"意向性"的、习性的、主动的、关系性的属性。他认为，"如果在理解力上关于上帝完美性的观念是有价值的，那么，心灵对上帝的爱更为具有价值，因为道德之美尤其在于心

5　Michael J. McClymond and Gerald R. McDermott, *The Theology of Jonathan Edwards*, New York: Oxford University Press,2012,528.

6　Elizabeth Agnew Cochran, *Receptive Human Virtues: A New Reading of Jonathan Edwards's Ethics*, University Park, Pa.: The Pennsylvania State University,2011,11.

7　宋希仁主编，《西方伦理思想史》，北京，中国人民大学出版社，2010，198。

灵的性情（disposition）和情感（affection）"。[8]因此，爱氏分析"道德感"的动机，指出它只是出于自私的选择或与道德无关的一种本能，进而试图证明"哈奇森的道德感是认知性的（cognitive），而非一种情感（sentiment）"。[9]爱德华兹这种将德性置于意志层面而非理性层面的理解同启蒙时代的主流伦理学具有很大的分歧。

第三，德性是否被化约。启蒙时代还具有一种特点或倾向，即将宗教化约为道德，将道德化约为抽象的"仁爱"。科克伦提及，许多学者赋予启蒙时代这一特征，即亚里士多德主义者所列举的那些美德被化约为一个，传统的德性理论塌陷，将众多的"德性"（vitues）视为等同于"仁爱"的一种单一品质（singular quality）。[10]爱德华兹也使用启蒙时代的"仁爱"这一术语，但他所阐释的基督教德性并非抽象的被化约的"仁爱"。爱氏列举区分了众多德性，比如忍耐、谦卑、温柔、圣洁、怜悯、饶恕、勇敢、谨慎、为基督受苦、顺服、热心行善、敬畏神等。他将这些众多德性作为圣爱的果实，即所有这些德性都与爱有关，但不是化约为爱。爱氏认为，基督徒所具有的这些品格，是绝对必不可少的。[11]可见，爱氏的德性观与启蒙时代的道德化约主义背道而驰，完全弃掉启蒙时代将诸多德性品质化约为"仁爱"的简化方法。

8.1.2 新柏拉图主义与加尔文主义的融合

理念论是柏拉图哲学中的重要思想，"理念"是世界存在的原因，超越人的感觉，被称为本真存在。善的理念是"理念的理念"，作为一切存在的终极目的。关于灵魂与形体，柏拉图提出"必须把灵魂的美看得大大优于形体的美"。[12]新柏拉图主义以柏拉图的理念论为基本依据，并对其进一步发挥。新柏拉图主义的主要代表普罗提诺（Plotinus）在本体论上提出等级和流溢的学说，他认为有三大本体，即太一（hen）、理智（nous 音译"奴斯"）和世界灵魂。其中，太一是世界的本原，是绝对和唯一的实在；从太一中流溢出理智，即宇宙理性，是作为万物的原型；从理智中又流溢出世界灵魂，由人

8 WJE8:432.

9 Norman Fiering, *Jonathan Edwards's Moral Thought and Its British Context*, Chapel Hill: University of North Carolina Press,1981,121.

10 Elizabeth Agnew Cochran, *Receptive Human Virtues: A New Reading of Jonathan Edwards's Ethics*, University Park, Pa.: The Pennsylvania State University,2011,6.

11 乔纳森·爱德华兹，《宗教情感》，杨基译，北京，三联书店，2013，222。

12 柏拉图著，《会饮篇》，王太庆译，北京，商务印书馆，2013，64。

的灵魂以及动物和植物的灵魂构成。从灵魂中再流溢出物质世界，世界灵魂
作为万物运动的源头。普罗提诺常将太一称作"善"，认为理智的美源于善，
这善并非道德之善，而是本体层面的称谓。在美学理论方面，普罗提诺认为
理智是真正意义上的美，美被赋予了本体论色彩。普罗提诺认为有三个等级
的美，第一等级是理智的美，来源于太一或善；第二等级是自然理念的美，
德行、学术和艺术的美等；处于最低等级的美是感性知觉的美。他强调精神
层面的美，认为物质世界的美在于反映神的光辉。在伦理学上，他认为人生
的最高境界在于灵魂从肉体中解脱，过一种"神人合一的内在的神圣生活"。
[13]

对于基督教柏拉图主义者而言，德性是人的目的，并且人类德性的获得
不能透过自身的本性，只能通过神圣恩赐，即上帝将自身的本性传递给人，
赐予人德性的性情。剑桥柏拉图主义最核心关注的是对上帝之善的肯定，
认为信心与理性是和谐的，人被造时被赋予了理性的能力，因而可以认识
上帝，参与到上帝的存在，而具有道德感知力。爱德华兹与剑桥柏拉图主义
都分享了新柏拉图主义的哲学框架。科克伦肯定，爱氏对神圣德性解释的
一些特征证明在其德性理论中新柏拉图主义者神圣典范是其最强的哲学范
例。[14]瓦茨（Emily Stipes Watts）也认为，学者们长久以来肯定爱德华兹的
基督教柏拉图主义所表现出的一般新柏拉图主义和剑桥柏拉图主义的某些
要素。[15]大体而言，爱氏德性观中新柏拉图主义的立场主要体现在，上帝从
根本上说是善和德性；人的德性是通过参与神圣德性获得的，人的德性是
上帝德性的形象。

爱德华兹将上帝视为至高完美的典范，万有的根源。他在《论心灵》的
笔记中说，"至高的卓越就是爱，只有精神具有合宜的存在，物体只是存在的
影像（shadow），因此，物体彼此之间的赞同与和谐只是卓越性的影像。同时，
爱氏将德性的本质定义为"首要之美"，认为"已经谈到的存在者与存在者
之间的赞同或联合，即心灵联合或倾向于精神性的实存，这被称为最高的、
第一位或首要之美。首要之美是存在丁具有灵性的和道德的存在者之间的恰

---

13 张志伟主编，《西方哲学史》，北京，中国人民大学出版，2010，128。

14 Elizabeth Agnew Cochran, *Receptive Human Virtues: A New Reading of Jonathan Edwards's Ethics*, University Park, Pa.: The Pennsylvania State University,2011,22.

15 Emily Stipes Watts, The Neoplatonic Basis of Jonathan Edwards' "True Virtue", *Early American Literature*, Vol. 10（2）, 1975,179～189.

当之美和特有的美"。[16]爱氏所指的"首要之美",即德性通常指灵性之美、精神领域的美。他所讲到的"次要之美","不是精神性存在者（spiritual beings）特有的,而是甚至在无生命事物中可寻到的。次要之美在于不同事物在形式、姿态、数量和可见目的或设计方面的一种相互赞同和一致,它具有规律、秩序、统一、均匀、适合以及和谐的各种称谓"。[17]次要之美关涉物理层面的美,它是首要之美的"影像",人的自然道德是一种次要之美。另一方面,爱德华兹所讲的德性,首先是神所具有的德性,藉由创造、救赎传递给人。在《上帝创世的目的》一文中,爱氏非常显著地使用"流溢"（emanation）一词,认为神的丰富性的流溢作为创世的结果,是上帝与被造物德性与圣洁的交流。因此,被造物自身参与（partakes）了上帝自身的道德卓越性,即藉着创造,上帝传递给被造物神圣本质的美。[18]

爱德华兹的德性观不仅具有新柏拉图主义立场的哲学框架,而且将这一哲学立场同加尔文主义神学融合起来。这不同于剑桥柏拉图主义者,后者对加尔文主义或改革宗神学传统的一些观念并不认同,对预定这一传统观念持怀疑态度,认为预定导致救赎是上帝任意的行动而被隐藏,人也会因此沮丧,从而招致人拒绝上帝的危险。关于对爱氏加尔文主义立场的诠释,雷兢邺指出,米勒和埃尔伍德（Elwood）都将爱德华兹作为一位直觉知识的哲学家,而轻忽了教义问题,因此,他将爱德华兹作为"思辨哲学家与他作为改革宗神学家整合"[19]起来。

爱德华兹德性观中的加尔文主义特点主要体现于两方面,一是强调原罪对人的道德的影响。虽然人的德性是人的本性目的,但人的德性实践受到罪的阻碍,爱氏认为人受造的目的是爱上帝、荣耀上帝,但原罪限制人去过真正的德性生活。原罪已经影响到人的心灵、意志与性情。因此,人不可能透过自身的努力克服原罪对人性的腐蚀,在爱的实践这一问题上,人需要神圣恩典的帮助。爱德华兹在《真德性的本质》中认为,神圣德性具有一种美,人在本性上可以觉察到这种美,但直到他们被赐予一种灵性的感觉或意识,才能看见上帝更有力量的灵性之美。正由于加尔文主义的立场,爱德华兹将德

---

16 WJE8:561.
17 WJE8:561.
18 WJE8:442.
19 Kin Yip Louie,*The Beauty of the Triune God: The Theological Aesthetics of Jonathan Edwards*,Eugene,OR:Pickwick Pub.,2013,2.

性理解为依赖上帝之爱，并从属于上帝或一般存在的善。正由于对原罪的强调，在《论真德性的本质》与《创世目的》中，上帝之爱才成为所有真正的道德行为的背景，道德只有在真实的信仰或宗教中才找到其恰切的根基。[20]因此，神圣德性必然地同救赎的工作相交织，上帝在历史中出于主权的行动将恩典施与人，因着圣灵的工作，人具有了灵性的知觉，被赋予新的性情。故此，"真德性"便是一种意志层面的神圣性情。

爱德华兹的加尔文主义立场另一个主要体现是他的德性观被"上帝的荣耀"这一加尔文主义核心性的观念所塑造。正如莱恩·贝尔登（Belden Lane）所言，"没有什么比上帝的荣耀更使加尔文主义者为之喜悦，上帝的荣耀被作为人生的主要目的"。[21]他认为，"十六世纪加尔文在日内瓦、十七世纪清教徒在英国和美国，十八世纪的爱德华兹在马萨诸塞都将世界构想为上帝荣耀的剧场"。[22]清教徒神学家们，在如何感知上帝的荣耀方面，具有两个传统，一个是理智主义传统，一个是情感主义传统。理智主义传统以神学家威廉姆·铂金斯（William Pekins）为代表，情感主义传统则以约翰·科顿（John Cotton）为代表。理智主义者运用理智手段，主张通过掌握关于世界的知识来欣赏上帝的智慧与荣耀；而情感主义者更倾向于通过想像、情感、形象来唤起圣洁的情感，以此领悟上帝的荣耀。爱德华兹对德性之美的强调使得他更倾向于情感主义传统。在爱氏那里，上帝的荣耀在德性观中的体现，在于上帝被赋予了至高的卓越和美，上帝的荣耀正是一种主权的美，上帝对于世界与道德的主权使得人的德性并不在自主范围内行使，而是恩典的一种"记号"。

综上，爱德华兹将新柏拉图主义的哲学框架同加尔文主义神学立场紧密地融合在一起。拥有至高主权、荣耀的上帝是那藉着创造将自我本质流溢给世界，同人进行交流的上帝。而人的"真德性"一方面既是参与了三一本质而获得，另一方面也是上帝主动的施与恩典。因此，与存在本身或上帝联合的真德性，是分享了上帝，也是出于预定的救赎。

20　William C.Spohn,"Sovereign Beauty: Jonathan Edwards and The Nature of True Virtue," *Theological Studies* 42（3），1981,394 ~ 421.

21　Belden Lane, *Ravished By Beauty: The Surprising Legacy of Reformed Spirituality*, New York: Oxford University Press,2011,17.

22　Belden Lane, *Ravished By Beauty: The Surprising Legacy of Reformed Spirituality*, New York: Oxford University Press,2011,18.

8.2 爱德华兹基督教德性观的现代意义

8.2.1 爱德华兹与美国现代基督教伦理

二十世纪下半叶，对爱德华兹研究的复兴促使对其基督教伦理思想得到进一步挖掘，这不仅停留在爱氏与托马斯·阿奎那、奥古斯丁这些基督教中古经典伦理思想的比较中，学者们从二十世纪美国的基督教伦理学家那里更加认识到了爱氏的现代影响力。德莱特在追问爱德华兹对当代宗教伦理学的贡献时指出，理查德·尼布尔、詹姆斯·古斯塔夫森（James Gustafson）、马丁·路德·金等人同爱氏具有的相近性，致力于在回应神圣存在与力量的自身经验中，根本性地重新定义道德与灵性生活的本质与动力。爱德华兹的神学伦理学经常表现出大胆的冒险性，因来自其自身的经验，被视为具有敬虔标志的宗教伦理学。

利奥·桑登（Leo Sandon Jr.）指出，尽管证明一位思想家对另一位思想家的影响充满着不确定，因为除非一位思想家明确地引用或承认依赖于另一位思想家的某方面指导，否则二者之间思想关联性很难建立起来。因此谈及两位思想家的思想相近性与影响的可能性是一个需谨慎的话题。尽管如此，他还是确信爱德华兹对理查德·尼布尔具有很重要的影响。[23]爱氏对尼布尔的影响大致有两方面。一方面，尼布尔受到爱氏影响，他强调神学思考的经验根源，并在此基础上发展出"激进的唯一神论"（radical monotheism）。二十世纪三十年代，对爱德华兹的重新发现进入尼布尔视野，成为影响其思想的重要因素，[24]使他走向彻底的唯一神论。在《美国的上帝之国》（*The Kingdom of God in America*）中，他多次提及爱德华兹，认为爱氏将重生的信心稳固地建立在对神圣主权实在性的超越确信基础上。[25]在这一著作中，尼布尔指出自由主义实际上是天真的乐观主义，是"一个没有怒气的上帝通过没有十字架的基督将无罪的人带进没有审判的国度"。[26]他的激进唯一神论的座右铭就

---

23 Leo Sandon Jr., Jonathan Edwards and H. Richard Niebuhr, *Religious Studies*, Vol. 12, （1）1976,101~115.

24 （美）詹姆斯·利文斯顿 弗兰西斯·费奥伦查等著,《现代基督教思想史》（下）, 何光沪 高师宁等译，南京，译林出版社，2014，329。

25 H. Richard Niebuhr, *The Kingdom of God in America*, New York: Harper and Brothers Press,1937,101.

26 H. Richard Niebuhr, *The Kingdom of God in America*, New York: Harper and Brothers Press,1937,101.

是"我是上帝你的主，除我以外，你不可有别的神"。尼布尔的唯一神论的立场像爱氏一样，试图将存在的完美性观念置于存在本身这一基础，它是在存在自身那里找到价值中心。

另一方面，德莱特注意到尼布尔在伦理学上的模型也与爱德华兹有密切关系。尽管尼布尔的道德模型并非呈现一种美学特征，但同爱德华兹美学—情感（aesthetic-affectional）的模型具有密切联系。尼布尔对目的论与义务论模式不满，因此在伦理学上发展出将自我作为具有责任的模型，即回应性的存在（responding being），并且发展出根据一种关系性价值理论来解释道德秩序的动力模型。尼布尔关于道德秩序的观念、他的自我模型与道德秩序虽然本质上是更为道德性的而非美学的，但他同爱氏一样都承认道德与美的紧密关系。[27]德莱特认为美学因素也出现在尼布尔对德性的解释中。爱氏将德性视为内在美的一种形式以及对于客观存在和美的感觉的一种形式，尼布尔也将德性解释为价值的一种形式（a form of value），将德性视为自我对其他存在的回应性的诸多关系。[28]这一解释显示了他同爱氏在存在与美的关系模式方面的密切联系。

美国的现代基督教伦理学家在尼布尔兄弟后，最引人注意的当数史丹利·豪尔沃斯。他在《和平的国度——基督教伦理学献议》一书中指出他的立场并非原创，而是从很多人身上学到和借用了许多东西，其中包括爱德华兹。[29]豪尔沃斯是当代具有代表性的基督教伦理学家，2001 年受邀担任吉福德学术讲座的讲员，他以品格（character）伦理闻名，强调品格在伦理决定过程中的重要性。豪尔沃斯同爱德华兹一样，对启蒙时代的理性主义伦理思想进行反省，认为只根据一种普遍化的理性原则而不考虑人与存有（being）的关系是有问题的，因他们根据伦理与神学具有合一性这一信念，认为神学本身是具有实践性的活动。[30]豪尔沃斯将品格理解为生命持续的方位，透过人的信念、故事和意向而形成。他不但专注于个人的品格、视界与叙事等方面，也强调教会是基督徒伦理实践的独特场所，是基督徒德性与品格发生的地方，

27　Roland A. Delattre, *Beauty and Sensibility in the Thought of Jonathan Edwards: An Essay in Aesthetics and Theological Ethics*, Eugene, OR: Wipf and Stock, 2006,218.

28　Roland A. Delattre, *Beauty and Sensibility in the Thought of Jonathan Edwards: An Essay in Aesthetics and Theological Ethics*, Eugene, OR: Wipf and Stock, 2006,225.

29　史丹利·侯活士，《和平的国度：基督教伦理学献议》，纪荣智译，香港，基道出版社，2010，7。

30　郑顺佳，《天理人情：基督教伦理解码》，香港，三联书店（香港）有限公司出版，2005，287，299。

在此基础上，他将教会定义为品格的社群。[31]于此可见，他同爱德华兹一样，注重基督徒的德性、品格，并将其视为持续的意向，并且也在诸多品格中特别强调"圣洁"，将其作为教会的标记，指出圣洁的生活并非静止，而是学像基督的生命历程，圣洁生活也是圣徒相通的一种社群生活。他同爱氏一样，其品格伦理也具有一种关系性，注重品格实践。丹纳赫也指出，爱德华兹在爱与教会之间所描绘的联系在当代基督教伦理学家豪尔沃斯那里变得越来越清楚。显然，二者都同意基督表明了以和解关系为核心的上帝之爱，认为教会的见证对于道德生活必不可少。但豪尔沃斯与爱德华兹在理解伦理学与教会的联系方面具有一些差异。豪尔沃斯特别地强调道德生活是根据教会中的圣经叙事、社团实践，他视教会为真正的道德形成的主要渠道，并将非暴力与和平作为教会的一种卓越的德性。但爱德华兹的德性观与三一论的关系更为紧密，"根据上帝的三一之爱定义地上的教会，使爱氏提供了对爱与关系的类型一种更广泛的描述"。[32]因此，丹纳赫强调，关于上帝三一本质的教义阐释与圣经叙述之间的关系，爱氏比豪尔沃斯提供了更为完整的描绘。

8.2.2 爱德华兹德性观对现代伦理思考的意义

现代的伦理理论可谓林林总总、百家争鸣；尽管如此，道德危机与道德理论危机已是事实。无论世俗道德理论还是基督教伦理，在二十世纪均不断地对人类的道德状况进行反省，以期探寻到具有生机的新路。爱德华兹德性观复杂深邃的背景与独特的路径对现代人关于道德问题的思考与实践大有助益。他对基督教德性观的阐释，一方面由于当代对德性伦理的追寻而焕发新的意义；另一方面，爱氏的基督教德性观所显示的道德与宗教、救赎的密切关联拓展了人类对道德本质的想象空间。

概而言之，爱德华兹德性观对现代伦理的意义大体有如下表现：

首先，爱德华兹的德性观是对现代德性伦理追寻的一种有益补充。二十世纪八十年代后，麦金泰尔的《德性之后》[33]所代表的德性伦理学兴起，麦氏

---

31 曾伟彤，"侯活士的品德伦理"，选自《道德已死？——德性生命的再思》，李景雄主编，香港，明风出版，2007，109。

32 William J. Danaher Jr., *The Trinitarian Ethics of Jonathan Edwards*, Louisville: Westminster John Knox Press,2004,241.

33 麦金泰尔的《*After Virtue*》这部著作除了被翻译为《德性之后》，也有中文译本翻译为《追寻美德》。

对三百年来西方学术界的一系列道德理论的演变进行追述，认为这些理论都无力回天，他将道德危机归为道德权威的危机。他提出，当代西方道德衰退的根本原因在于历史变迁和对以亚里士多德主义为中心的德性传统的拒斥。[34]麦金泰尔对德性的追寻体现了回归古典——中古的进路，即回归哲学层面的亚里士多德与神学层面的托马斯·阿奎那。爱德华兹的德性观与亚里士多德对德性的理解有一定类似性。亚里士多德所理解的"德性"是按照逻各斯的指导具有的适度品质和行为。他说灵魂有三种状态：感情、能力和品质；德性不是感情，不是能力，而是品质。亚氏说，"德性的一般性质，表明了德性的种（即它们是适度，是品质），表明了德性使我们倾向于去做，并且按照逻各斯的要求去做，产生着德性的那些行为"。[35]亚氏将德性理解为"习性"，他是第一位赋予"习惯"（habit）一词以哲学意义的思想家。在这一意义上，二者类同。但爱德华兹至少有两点与亚里士多德不同。一是，二者本体论所描述的世界不同。亚氏将世界的本质描绘为静止；而爱氏的上帝不仅具有意向性，也是行动的上帝。二是在亚氏看来，习性只是一种操作性的原则，是偶然性的；而对于爱氏，习性构成实体的本质。另外，亚里士多德通过善来确定美的定义，而爱氏则通过美的视角来探寻德性的定义。爱德华兹的德性观相较于阿奎那与奥古斯丁，更倾向于后者。受亚氏影响的阿奎那以信、望、爱为神学德性；奥古斯丁的基督教伦理则更以爱为核心。不言而喻，爱德华兹所论述的基督教的德性不仅具有绝对的"道德权威"，而且具有实践的内在动力——美的情感模式。实际上，麦金泰尔将德性理解为一种"获得性"的品质，并且德性与实践不可分割，这与爱德华兹的德性观具有某种契合性。麦金泰尔的批评者们指出他的论证不足之一即是对"亚里士多德的德性传统与《圣经》的宗教及其神学的关系没有进行适当论述"。[36]因此，爱德华兹的基督教德性观正是对现代德性的一种必要的补充。诚如科克伦所言，爱德华兹的德性观在许多方面同二十世纪德性伦理学的目标与目的具有连续性。[37]

34　（美）麦金泰尔，《德性之后》，龚群　戴杨毅译，北京，中国社会科学出版社，1995，12。

35　亚里士多德，《尼各马可伦理学》，廖申白译注，北京，商务印书馆，2003，76。

36　（美）麦金泰尔，《德性之后》，龚群　戴杨毅译，北京，中国社会科学出版社，1995，349。

37　Elizabeth Agnew Cochran, *Receptive Human Virtues: A New Reading of Jonathan Edwards's Ethics*, University Park, Pa.: The Pennsylvania State University, 2011, 1.

其次，爱德华兹的基督教德性观为现代人理解基督教道德的本质、道德实践的动力提供借鉴，促进了人对宗教与道德的关系、道德的本质等问题的思考。一般而言，基督教的伦理常被理解为对神圣道德律令的遵行，尤其从康德那里发展出关于"我应当如何"的理性认知模式，道德被理解为关乎道德律令的责任与义务。爱德华兹德性伦理所开辟的神学美学路径令人耳目一新，极富启发性。从德性观的根源上看，爱氏建构其基督教德性观既是哲学的，也是神学的。爱氏以"存在与美"为出发点，在形而上学层面确立德性观的存在论根基；同时，以三位一体的论述在神学层面奠定伦理学的基础。从根本上讲，三一论是他构筑基督教伦理学的坚实立足点与出发点，这使得他将上帝中心主义的形而上学原则具体化，而不仅仅建立在抽象的哲学基础之上。爱氏视三一上帝为终极的美，将德性置于这一基础来解读，这打破了将基督教的上帝理解为赋予道德律令的冰冷而严肃的权威的成见。爱氏从创造论、救赎论与德性相交织的视野阐释德性，说明人作为具有道德目的的上帝作品，具有道德责任，为基督教道德的特性和结构做出了新的解释。人实践德性是出于心灵对道德美感的领悟，对神圣之美和爱的赞同，这打破了将基督教道德视为盲目屈从性的奴隶道德的偏见，也为伦理何以具有一种激情的驱动找到了一种解答。因此，基督教道德的本质同存在本身，即上帝相联，使基督教德性的核心"爱"获得深刻的源泉；同时，基督教的德性作为爱的果实，具有多重性，并非抽象的道德，而是具有实践的动力、内在活力的关系性道德。爱德华兹的德性观显示出人类道德理论探索另辟蹊径的独特魅力，为现代德性伦理学的建构，现代人品格的培育指出了一种具有吸引力的路径。

最后，在现代伦理观念和伦理理论多元化的现象背后，是世界性的道德实践混乱和道德精神下降。其中一个逐渐扩大的趋势，是对古典的或传统的美德和德性伦理的疏远甚至抛弃，甚至有嘲笑良知、消解神圣等说法。现代人的道德生活在文化多元、价值多元、道德理论多元的背景下日益世俗化和功利化，甚至走向混乱和无序。这的确让不少有识之士感到担忧，他们指出这种状况最终可能危及社会秩序的基础。这种社会道德实践的现实，同伦理道德理论的现状有内在的关系。因此，重新重视不论是东方还是西方古典的德性伦理和德性追求，不失为现代道德混乱的应对之策。在这种情况下，研究爱德华兹这位基督教德性伦理大师的思想理论，无论对于基督教群体还是非基督教的信仰群体，无论对于有信仰的群体还是非信仰的群体，都具有参考的价值，都具有现实的意义。

参考文献

一、爱德华兹的著作

I、中文：

1. 爱德华兹，《爱德华兹选集》第三版，谢秉德译，香港，基督教文艺出版社，1995。

2. 爱德华兹，《爱德华兹选集》，谢秉德译，北京，宗教文化出版社，2015。

3. 乔纳森·爱德华兹，《信仰的深情：上帝面前的基督徒秉性》，杜丽燕译，北京，中国致公出版社，2001。

4. 乔纳森·爱德华兹，《宗教情感》，杨基译，北京，三联书店，2013。

5. 约拿单·爱德华兹编著，《毕大卫传》，冬霞译，兰州，甘肃人民美术出版社，2015。

II、英文：

1. Jonathan Edwards, *The Works of Jonathan Edwards, Vol. 1:Freedom of the Will,* Ed. PaulRamsey, New Haven:Yale University Press,1957.

2. Jonathan Edwards, *The Works of Jonathan Edwards, Vol. 2:The Religious Affections,* Ed. John E. Smith,New Haven:Yale University Press, 1959.

3. Jonathan Edwards,*The Works of Jonathan Edwards, Vol. 3: Original Sin*, Edited by Clyde A. Holbrook, New Haven:Yale University Press, 1970.

4. Jonathan Edwards, *The Works of Jonathan Edwards, Vol. 4: The Great Awakening,*Edited by C. C. Goen, New Haven:Yale University Press, 1972.

5. Jonathan Edwards,*The Works of Jonathan Edwards, Vol. 6:Scientific and Philosophical Writings,* Ed.Wallace E. Anderson. New Haven:Yale University Press,1980.

6. Jonathan Edwards, *The Works of Jonathan Edwards, Vol.7: The Life of David Brainerd,* Edited by Norman Pettit, New Haven:Yale University Press, 1985.

7. Jonathan Edwards, *The Works of Jonathan Edwards, Vol.8. Ethical Writings,* Ed.Paul Ramsey. New Haven:Yale University Press, 1989.

8. Jonathan Edwards, *The Works of Jonathan Edwards, Vol. 9: A History of the Work of Redemption*, Edited by John F. Wilson, New Haven: Yale University Press, 1989.

9. Jonathan Edwards, *The Works of Jonathan Edwards, Vol. 10: Sermons and Discourses, 1720-1723*, Edited by Wilson H. Kimnach, New Haven:Yale University Press, 1992.

10. Jonathan Edwards, *The Works of Jonathan Edwards, Vol. 13: The "Miscellanies", Entry Nos. a-z, aa-zz, 1-500,* Edited by Thomas A. Schafer, New Haven: Yale University Press, 1994.

11. Jonathan Edwards,*The Works of Jonathan Edwards, Vol. 15: Notes on Scripture*, Edited by Stephen J. Stein, New Haven: Yale University Press, 1998.

12. Jonathan Edwards, *The Works of Jonathan Edwards, Vol. 16: Letters and Personal Writings*, Edited by George S. Claghorn, New Haven: Yale University Press, 1998.

13. Jonathan Edwards,*The Works of Jonathan Edwards, Vol. 18: The "Miscellanies," 501-832*, Edited by Ava Chamberlain, New Haven: Yale University Press, 2000.

14. Jonathan Edwards, *The Works of Jonathan Edwards, Vol.21, Writings on the Trinity, Grace, and Faith.* Ed. Sang Hyun Lee. New Haven: Yale University Press, 2002.

15. Jonathan Edwards, *The Works of Jonathan Edwards, Vol. 24: The Blank Bible*, Edited by Stephen Stein, New Haven: Yale University Press, 2006.

16. Jonathan Edwards, *The Works of Jonathan Edwards, Vol. 26: Catalogues of Books*, Edited by Peter J. Thuesen, New Haven: Yale University Press, 2008.

二、其它参考文献

I、中文文献：

A. 思想史以及其它相关著作：

1. 《圣经》（和合本），中国基督教三自爱国运动委员会、中国基督教协会出版发行，南京爱德印刷有限公司承印，2006 年印刷。

2. （美）阿拉斯代尔·麦金泰尔，《伦理学简史》，龚群译，北京，商务印书馆，2003。

3. （美）阿拉斯代尔·麦金泰尔，《德性之后》，龚群 戴杨毅译，北京，中国社会科学出版社，1995。

4. （美）奥尔森，《基督教神学思想史》，吴瑞诚 徐成德译，北京，北京大学出版社，2003。

5. 柏拉图著，《会饮篇》，王太庆译，北京，商务印书馆，2013。

6. （美）查尔斯·L·坎默，《基督教伦理学》，王苏平译，北京，中国社会科学出版社，1993。

7. （美）弗兰克·梯利著，《西方哲学史》，贾晨阳、解本远译，北京，光明日报出版社，2013。

8. （英）弗兰西斯·哈奇森，《论激情和感情的本性与表现，以及对道德感官的阐明》，戴茂堂等译，杭州，浙江大学出版社，2009。

9. （英）弗兰西斯·哈奇森，《论美与德性观念的根源》，高乐田等译，杭州，浙江大学出版社，2009。

10. 龚群，《现代伦理学》，北京，中国人民大学出版社，2010。

11. （美）海斯，《基督教新约伦理学》，白陈毓华译，北京，中央编译出版社，2014。

12. 江畅，《西方德性思想史》（古代卷），北京，人民出版社，2016。

13. （法）加尔文，《基督教要义》，钱耀诚等译，孙毅、游冠辉修订，北京，生活·读书·新知三联书店，2010。

14. （德）卡尔·白舍客，《基督宗教伦理学》（第一卷），静也 常宏等译，上海，上海三联书店，2002。

15. （德）卡尔·白舍客，《基督宗教伦理学》（第二卷），静也 常宏等译，雷立柏校，上海，三联书店，2002。

16. 刘时工，《爱与正义：尼布尔基督教伦理思想研究》，北京，中国社会科学出版社，2009。

17. （英）洛克，《人类理解论》，（下册），关文运译，北京，商务印书馆，2012。

18. （美）利兰·赖肯，《入世的清教徒》，杨征宇译，北京，群言出版社，2011。

19. （英）莱特，《基督教旧约伦理学》，黄龙兴译，北京，中央编译出版社，2014。

20. （美）詹姆斯·利文斯顿，《现代基督教思想史》（上），何光沪等译，南京，译林出版社，2014。

21. （美）詹姆斯·利文斯顿 弗兰西斯·费奥伦查等著，《现代基督教思想史》（下），何光沪 高师宁等译，南京，译林出版社，2014。

22. 尼克斯选编，《历代基督教信条》，汤清译，北京，宗教文化出版社，2010。

23. 史丹利·豪尔沃斯，《和平的国度：基督教伦理学献议》，纪荣智译，香港,基道出版社，2010。

24. （英）舍勒肯斯，《美学与道德》，王柯平等译，成都，四川人民出版社，2010。

25. 宋旭红，《当代西方神学美学思想概览》，北京，中国社会科学出版社，2012。

26. 宋希仁主编，《西方伦理思想史》，北京，中国人民大学出版社，2010。

27. 威利斯顿·沃尔克，《基督教会史》，孙善玲等译，北京，中国社会科学出版社，1991。

28. 王志勇译注，《清教徒之约：〈威斯敏斯特准则〉导读》，上海，上海三联书店，2012。

29. （英）休谟，《人性论》（下册），关文运译，北京，商务印书馆，2013。

30. 虞格仁，《基督教爱观研究》，翻译小组译，台北，台北市基督教中华文字差传协会，2012。

31. （美）约翰·奥尔，《英国自然神论：起源和结果》，周玄毅译，武汉，武汉大学出版社，2008。

32. 亚里士多德，《尼各马可伦理学》，北京，商务印书馆，2003。

33. （英）钟马田，《清教徒的脚踪》，梁素雅等译，北京，华夏出版社，2011。

34. 郑顺佳，《天理人情：基督教伦理解码》，香港，三联书店（香港）有限公司出版，2005。

B. 有关爱德华兹的研究文献：

1. （美）乔治·马斯登，《复兴神学家爱德华兹》，北京，中国社会科学出版社，2012。

C. 文章、论文：

1. 狄丹，《乔纳森·爱德华兹神学思想初探》东北师范大学硕士论文，2008年。

2. 格格如娜，《对乔纳森·爱德华兹布道文圣经影响的文体学研究》，内蒙古大学硕士论文，2012年。

3. 郭亚楠，《从文体学视角及圣经影响探析乔纳森·爱德华兹布道词 < 落在愤怒的上帝手中的罪人 >》，内蒙古大学硕士论文，2008年。

4. 刘亦明，《乔纳森·爱德华兹与大觉醒运动》，湖南师范大学硕士论文，2009年。

5. 刘亦明，"试论乔纳森·爱德华兹的宗教思想"，《云梦学刊》，2012年第一期，48页～52页。

6. 尚劝余，"圣经象征学：神学家与文学家的共鸣——乔纳森·爱德华兹与圣经象征学"，《甘肃社会科学》，2012年第2期，135～139页。

7. 尚劝余，"乔纳森·爱德华兹宗教美学思想探析"，《哲学动态》，2012年第九期，84页～90页。

8. 王玉明，"绝对神权与天赋人权——爱德华兹与富兰克林的清教思想比较研究"，《安徽农业大学学报》，2004年第6期，119页～121页。

9. 徐以骅，"乔纳森·爱德华兹的宣教理论与实践"，《宗教与美国社会：美国宗教的"路线图"》，第一辑，北京，时事出版社，2004 年。

10. 袁世国，"爱德华兹和他的《信仰的深情》——一个基督徒的秉性"，《金陵神学志》，2007 年第 1 期，50 页～63 页。

11. 于国旗，《乔纳森·爱德华兹哲学思想初探》，内蒙古大学硕士论文，2011年。

12. 张媛，"乔纳森·爱德华兹和第一次大觉醒"，《社会科学论坛》，2010 年第十八期，160 页～165 页。

II、英文文献：

A. Book on Jonathan Edwards：

1. *Edwards In Our Time,Jonathan Edwards and The Shaping of American Religion,* edited by Sang Hyun Lee and Allen C. Guelzo, Grand Rapids, Mich.: W.B. Eerdmans, c1999.

2. *Jonathan Edwards and American Experience*, ed. Nathan O. Hatch and Harry S. Stout. New York: Oxford University Press, 1988.

3. *The Cambridge companion to Jonathan Edwards*, edited by Stephen J. Stein, Cambridge University Press, 2007.

4. *The Princeton Companion to Jonathan Edwards*, edited by Sang Hyun Lee, Princeton, N.J.; Oxford: Princeton University Press, 2005.

5. *Understanding Jonathan Edwards: an Introduction to America's Theologian*, edited by Gerald R.McDermott, Published by Oxford University Press,2009.

6. Avihu Zakai, *Jonathan Edwards's philosophy of history: the reenchantment of the world in the Age of Enlightenment*, Princeton University Press, 2003.

7. Belden Lane, *Ravished By Beauty: The Surprising Legacy of Reformed Spirituality*,New York: Oxford University Press,2011.

8. Clyde A. Holbrook, *The Ethics of Jonathan Edwards: Morality and Aesthetics*, Ann Arbor: University of Michigan Press,1973.

9. Conrad Cherry,*The Theology of Jonathan Edwards: A Reappraisal*, Bloomington, Ind.: Indiana University Press, 1990.

10. Douglas J. Elwood, *The Philosophical Theology of Jonathan Edwards,* New York: Columbia University Press, 1960.

11. Edward Farley, *Faith and Beauty: A Theology Aesthetic*, Burlington, VT: Ashgate,2001.

12. Elizabeth Agnew Cochran, *Receptive Human Virtues: A New Reading of Jonathan Edwards's Ethics,* University Park, Pa.: The Pennsylvania State University, 2011.

13. Jean Porter, "Virtue ethics", *The Cambridge Companion to Christian Ethics*, Cambridge University Press,2001,96.

14. Kin Yip Louie, *The Beauty of the Triune God: The Theological Aesthetics of Jonathan Edwards*, Eugene, OR:Pickwick Pub.,2013.

15. KyleC.Strobel, *JonathanEdwards's Theology: A Reinterpretation*, London; New York: Bloomsbury T&T Clark, 2013.

16. Gerald R. McDermott, *Jonathan Edwards Confronts the Gods: Christian Theology, Enlightenment Religion, and Non-Christian Faiths*, New York: Oxford University Press, 2000.

17. Michael J. McClymond and Gerald R. McDermott, *The Theology of Jonathan Edwards*, New York: Oxford University Press,2012.

18. Norman Fiering, *Jonathan Edwards's Moral Thought and Its British Context*, Chapel Hill: University of North Carolina Press,1981.

19. Oliver D. Crisp, *Jonathan Edwards on God and Creation*, New York: Oxford University Press, 2012.

20. Pauw Amy Plantinga, *The Supreme Harmony of All: The Trinitarian Theology of Jonathan Edwards*, Grand Rapids: Eerdmans, 2002.

21. Perry Miller, *Jonathan Edwards*, New York: Meridian Books, 1949.

22. Robert E. Brown,*Jonathan Edwards and the Bible,* Bloomington:Indiana University Press,2002.

23. Robert W. Jenson, *America's Theologian: A Recommendation of Jonathan Edwards,*New York: Oxford University Press,1988.

24. Roland A. Delattre, *Beauty and Sensibility in the Thought of Jonathan Edwards: An Essay in Aesthetics and Theological Ethics*, Eugene, OR: Wipf and Stock, 2006.

25. Ronald. Story, *Jonathan Edwards and the Gospel of Love*, Amherst: University of Massachusetts Press, 2012.

26. Sang H. Lee, *The Philosophical Theology of Jonathan Edwards,* Princeton, N.J.: Princeton University Press, 1988.

27. Stephen A. Wilson, *Virtue Reformed: Rereading JE's Ethics*, Leiden: Brill, 2005.

28. William J. Danaher Jr., *The Trinitarian Ethics of Jonathan Edwards,* Louisville: Westminster John Knox Press, 2004.

B. Articles on Jonathan Edwards:

1. Ava Chamberlain, Self-Deception as a Theological Problem in Jonathan Edwards's Treatise concerning Religious Affection, *Church History*, Vol.63（4）, 1994, 541～556.

2. Emily Stipes Watts, The Neoplatonic Basis of Jonathan Edwards' "TrueVirtue", *EarlyAmerican Literature,* Vol.10（2）, 1975, 179～189.

3. Leo Sandon Jr., Jonathan Edwards and H. Richard Niebuhr, *Religious Studies*, Vol. 12 （1）, 1976, 101～115.

4. Robert E. Brown, "Edwards, Locke, and the Bible", *Journal of Religion* 79（3）1999, 361～384.

5. Stephen A. Wilson and Jean Porter, Focus Introduction: Taking the Measure of Jonathan EdwardsFor contemporary Religious Ethics, *The Journal of Religious Ethics,* Vol. 31（2）, 2003, 183～199.

6. Wayne Proudfoot, From Theology to a Science of Religions: Jonathan Edwards and William James onReligious Affections, *The Harvard Theological Review*, Vol.82（2）, 1989, 149～168.

7. William C.Spohn, "Sovereign Beauty: Jonathan Edwards and The Nature of True Virtue", *Theological Studies* 42（3）, 1981, 394～421.

后　记

　　拙著是在我的博士论文基础上修改而成。原文的第七章"德性的存在论与三一论基础"被迁移至第四章，这样使得研究思路更为合理，即在阐发爱德华兹基督教德性观的美学路径后，进一步说明其德性观的存在论（上帝论）基础。

　　笔者对基督教的兴趣始于2004年，一直有志于投身基督教研究领域。直到2013年9月终于如愿进入中国人民大学哲学院，攻读基督教方向博士学位，师从何光沪教授，才迎来这一契机。

　　中国人对宗教怀有一种最朴素的好感，源于"宗教导人向善"的判断。宗教和道德常常被人们视为必然关联的现象。基督宗教如何看待"道德"的本质？教导人成为怎样的人？以道德为切入点观基督教，会看到怎样的景象？这些问题萦绕于心，成为我研究基督教德性问题的经验出发点。

　　之所以将爱德华兹作为研究对象，很大程度上源于自2010年以后对于加尔文主义和清教徒的关注。尽管时至今日，许多认识已经随着学术层面的诸多思想涤荡而变得综合和宽容。爱德华兹在基督教思想史上被称为"珠穆朗玛峰"式的人物，但中国学界对其研究极其有限。这对我的文献搜集和阅读带来挑战。

　　回想写作论文的过程中，仿佛跟随爱德华兹这位思想家跋涉过连绵的山峦，其中有举步时仰望漫漫前方的畏难；有行路中一步一个脚印累积的辛苦、枯燥；也有峰回路转、与美景相遇的欢畅。论文付梓之时，这一切暂时告一段落，相信一路走来，被不断激发出的新的兴趣，会引导和继续陪伴一颗渴慕探寻的心灵。

感谢我的恩师何光沪教授，他以宽厚、仁德、仁爱的精神耐心鼓励后辈学人。感谢高师宁老师在我读博期间给予的忧心关怀与指点。在此，对两位恩师表示诚挚的谢意！

感谢孙毅老师在我的论文开题时提出宝贵的意见和建议！感谢李秋零老师在论文答辩中提出的意见！同时，谢谢杨熙楠先生主持下的香港汉语基督教文化研究所提供资料搜集和学习的机会；感谢林子纯老师、唐文明老师和赵琦老师共同讨论我的论文大纲！

最后，特别感谢我的先生在论文写作和修改阶段提出诸多建议、给予校对帮助和精神支持！

愿生命之树、学术之树持续"向下扎根"、"向上结果"。

《基督教文化研究丛书》

主编：何光沪、高师宁

（1-7 编书目）

初　编　（2015 年 3 月出版）

ISBN：978-986-404-209-8　　　　　　　　定价（台币）$28,000 元

册　次	作　者	书　名	学科别（／表示跨学科）
第 1 册	刘　平	灵殇：基督教与中国现代性危机	社会学／神学
第 2 册	刘　平	道在瓦器：裸露的公共广场上的呼告——书评自选集	综合
第 3 册	吕绍勋	查尔斯·泰勒与世俗化理论	历史／宗教学
第 4 册	陈　果	黑格尔"辩证法"的真正起点和秘密——青年时期黑格尔哲学思想的发展（1785 年至 1800 年）	哲学
第 5 册	冷　欣	启示与历史——潘能伯格系统神学的哲理根基	哲学／神学
第 6 册	徐　凯	信仰下的生活与认知——伊洛地区农村基督教信徒的文化社会心理研究（上）	社会学
第 7 册	徐　凯	信仰下的生活与认知——伊洛地区农村基督教信徒的文化社会心理研究（下）	社会学
第 8 册	孙晨荟	谷中百合——傈僳族与大花苗基督教音乐文化研究（上）	基督教音乐
第 9 册	孙晨荟	谷中百合——傈僳族与大花苗基督教音乐文化研究（下）	基督教音乐
第 10 册	王　媛	附魔、驱魔与皈信——乡村天主教与民间信仰关系研究	社会学
第 10 册	蔡圣晗	神谕的再造，一个城市天主教群体中的个体信仰和实践	社会学
第 10 册	孙晓舒 王修晓	基督徒的内群分化：分类主客体的互动	社会学
第 11 册	秦和平	20 世纪 50－90 年代川滇黔民族地区基督教调适与发展研究（上）	历史
第 12 册	秦和平	20 世纪 50－90 年代川滇黔民族地区基督教调适与发展研究（下）	历史
第 13 册	侯朝阳	论陀思妥耶夫斯基小说的罪与救赎思想	基督教文学
第 14 册	余　亮	《传道书》的时间观研究	圣经研究
第 15 册	汪正飞	圣约传统与美国宪政的宗教起源	历史／法学

二　编　（2016 年 3 月出版）

ISBN：978-986-404-521-1　　　　　　　定价（台币）$20,000 元

册　次	作　者	书　名	学科别（／表示跨学科）
第 1 册	方　耀	灵魂与自然——汤玛斯·阿奎那自然法思想新探	神学／法学
第 2 册	劉光順	趋向至善——汤玛斯·阿奎那的伦理思想初探	神学／伦理学
第 3 册	潘明德	索洛维约夫宗教哲学思想研究	宗教哲学
第 4 册	孫　毅	转向：走在成圣的路上——加尔文《基督教要义》解读	神学
第 5 册	柏斯丁	追随论证：有神信念的知识辩护	宗教哲学
第 6 册	李向平	宗教交往与公共秩序——中国当代耶佛交往关系的社会学研究	社会学
第 7 册	張文舉	基督教文化论略	综合
第 8 册	趙文娟	侯活士品格伦理与赵紫宸人格伦理的批判性比较	神学伦理学
第 9 册	孫晨薈	雪域圣咏——滇藏川交界地区天主教仪式与音乐研究（增订版）（上）	基督教音乐
第 10 册	孫晨薈	雪域圣咏——滇藏川交界地区天主教仪式与音乐研究（增订版）（下）	
第 11 册	張　欣	天地之间一出戏——20 世纪英国天主教小说	基督教文学

三 编 （2017 年 9 月出版）

ISBN：978-986-485-132-4 定价（台币）$11,000 元

册 次	作 者	书 名	学科别（／表示跨学科）
第 1 册	赵 琦	回归本真的交往方式——托马斯·阿奎那论友谊	神学／哲学
第 2 册	周兰兰	论维护人性尊严——教宗若望保禄二世的神学人类学研究	神学人类学
第 3 册	熊径知	黑格尔神学思想研究	神学／哲学
第 4 册	邢 梅	《圣经》官话和合本句法研究	圣经研究
第 5 册	肖 超	早期基督教史学探析（西元 1~4 世纪初期）	史学史
第 6 册	段知壮	宗教自由的界定性研究	宗教学／法学

四 编 （2018 年 9 月出版）

ISBN：978-986-485-490-5 定价（台币）$18,000 元

册 次	作 者	书 名	学科别（／表示跨学科）
第 1 册	陈卫真 高 山	基督、圣灵、人——加尔文神学中的思辨与修辞	神学
第 2 册	林庆华	当代西方天主教相称主义伦理学研究	神学／伦理学
第 3 册	田燕妮	同为异国传教人：近代在华新教传教士与天主教传教士关系研究（1807～1941）	历史
第 4 册	张德明	基督教与华北社会研究（1927～1937）（上）	社会学
第 5 册	张德明	基督教与华北社会研究（1927～1937）（下）	
第 6 册	孙晨荟	天音北韵——华北地区天主教音乐研究（上）	基督教音乐
第 7 册	孙晨荟	天音北韵——华北地区天主教音乐研究（下）	
第 8 册	董丽慧	西洋图像的中式转译：十六十七世纪中国基督教图像研究	基督教艺术
第 9 册	张 欣	耶稣作为明镜——20 世纪欧美耶稣小说	基督教文学

五 编 （2019 年 9 月出版）

ISBN：978-986-485-809-5　　　　　　　　　定价（台币）$20,000 元

册 次	作 者	书 名	学科别（／表示跨学科）
第 1 册	王玉鹏	纽曼的启示理解（上）	神学
第 2 册	王玉鹏	纽曼的启示理解（下）	
第 3 册	原海成	历史、理性与信仰——克尔凯郭尔的绝对悖论思想研究	哲学
第 4 册	郭世聪	儒耶价值教育比较研究——以香港为语境	宗教比较
第 5 册	刘念业	近代在华新教传教士早期的圣经汉译活动研究（1807～1862）	历史
第 6 册	鲁静如 王宜强 编著	溺女、育婴与晚清教案研究资料汇编（上）	资料汇编
第 7 册	鲁静如 王宜强 编著	溺女、育婴与晚清教案研究资料汇编（下）	
第 8 册	翟风俭	中国基督宗教音乐史（1949 年前）（上）	基督教音乐
第 9 册	翟风俭	中国基督宗教音乐史（1949 年前）（下）	

六 编 （2020 年 3 月出版）

ISBN：978-986-518-085-0　　　　　　　　　定价（台币）$20,000 元

册 次	作 者	书 名	学科别（／表示跨学科）
第 1 册	陈倩	《大乘起信论》与佛耶对话	哲学
第 2 册	陈丰盛	近代温州基督教史（上）	历史
第 3 册	陈丰盛	近代温州基督教史（下）	
第 4 册	赵罗英	创造共同的善：中国城市宗教团体的社会资本研究——以 B 市 J 教会为例	人类学
第 5 册	梁振华	灵验与拯救：乡村基督徒的信仰与生活（上）	人类学
第 6 册	梁振华	灵验与拯救：乡村基督徒的信仰与生活（下）	
第 7 册	唐代虎	四川基督教社会服务研究（1877～1949）	人类学
第 8 册	薛媛元	上帝与缪斯的共舞——中国新诗中的基督性（1917～1949）	基督教文学

七 编 （2021 年 3 月出版）

ISBN：978-986-518-381-3   定价（台币）$22,000 元

册 次	作 者	书 名	学科别（／表示跨学科）
第 1 册	刘锦玲	爱德华兹的基督教德性观研究	基督教伦理学
第 2 册	黄冠乔	保尔．克洛岱尔天主教戏剧中的佛教影响研究	宗教比较
第 3 册	宾静	清代禁教时期华籍天主教徒的传教活动（1721～1846）（上）	基督教历史
第 4 册	宾静	清代禁教时期华籍天主教徒的传教活动（1721～1846）（下）	
第 5 册	赵建玲	基督教"山东复兴"运动研究（1927～1937）（上）	基督教历史
第 6 册	赵建玲	基督教"山东复兴"运动研究（1927～1937）（下）	
第 7 册	周浪	由俗入圣：教会权力实践视角下乡村基督徒的宗教虔诚及成长	基督教社会学
第 8 册	查常平	人文学的文化逻辑——形上、艺术、宗教、美学之比较（修订本）（上）	基督教艺术
第 9 册	查常平	人文学的文化逻辑——形上、艺术、宗教、美学之比较（修订本）（下）